# 子育て支援の理念と方法

## ―――ドイツ法からの視点―――

倉田賀世［著］

北海道大学出版会

# はしがき

内閣府の平成一九年度版少子化社会白書によれば、わが国では一九九〇年に合計特殊出生率が一・五七となった、いわゆる「一・五七ショック」を契機に、少子化が問題として認識され対策が講じられるようになったとされている。確かに、それ以降わが国では法政策の拡充が急ピッチで進められ、子供を産み育てやすい環境の整備が進められてきた。しかし、子育て支援と少子化対策とは必ずしも同義でない。子供たちを健やかにはぐくみ、慈しむことのできる社会の実現は、産まれてくる子供の数の多少に関わりなく重要な政策課題と位置づけられるべき問題であろう。それにもかかわらず、一九九四年のエンゼルプランをかわきりとしたこれまでのわが国の政策状況を見る限り、出生率の上昇を究極の目的とする少子化対策が一人歩きしているという印象が否めない。このような状況を改善し、わが国で少子化対策にとどまらない子育て支援政策を実現するためには、何よりもまず、家族という集団、あるいは家族が担っている育児のような働きを、法政策の中でどのように位置づけ評価すべきかという根本的な議論から政策を組み立てていくことが求められる。なぜなら、このような議論を土台とすることによってはじめて、統一的な視野に立った体系的でかつ整合性のある子育て支援法学とでも呼べるような法政策体系の構築が可能になると考えるからである。

本書は、このような問題関心に基づき執筆し、二〇〇四年に北海道大学に提出した博士学位論文に加筆・修正してまとめたものである。学際的なドイツの子育て支援政策を検討対象としたことから、本書においては、筆者が専攻する社会保障法学にとどまらず、憲法学、税法学にも言及することになった。いずれの領域についても可能な限りの検討を試みたが、不十分な点も多々あることは否めない。よって、本書をきっかけとして多くの方にご指導、ご教示を賜ることができれば幸いである。

本書の刊行に際しては、多くの方にお世話になった。特に、公私ともに大変お世話になっている指導教官、北海道大学法学研究科の道幸哲也教授、および研究会を通じてご指導いただいた先生方にお礼申し上げる。また出版にあたり、多忙にもかかわらず推薦文の執筆を快く引き受けてくださった新潟大学実務法学研究科の加藤智章教授、ならびに推薦文の執筆のみならず、つらいときに温かく励ましてくださった花園大学社会福祉学部の古橋エツ子教授、筑波大学人文社会科学研究科の本澤巳代子教授に心よりお礼申し上げたい。さらに本書を刊行する機会を与えてくださるとともに、何もわからない私にいろいろと教えてくださった北海道大学出版会の前田次郎氏、成田和男氏および、非常に丁寧に校正をしていただいた杉浦具子氏にあらためて感謝したい。

最後に私事ではあるが、本書の刊行は最愛の夫であり、最高の理解者である倉田聡の支えなくしてありえなかった。彼のあまりに早すぎる急逝は、私たち家族にとっていまだに信じたくない出来事である。研究者としても夫としても父親としても、私と四人の子供たちに多くを与えてくれた彼に、いつの日か子供たちの成長を報告できることを祈りつつ本書を捧げたい。

二〇〇八年一月

倉田賀世

子育て支援の理念と方法――目　次

目次

# 凡　例

本書における資料の引用は以下によるものとする。

一　著書については、和書、洋書を問わず、左記の例のように著編者名、書名、出版社名、出版年、頁の順で示す。

西村健一郎『社会保障法』(有斐閣、二〇〇三年)二六頁

Walter Bogs, Grundfragen des Rechts der sozialen Sicherheit und seiner Reform (Duncker & Humblot, 1995), S. 24.

二　雑誌掲載論文については、和書の場合には、著者名、論文名、雑誌名、巻号数(出版年)、頁の順で、また、洋書の場合には、著者名、論文名、雑誌名、出版年、頁の順で示している。なお、洋書の雑誌名については、文献略語一覧を参照されたい。

本澤巳代子「西ドイツにおける女性の年金」季刊労働法一四〇号(一九八六年)一四三頁

Franz Ruland, "Anmerkungen zur Verfassungsmäßigkeit der Rückabwicklung des Versorgungsausgleichs" SozVers, 1989, S. 183.

# 略語一覧

| | |
|---|---|
| a.a.O | am angegebenen Ort |
| AöR | Zeitschrift Archiv des öffentlichen Rechts |
| BAGE | Entscheidungen des Bundesarbeitsgerichts |
| BGB | Bürgerliches Gesetzbuch |
| BGBl. | Bundesgesetzblatt |
| BR-Drucks. | Bundesrats-Drucksache |
| BSGE | Entscheidungen des Bundessozialgerichts |
| BSHG | Bundessozialhilfe-Gesetz |
| BT-Drucks. | Drucksache des Deutschen Bundestages |
| BVerfGE | Entscheidungen des Bundesverfassungsgerichts |
| DöV | Die Öffentliche Verwaltung |
| DRV | Zeitschrift "Deutsche Rentenversicherung" |
| DStR | Zeitschrift Deutsches Steuerrecht |
| DStZ | Zeitschrift Deutsche Steuerzeitung, seit 1980 |
| EStG | Einkommensteuer-Gesetz |
| FamRZ | Zeitschrift für das gesamte Familienrecht |
| FinArch | Zeitschrift Finanzarchiv |
| FR | Finanzrundschau |
| FuR | Familie und Recht |
| JZ | Juristenzeitung |
| KritV | Zeitschrift Kritische Vieteljahresschrift für Gesetzgebung und Rechtswissenschaft |
| NJW | Zeitschrift "Neue Juristiche Wochenschrift" |
| PrEStG | Preußische Einkommensteuer-Gesetz |
| PrGS | Preußische Gesetzsammlung |
| RGBl. | Reichsgesetzblatt |
| RT-Drucks. | Drucksache des Reichstages |
| SozVers | Zeitschrift Die Sozialversicherung |
| SteuerStud | Zeitschrift Steuer & Studium |
| StuW | Steuern und Wirtschaft |
| Vgl. | Vergleiche |
| VSSR | Vierteljahresschrift für Sozialrecht |
| ZfSÖ | Zeitschrift für Sozialökonomie |

# 子育て支援の理念と方法

——ドイツ法からの視点

# はじめに

現代の福祉国家が直面する最大の課題は、二〇世紀に形成された多種多様な法制度を少子高齢化にどのようにして対応させていくかという点にある。そして、この問題を解決する際に重要なのは、個人と国家の関係性もさることながら、その中間項として存在する「家族」の機能や役割の分析にあると考えられる(1)。家族は、福祉国家が登場する以前に、社会保障に関するさまざまな機能を果たしてきたが、高度に発展した社会保障システムは、国家による給付という形態で家族の機能や役割を吸収していった。その結果、法政策における「家族」問題の位置づけは、そこに何らかの公共性が含まれているにもかかわらず、もっぱら個人の私的領域との関連で把握される傾向にある。

しかし、福祉国家の諸制度は、賦課方式を採る公的年金制度に象徴されるように、現時点の社会構成員のみならず、将来の社会構成員をも不可避的に巻き込むものとなっている。それゆえ、少子化の問題は、高度に発達した福祉国家システムを維持するための前提条件に関わるものであり、その対応策をどのようにして構築するかというテーマは、先進諸国における共通の政策課題でもある。この問題は、次世代の社会構成員となる子供を産み育てるという営みそれ自体に、究極的には個人が形成する私的共同体としての「家族」によってしかなしえない部分が含まれるがゆえに、その具体的な解決策の提示にあたっては「家族」の機能や役割を視野に入れざるを得ない。

家族が果たしているさまざまな機能や役割の中でも、とりわけ筆者が着目したのが、子育ての社会的効用である。前述の通り、現在の諸制度が将来の社会構成員を不可避的に巻き込むものになっていることを前提とすれば、子育ては、家族にとっての私的効用のみならず、諸制度の維持・存続という社会的効用をも有していることになる。(2) 子育ての社会的効用の強調は、かっての「産めよ増やせよ」といったスローガンに代表されるような人口政策的意図を連想させることから、わが国では、私的合意を基礎とする出産・育児について、あえて社会的効用を持ち出すことに否定的な見解があることも予想される。しかし、子育ての社会的効用の承認は、自由意思に基づく出産後の育児負担軽減を志向するものであり、出産する意思のない人にこれを強制することと同義ではない。また、少なくとも現在の社会制度を念頭におく場合、子育てに私的効用と社会的効用が併存していることは、否定できない事実であろう。ここから、育児支援政策をその効果という観点から見た場合、私的効用の助長としてのみ捉えるべきでなく、社会的効用の促進としても捉えることが可能となる。

育児支援政策の二元的な理解は、育児支援を、子育てに携わる者に対する一方的な支援であるという理解から、恩恵を被る者すべてがその負担を受益に応じて分担するという理解へと導き、その結果、いわば「公平」の見地からの育児支援政策の構築を可能とする。このような視点は、育児支援政策にとって非常に重要である。なぜなら、積極的な育児支援政策のさらなる拡充のためには、現実に子育てに携わっていない社会構成員の理解と関与が不可欠だからである。(3)

さて、育児支援政策の具体的手法としては、育児休業期間や職場環境・保育環境の充実により総合的に子育てをしやすい状況を整備する手法や、子育てに伴う経済的負担を緩和させることで、親の育児負担を軽減する方法などがある。このうち本書では主に後者、すなわち、子育てに伴う経済的負担の軽減策を扱う。というのも、わが国でも少子化の急激な進行に対する危機感から積極的な取り組みが見られ、平成一三年の介護・育児休業法の公布、平成一五年の次世代育成支援対策推進法および、少子化対策基本法の施行で明らかなように、育児環境の整備や、就労と子育ての両立支援は徐々に実施されてきている。その一方で、子育て世帯に対する経済的支援は、諸外国と比較しても非常に貧弱であると称される児童手当の他[4]、見るべきものがあまりなく、支援の拡充が急務だと考えるからである[5]。さらに、わが国では「家族政策」という網羅的政策体系が構築されていないことも相まって、子育てと関連した経済支援策はさまざまな法政策に散在しているのみならず、政策内部での不整合を生み出す状況にある。不整合とはすなわち、政策の中で「子育て」が必ずしも同等の政策的評価を得られていない現状を指す。例えば医療保険制度においては、被用者を対象とする医療保険制度上、要件を満たした子供を含む家族構成員は被扶養者として扱われ、自らは保険料を納めることなく医療給付を受けることが可能である。その際、保険料は所得に応じて決まることから被保険者集団内部で家族構成員の有無あるいは、家族構成員の数に応じたある種の所得再分配が行われ、その限りで子育てをする被保険者に対する経済的負担軽減策としての効用を有するといえる。他方、国民健康保険制度においては、子供に限らずすべての家族構成員が被保険者であり、したがって、すべての者に対する保険料の賦課・徴収がある。つまり、この点から見ると国民健康保険制度には、子育て支援的な経済的負担軽減要素が含まれていないことになる[6]。さらに被用者であれば、育児休業期間中の健康保険料は免除されるのに対して、国民健康保険の被保険者にはこのような免除はない。同様に、公的年金保険制度においても、二号被保険者が育児・介護休業法に基づく休業を取得した場合、年金保険料の本人負担分が免除されるが、その一方で子育てをする一号被保険者に対する類似の負担軽減策はないため、不公平を生じさせていることが指摘されている[7]。このように、ただでさえ貧弱な経済支援策が、分立状態にある個々の政策内部で不整合を生じ、効果を実感しづらくなっているのみならず、現実に子育てをしている人に不公平感すら抱かせかねないのが、わが国の支援政策の現状である。このような現状を鑑みた場合、最も求められるのは一貫した視点に立つ経済的育児支援政策の実現である。なぜなら、仮に、育児支援政策の分立状況が続いたとしても、それぞれが共通の視点に基づいて構築され、この限りで整合性を有していれば、少なくとも現在のような混迷状況に陥ることはないと考えるからである。ここでいうところの一貫した視点として、筆者は「「公平」な負担配分」を挙げる。「「公平」な負担配分」とは、換言すれば、子育てが有する社会的機能に着目し、その恩恵を被る社会構成員全体で子育てにかかる経済的負担を公平に負担するという視点である。負担の「公平」な配分を実現するためには、まずはじめに抽象的でかつ多義的な理解が可能な「公平」概念の具体化が必要となる。そのうえで、具体化された「公平」をどのような手法で実現するのか、あるいは公平の範囲をどのように確定するかといった事柄について、個々の政策と関連づけて明らかにする作業が求められることになる。とはいえわが国において、このような観点からの具体的提言は決して多いとはいえない[8]。それゆえこの問題を検討するにあたっては、まず、諸外国の先例的な取り組みから知見を得る必要があろう。

本書は、以上のような問題意識に基づいて、近時、わが国においても法政策上の重要課題となっている「家族」とりわけ子育て支援にかかる問題を、ドイツ法との比較研究という手法を用いて分析・整理し、そこから今後わが国でこの問題を考えていくうえでの示唆を得ようとするものである。比較対象としてドイツ法を選択したのは以下の理由による。すなわち、ドイツ法では憲法にあたる基本法六条一項が家族の保護を明文でうたい、この条項をもとに多くの連邦憲法裁判所の裁判例が蓄積されている。これらの判例の中では、「公平」という観点に基づいた経済的子育て支援政策の相当性が問われ、その範囲や手法の妥当性が論じられている。また、所得課税の際の子育ての考慮や高度に発達した児童手当制度のほか、公的年金制度における児童養育の積極的な評価のように、個別具体の実定法制度においてもわが国にとって参考とすべき点は少なくない。それゆえ、ドイツ法は、この問題の比較研究対象としては最適と考えられるのである。

さて本書は、全部で五章から構成される。まず第一章においては、ドイツで家族が規範的保護を受ける理由を「家族」問題の根本規範と目される基本法六条一項の形成史、ならびに家族の機能に焦点をあてて検証する。つぎに第二章では、基本法六条一項が定める「家族の保護」が、連邦憲法裁判所によってどのように解釈され、具体的な裁判例が展開されたのかを考察する。併せて、基本法六条一項の法解釈の前提となる「家族」概念についても検討する。そして、第三章および第四章において、連邦憲法裁判所の形成した基本法六条一項にかかるこれらの法理の効果がより具体的に現れる問題を取り出し、実定法制度の変遷と併せて詳細に検討する。ここでは、この問題の検討に最適と考えられる、公的年金保険制度における児童養育の考慮、すなわち、その積極的評価に関する問題、および所得税法上に一元化された児童手当と児童扶養控除における子育ての考慮に焦点をあてる。

本書が社会保障制度である公的年金保険制度にとどまらず、所得税法まで検討対象に含めたのは、比較対象であるドイツで、本来社会法上に位置づけられていた児童手当が、法制度の変遷の中で所得税法に組み込まれたことを主たる理由とする。とはいえ、本来であれば「「公平」な負担配分」を考える際には、社会保障給付のみならず、租税等も含めた、広い見地からの検討が必要なことはいうまでもない。それゆえ検討対象を所得税法にも拡張することで、一層有意な示唆が得られるものと考える。最後に、終章において、本書の概略、および、ドイツ法の考察・検討から得られたわが国への示唆を記す。

(1) このような視点は憲法学上ではすでに明確に打ち出されている。例えば辻村は、近代国民国家の国家・個人という二極構造の例外として家族を捉え、その位置づけを検討する必要性を指摘する。辻村みよ子「ジェンダーと憲法学——人権論・シティズンシップ論の再編と憲法学の課題」藤田宙靖・高橋和之編『憲法論集　樋口陽一先生古稀記念』(創文社、二〇〇四年)五三八頁。

(2) 社会保障財政の安定化に着目した場合、子供の増加あるいは出生率の上昇に「社会的なこどもの経済価値」があると指摘する論文として、宮島洋「出生率の低下と公共政策」社会保障研究所編『現代家族と社会保障』(東京大学出版会、一九九四年)二四一頁。また、子供を公共財として捉えるべきことを主張する論文として八代尚宏「公共政策の対象としての家族」日本経済研究二二号(一九九二年)一五八頁。

(3) このことを指摘するものとして島崎謙治「子育て世帯の社会保障」の意義と本書の構成」国立社会保障・人口問題研究所編『子育て世帯の社会保障』(東京大学出版会、二〇〇五年)二頁。

(4) 諸外国の児童手当給付額を見てみると、フランスでは第二子以降二〇歳未満の子供につき約一万七〇〇〇円、第三子には約四万円、スウェーデンでは一六歳未満の児童に対して第一子に約一万七〇〇〇円、第二子に約一万八〇〇〇円、イギリスでも同様に一六歳未満の児童に対して第一子に約一万六〇〇〇円、第二子以降約一万一〇〇〇円、ドイツでは一八歳未満の子供に対して第一子から第三子まで約二万三〇〇〇円、第四子以降約二万七〇〇〇円(いずれも月額)が支給されている。租税法上の児童扶養控除の有無、所得制限の有無等により単純に児童手当額のみを比較して結論を出すことはできないが、いずれの国も日本の現状(第一子に月五〇〇〇円第二子以降一万円、一二歳まで・所得制限あり)と比較すると遙かに手厚いといえる。なお、ここで引用した手当額は、内閣府『平成一八年度版　少子化社会白書』(ぎょうせい、二〇〇六年)一一三頁以下に基づく。

(5) 経済的支援策の拡充が必要であることを論じる論文は多いが、例えば山田は、未婚の若者が子供を持ちたいという意欲が衰えていないにもかかわらず、現実に子供を持てないのはそれを実現できるような生活水準が確保できないことを指摘し、経済支援策の思い切った拡充を提言する。山田昌弘「少子化の現状と政策課題」ジュリスト一二八二号(二〇〇五年)二八頁以下。その他に経済支援策拡充の必要性を指摘するものとして、大石亜希子「子供のいる世帯の経済状況」国立社会保障・人口問題研究所編『子育て世帯の社会保障』(東京大学出版会、二〇〇五年)二九頁以下などがある。

(6) ただし、子育て支援政策の一環として、各自治体ごとに乳幼児の医療費を軽減する措置を講じ、医療費のうち自己負担分を免除あるいは軽減する場合があり、この限りでは一部の利用者については国民健康保険制度の被保険者も子育て支援政策的な配慮を受けているといえるが、自治体ごとに支給要件はさまざまであり、すべての被保険者が受給できる制度ではない。また乳幼児医療費助成は自己負担金を軽減するだけであり、保険料負担そのものを軽減しているわけではなく、同時に、被用者医療保険の被保険者も利用できる制度であることから、乳幼児医療費助成制度があったとしても、全体としてみると国民健康保険の方が家族支援政策的要素が少ないという結論には変わりない。乳幼児医療費助成制度に関する詳細は藤野美都子「少子化と医療保険」高藤昭編著『少子化と社会法の課題』(法政大学出版局、一九九九年)一一五頁以下参照のこと。なお、この論文において藤野は、現在の自治体ごとに異なる制度を念頭におき「自治体間の不公平を解消するために、国の制度として、この助成制度を導入すべきである」としている。

(7) 岩村正彦「二〇〇四年功的年金改革その概要と検討」ジュリスト一二八二号(二〇〇五年)四九頁。

(8) 筆者の見た限りでは、子育て世帯に対する負担の公平という見地からの具体的政策提言として、育児保険構想がある。育児保険とは既存の介護保険制度、もしくは公的年金保険制度の中で、保護者である被保険者を対象に一定年齢の子供の養育を要件としてサービス給付(保育所・学童保育所等)もしくは金銭給付(育児クーポンあるいは在宅養育手当等)を支給する仕組みであるとされる。詳細は福田素生「総合福祉保険制度による子育て支援」鈴木眞理子編著『育児保険構想』(筒井書房、二〇〇二年)四八頁以下、および鈴木眞理子「育児保険試案」鈴木眞理子編著『育児保険構想』(筒井書房、二〇〇二年)七〇頁以下参照のこと。

# 第一章　規範的保護の根拠

ドイツ基本法六条一項は「婚姻および家族は、国家秩序の特別の保護を受ける」と規定する。この条文での「保護」を解釈することで、裁判所は、家族および家族による子育てに関わる法制度の整備を立法者に義務づけている。(1) つまり、この条文はドイツの子育て支援政策の「基盤」である。本章では、規範の具体的な解釈・適用を論じる前提として、さまざまな社会集団の中で、なぜ、家族が国の特別な規範的保護を受けるのかを、規定の形成史ならびに、家族の機能という観点から考察する。というのも、家族が規範的に「保護」される理由への理解を深めることで、規定の目的論的解釈が可能となり、これが、法が政策というかたちで顕在化した際にその相当性を論じるうえで重要な基準となると考えるからである。そこで以下では、まず六条一項の形成史をその前身であるとされるワイマール憲法一一九条から見ていくことにしよう。

## 第一節　規範的保護の形成史

### 一　ワイマール憲法における家族の保護

ドイツにおいて「家族」がいかに規範的保護の客体とされてきたのかを知るためには、その歴史、中でも、ワイマール憲法ならびに基本法における家族保護規正の形成史に目を向けることが重要である。なぜなら、一九一九年八月一四日に公布されたワイマール共和国憲法において、ドイツの憲法史上、はじめて、婚姻および家族に対する保護を定めた規定がおかれ、この規定が後の基本法六条の「先駆け」(2) であると解されているからである。

とにする。

そこで、以下ではワイマール憲法から、基本法六条一項に至る家族の規範的保護の歴史を順を追って見ていくことにする。

ワイマール憲法は一九一九年八月一四日に公布された。憲法制定の契機はつぎの二点だったとされている。すなわちひとつ目は、ドイツが第一次世界大戦に敗退したことによって、アメリカ大統領ウィルソンとの講和において、無条件降伏・憲法改正・皇帝の退位を要求されたことである。二つ目は、一九一八年一一月四日にキールで水兵の反乱による暴動が生じ、この暴動により皇帝ヴィルヘルム二世が退位して、一八七一年に制定されたビスマルク憲法が事実上効力を失ったことである。(3) これを受けて、仮の政府として六人の委員によって人民委員会議(Rat der Volksbeauftragten)が形成された。人民委員会議では、憲法草案作成にあたる内務国務次官として、当時ベルリーン商科大学教授であったプロイス(Preuß)を任命した。プロイスは内務省において憲法制定のための準備会議(Vorbesprechung der Verfassungsfrage)を開催し、一九一九年一月三日に憲法草案(第一次憲法草案)(4)を作成した。この草案には、基本権として一八条の法の前の平等・一九条の信仰および良心の自由・二一条の少数民族の保護が規定されているのみで、婚姻および家族に関する規定は入っていなかった。(5) 草案作成後、一九一九年一月一九日に憲法制定国民議会のための選挙が行われ、引き続き憲法制定作業が進められることになった。

国民議会ではプロイスの草案についての審議が進められ、基本権に関しては、選挙で第一党となった社会民主党のエーベルト(Ebert)から、基本権拡充に対する強い要請が出された。これを受けて一九一九年一月二〇日に出された第二次草案には、「ドイツ国民の基本権」(Die Gurundrechte des Deutschen Volks)が新たに第二章として設けられた。しかしながら第二次草案でも、フランクフルト憲法の人権宣言取り入れなどによる基本権の拡充はあったものの、婚姻および家族に関する規定は見られない。引き続き政府第一草案(第三次草案)、政府第二草案(第四次草案)、国民議会における第一読会という過程を経て、基本権に関する審議が白熱したのは、一九一九年三月四日から六月二日まで開催された、憲法委員会(第八委員会とも呼ばれている)第一読会であった。憲法委員会では草案を小委員会に付託した。小委員会での議論の末、三月三一日に民主党党首のナウマン(Naumann)が、憲法委員会第一読会に「国民に理解される基本権の試案」(Versuch volksverständlicher Grundrechte)を提案した。(6) この案には、ドイツ民族の統一による新たな国家という視点から「基本権を再編成し位置づけようとする」(7) 試みがあったとされる。婚姻および家族との関連という点からすると「家族の権利に関する規定は含まれていないが、家族に関わる規定が含まれる後の基本法第二章『ドイツ人の基本権及び基本義務』について、思想的な準備作業を行う役割を果たした」(8) と評価されている。

憲法委員会第一読会でのナウマン案に関する討議の後、再びバイエルレ(Bayerle)の主催による小委員会が開催され、その後に、五月二八日の審議で、バイエルレにより小委員会の結論に関する報告がなされた。引き続き、六月三日より六月一八日まで開催された憲法委員会第二読会からは、先の国民議会選挙において上位三党を占めた、社会民主党・中央党・ドイツ民主党からなる、いわゆるヴァイマル連合(Waimarer Koalition)を中心として、基本権規定に各党派の主張を反映させるための抗争が活発化する。(9) この抗争は、基本権の肥大化をもたらす要因になったとされている。(10) 六月一八日に出された憲法委員会の最終案(第五次草案)は、国民議会の第二読会で審議された後(第六次草案)、国民議会第三読会に送付された。草案は第三読会の審議終了後採決に付され、七月三一日に二六二対七五という大差によって可決されている。

一連の過程の中で、婚姻および家族の保護に関する規定が、プロイスによって提出された第一次草案にも憲法委員会第一読会でのナウマン案にも含まれていなかったことは明らかである。しかし、小委員会の議事録が記録されていないため、いつの時点でこの規定が草案の中に明記されたのかはっきりしていない。少なくとも一九一九年五月三〇日に開催された憲法委員会の審議で、小委員会を主催していた、バイエルレから、後のワイマール憲法一一九条の前身である三二条a（一二二条）の、草案への受け入れに関する報告がなされているので[(11)]、これ以前の小委員会において、規定の受け入れがあったことが推察できる。

さて、表1に記したように、憲法委員会第八委員会の一九一九年五月三〇日案、および一九一九年六月一八日の時点で提出された第五次草案と、最終的なワイマール憲法には、いくつかの相違が見られる。まず、一一九条（草案では一一八条）では一項の、「ドイツ人の家庭生活」という文言が単に「家庭生活」という文言に修正されている。同様に草案にはなかった、「婚姻は両性の同権に基づく」という文言が付加されている。また、二項では、家族の助成（Förderung）について、「国家の人口政策上の責務である」という文言が、「国家の責務である」という文言に修正されている。この部分に関して五月三〇日案では、「国家とゲマインデにおける人口政策上の責務である」とされていた。さらに、二項三文に草案にはなかった、母親の国家に対する扶助請求権が付加されている。また、一二一条には非嫡出子と嫡出子との同権が規定されているが、これは当初の草案には見られなかったものである。これらのことから、国民議会・憲法委員会および小委員会における各政党間の基本権に関する議論の中で、とりわけ家庭内での男女の同権・母親の国家に対する扶助請求権・嫡出子と非嫡出子の法的身分の取り扱いに関する議論の比重が大きかったことがわかる。

このことが意味するのは、家族、あるいは婚姻の保護には、児童福祉や母性保護のような生活保障的な側面と、単婚の維持という倫理的な側面が併存し、両者が矛盾する性質を有するがゆえに、規範形成に際して理論的な統

**表 1**　ワイマール憲法 119 条と草案との比較

“Stenografische Berichte über die Verhandlungen des Reichstages”, Band 336, S. 19. S. 377ff. ならびに，E.R. Huber, “Dokumente zur deutschen Verfassungs geschichte Bd. 4” (W. kohlhammer GmbH, 1991), S. 169. を基に筆者が作成

| 施行法 | 憲法委員会最終案 1919. 6. 18 案 | 憲法委員会 1919. 5. 30 案 |
|---|---|---|
| 119 条 | 118 条(32 a 条) | 12 条 |
| [1 項] | | |
| Familienlebens | Familienlebens | Deutschen Familien-lebens |
| besonderen Schutze der Verfassung | besonderen Schutze der Gesetze | besonderen Schutze der Verfassung |
| Sie beruft auf Gleichber-echtigung der beidenGes-chlechter | なし | なし |
| [2 項] Aufgabe des Staats | Aufgabe der Bevörkerun-gspolitik des Staats | Aufgabe der Bevrkerung-spolitik in Staat und Gemainde |
| Kinderreiche Familien haben Anspruch auf aus-gleichende Fürsorge | 同左 | Insbsondere haben kinder-reiche Familien Anspruch auf ausgleichende Fürsor-ge |
| [3 項] Die Mitterschaft hat Ans-pruch auf den Schutz und die Fürsorge des Staats. | なし | なし |
| 120 条(児童の教育) | 119 条(32 b 条) | 13 条 |
| 同じ | 同じ | 小委員会からの提案で,「Erfüllung」から「Bätatigung」に置換 |
| 121 条(非嫡出子の同権) | なし | なし |

合という非常に困難な作業が伴うということである。いうまでもなく、本書での主たる考察の対象は基本法六条一項の前身である一一九条であるが、一一九条の形成に際しては非嫡出子の嫡出子との同権を定めた一二一条との関係にも言及する必要があるものと思われる。そこで必要な範囲で一二一条にも言及しながらつぎに、一一九条の形成過程を各審議ごとに見ていくことにしよう。

## ㈠　憲法委員会

憲法委員会は、国民議会での各党派の議席数に比例して構成されていた。内訳を見てみると、社会民主党員一一名、中央党員六名、ドイツ民主党員五名、ドイツ国家国民党員三名、ドイツ国民党員二名、独立社会民主党員が一名である。議長はドイツ民主党のハウスマン(Haußmann)で、構成員の多くは法律家であったとされる(12)。憲法委員会では、第一読会の開催中、一九一九年五月三〇日と六月一七日の審議において草案一一条(後のワイマール憲法一一九条)、一三条(後のワイマール憲法一二〇条)、一四条(後のワイマール憲法一二一条)に関する議論が交わされている。

五月三〇日の委員会では、はじめに小委員会の主催者でもあった中央党議員バイエルレから、一一九条の草案である一一条の承認を求める提案がなされた。その理由としてバイエルレは「一一条は憲法上の婚姻保障という試みを形成するものである。その試みは何よりもまず、国民を育成するという意義を顧慮することによって、基本権として必然のものになると思われる。同様に婚姻は社会生活の拠り所として言及しないではいられないものである。二項では家族が人口政策という責務の主要な要素であるとみなされている。私は、この条項の承認を推奨する(13)」と述べている。ここでバイエルレは、婚姻・家族の保護と国民の育成・国の存立を結びつけることによって、基本権の中に含めることを正当化している。同様にこの条項の受け入れに賛成であった民主党議員アプラス(Ablaß)は、憲法とは普遍的な方針を打ち立てるためのものであり、そのように解した場合「疑わしいと思われるのは、われわれがそれほど重要でない領域を憲法で扱っているにもかかわらず、婚姻という重要な領域を簡単に見逃していることである」[14]として、条項の草案への受け入れを要求している。憲法による婚姻・家族の保障は、中央党や民主党といったいわゆる保守派の議員が中心となって推進されたものである。それゆえここでは、なぜ婚姻や家族が保障の対象物となるのかという根本的な理由づけがなされるというよりはむしろ、国家あるいは国民にとって重要なものであるということを所与の前提として、当然に基本権として受け入れられるべきであるという主張がなされている。このような主張を受けて条項の受け入れに反対する者も、婚姻および家族という制度を保護すること自体に反論するのではなく、憲法についての解釈の相違、あるいは、法技術上の理由から条項の受け入れに反対した。

例えば、受け入れ反対派の社会民主党員であるジンツハイマー(Sinzheimer)は、「一二条一項は以下のような原理を包含している、すなわち法原理がそれ自体としてあるのではなく、法規から、はじめて法原理が派生しうるというものである。このことは現代的な立法手法に対する反論であ」り、「憲法にはそのような政策上の原則を表出する余地はない」[15]と述べ、一二条の削除を要求した。ジンツハイマーのこの発言は、婚姻あるいは家族の保護が法を支える基本原理であることを自明の前提としながらも、それを基本権としてあらためて憲法上に記す必要性があるのかという疑義を示したものであると考えられる。さらにジンツハイマーは、反対理由として以下のような法技術上の問題も挙げた。すなわち一二条を憲法に受け入れることにより「婚姻制度に関するすべての規定は、憲法による保護の下におかれる。その結果、憲法改正法によってしか修正できないことになる。その場合、通常の法的方法では民法上の婚姻規定を削除することができなくなる。このことは私にとっては不可能なことに思える、なぜならわれわれは、法技術上の理由から民法典の規定を憲法修正法の保護の下におくことを認めていないからである」[16]と述べて、民法改正の際に生じるであろう不都合を指摘している。民法上の婚姻規定との関係についてはさらに、社会民主党員であるカッツェンシュタイン(Katzenstein)から、「仮にバイエルレ氏が正しいと理解すると、彼は一般的な婚姻制度と、婚姻法上の個々の規定とを区別したいと考えているように思われる。そのような分割はしかしながら私には不可能であると思われる、なぜなら厳密な境界を引くことはできないからである」という反論が出されている。これに対してドイツ民主党の議員であるアプラスは、「われわれは民法上の婚姻規定の婚姻と混同してはいけない。一二条の規定の意義は道徳律から形成される倫理的な婚姻の制度である単婚を、憲法の修正なしには廃することができないという点にある、他方、当然のことながら、民法上のすべての婚姻規定は単純ライヒ法(einfachen Reichsgesetzes)によって修正することができる」という見解を主張した。これらの議論は、基本権の多元的理解によるある種の矛盾、すなわち婚姻締結や離婚といった主観的権利を対象とする基本法の保護と、いわゆる制度保障と称される私法上の制度(ここでは、婚姻および家族を指す)に対する基本法の保護との二項対立があることを示す。つまり、これらの議論において、「制度保障理論の基礎となる問題提起がなされている」[17]といえる。この問題をどのように解決するのかという議論は、それ以降の委員会に持ち越されることになった。

五月三〇日の委員会において、一二条に関してそのほかに議論された点としては、二項での家族の健康・純潔の維持・促進を行う公の主体として、「Reich」「Staat」と並んでさらに「Gemainde」を付加すべきだという見解についてである。[18]ハインツェ(Heinze)議員によると、この提案は、上述のような責務は、「Reich」よりもむしろ、個々の「Staat」および「Gemainde」が実施することの方が多いことによるものであるとされている。委員会ではこの提案を受け入れ、最終的には条文から「Reich」が削除され「Staat」と「Gemainde」が残されることになった。なお、この時点では、家族の促進は「人口政策」上の責務であるという文言が織り込まれていることからも明らかなように、人口政策的な意図が家族の保護の中に明確なかたちで表現されていた。(19)

六月一七日に開催された委員会では、一二条が三二a条一項とあらためられた。社会民主党議員ジンツハイマーは再度、この条文を削除すべきであるという見解を述べた。(20)その理由は前回と同様に民法典ですでに規定されている婚姻を、あらためて憲法で規定することへの法技術上の疑義である。ジンツハイマーと同様に、条項の削除を要求する社会民主党議員のカッツェンシュタインは、自分たちの要求が受け入れられなかった場合の代案として、一項の「ドイツ人の」という文言の削除を要求した。彼は、一項はドイツ文化圏にいる別の民族を区別するという意図ではないのだから、「ドイツ人の」という文言は不要であると述べた。これと並んでさらに、制度保障に関わる問題の打開策となる、憲法と民法の規定の関係の新たな解釈論を提示した。その解釈論とは、憲法の規定は規範の規範として原則を明らかにしたものであり、他方、個別法は憲法では明らかにしえない、具体的な規定を行うものであると解すれば、憲法改正法によらなくても民法は改正しうるというものである。(21)基本法による私法上の制度の保護と私人の主観的権利の保障の対立をどのように捉えるかという問題は、カッツェンシュタインのこの発言により審議中では収束し、再度議論されることはなかった。

ここでは、さらに別の観点から憲法による婚姻の保護に対する疑義が出された。すなわち、社会民主党議員クゥアルク(Quarck)は条文は明確に意図しているわけではないと前置したうえで、以下のように述べた。「仮に彼らが婚姻を憲法の特別の保護の下におくことによって優遇しているのであれば、それによって彼らは、すべての政党が目指している非嫡出子の保護に反することを行っていることになる。その際彼らは以下のことを承知している、すなわち非嫡出子の保護は、国家の維持および繁栄について非常に重要な役割を果たしているということである。というのも、出生児に占める非嫡出子の割合は高いからである。しかしながら彼らは道徳的判断に基づき、一夫一婦制はやりがいのあるものであり、非嫡出子は悲運であったのだと都合よく考えることにより信用を失っている。これと関連して、仮に婚姻が国家の維持・繁栄の源泉であるとしているのならば、浅はかな表現であることに気付く。彼らは今日、婚姻関係から生まれたのではない子供たちが高い割合で、われわれの人口維持に貢献していることを知っている。共同生活をしているペアから生まれた児童は、断じて不道徳なものではないし、かつ、社会および共同体の根底である婚姻による結びつきを阻むものでもない。このような疑いはすべて当該憲法規定によって繰り広げられるものである」[22]。クゥアルクの意見は、立法目的と選択された手段の妥当性を問う非常に重要な問題提起であり、国家の維持・存続には婚姻のみが貢献しているわけではない、という実態に基づいた反論であると思われる。しかしながら委員会での婚姻の保護への賛同を阻むまでには至らなかった。委員会では社会民主党議員であるカッツェンシュタインの「ドイツ人の」という文言の削除と、「Verfassung」の代わりに「Gesetze」を用いるという提案を採択し、その他の条文草案に関しては小委員会が提示したままのかたちが承認された。

憲法委員会での三二a条(一一九条)に関する議論では、もっぱら社会民主党議員の反論に対する保守派の優勢が認められる。その他の憲法委員会審議の特徴としては、活発に論議された一項とは対照的に、二項で規定されている家族の保護については、どの政党からも反論が出されなかったこと[23]、ならびに、ここでの家族保護の議論には、国による家族に対する経済的支援や、家族の社会的に有用な作用を評価あるいは保護するという視点が皆無であったことが挙げられる。(24) これらの審議過程についてシュバーブは、憲法委員会のみならず、その後の国民議会の審議の過程でも、婚姻や家族を規範的保護の対象とすることに対して、特別な政策上の根拠が何ら語られていないことの不思議さを指摘している。(25) このような憲法委員会審議の末に出された草案は以下のようなものであった。(26)

一一八条（後のワイマール憲法一一九条）

一項　Die Ehe steht als Grundlage des deutschen Familienlebens und als Urquell der Erhaltung und Vermehrung der Nation unter dem besonderen Schutze der Verfassung.

婚姻はドイツ人の家族生活の基礎であり、かつ国家の維持繁栄の源泉として憲法の特別の保護の下におかれる。

二項　Die Gesundung, Reinerhaltung und soziale Förderung der Familie ist Aufgabe der Bevölkerungspolitik des Staats und der Gemeinde. Kinderreiche Familien haben Anspruch auf ausgleichende Fürsorge.

家族の健康、純潔保持、社会的促進は国家および共同体の人口政策上の責務である。子供の多い家族は調整的扶助に対する請求権を有する。

一一九条（後のワイマール憲法一二〇条）

一項　Die Erziehung des Nachwuchses zur leiblihen, seelischen und gesellschaftlichen Tüchtigkeit ist oberste Pflicht und natürliches Recht der Eltern, über deren Betätigung die staatliche Gemeinschaft wacht.

後続世代を肉体的、精神的、かつ社会的に有能な者になるように教育することは、両親の最大の義務であり、自然の権利である、その実施に際しては国家共同体が監視する。

## (二)　国民議会

国民議会は、四二三人の議員で構成されていた。政党ごとの内訳は、社会民主党が三九％、中央党が二二％、ドイツ民主党が一八％、ドイツ国家国民党(旧保守党)が一〇％、ドイツ国民党(旧国民自由党)が五％、独立社会民主党が五％であった。(27)

### 1　第二読会

憲法委員会の第五次草案を受けて、一九一九年七月二日から二二日まで開催された国民議会第二読会では、とりわけ憲法の中に、非嫡出子の法的保護に関する条文を規定すべきか否かが激しく議論された。というのも、憲法委員会の草案が保守的傾向の強いものだったため、家族法の領域での改革を遅らせる可能性があることが憂慮されたからである。このような憂慮は社会民主党、独立社会民主党といった社会主義系の政党に限らず、保守系の民主党、中央党にも存在した。すなわち保守系の政党でも、あからさまに婚姻および家族のみを保護することは時節に適ったものではないという認識が強かったといえる。(28)

実際、家族法の状況は憂慮に値するものであった。とりわけ、非嫡出子およびその母親の法的地位は非常に低いものであり、例えば一八九六年のドイツ民法(一九〇〇年一月一日施行)上では、一五八九条二項によって非嫡出子と、父親との法的血縁関係が否定されていた。[29] これにより、非嫡出子の父親への扶養請求権は嫡出子と比較して非常に制限されたものとなると同時に、父親の財産に対する法定相続権も認められていなかった。[30] また、非嫡出子の母親には親権が認められず(BGB一七〇七条)、その結果母親は、自分の子の財産管理や身上事務に関する法定代理人となることすらできなかった。[31] その一方で、非嫡出子の数は増加しており、出生総数に占める非嫡出子の割合は一九〇〇年から一九一四年までは九％前後であったものが、一九一五年から一一％代に突入し、一九一八年には一三・一％に達していた。[32] 非嫡出子がおかれている不遇な状況に対しては、すでに一九世紀から罪のない非嫡出子をさまざまな法的手段によって救済しようという考え方が芽生えていた。[33] これに加えて、第一次世界大戦による人口減少によって人口政策の重要性が認識されはじめたこともあり、各政党にも次第に婚姻や家族に関わる新たな認識が形成されたのであろう。

上述の理由とともに、一九一七年のライヒ議会・人口政策委員会の非嫡出子法改正案の出現も、非嫡出子保護の気運が高まる大きな誘因であったとされている。[34] この法案決議では、非嫡出子の出生への道徳的非難から生じる法的な不備の改善を求めるとともに、刑法上の手段を用いた養育費支払いの保障や、行政処分による強制を伴う養育費の支払いの促進等が提案されている。[35] これらを受けて、第二読会においても非嫡出子に、嫡出子と同様の法的地位を保障すべきであるという提案がなされた。

提案の内容は各政党および議員ごとに少しずつ異なるものであった。それぞれの提案を概観すると以下のようなものである。すなわち中央党の議員であるグレーバー(Gröber)は、一一八条(後のワイマール憲法一一九条)に一一八a条として、「母親は法に基づいて保護と促進を受ける。非嫡出子には立法を通じて、精神的・肉体的・社会的な発展についての公正な環境が形成されなければならない」という文言を挿入することを提案した。[36]同様に独立社会民主党のユチャクツ(Juchacz)、ドイツ社会民主党のレール(Röhl)、同じく社会民主党のカッツェンシュタイン、クゥアルク等からは、一一八条一項を「婚姻と母親は憲法の保護の下におかれ、国家の扶助に対する請求権を有する」というように修正すべきだという提案がなされた。[37]この提案に付随して独立社会民主党のユチャクツは、「非嫡出子は父親の姓を名乗る権利を有し、かつ嫡出子と同等の法的地位にある」という文を、一項に付加すべきであると提案している。さらに彼は、一一八条一項に続けて「非嫡出子は扶養・教育・父親および母親からの相続について嫡出子と同等の権利を有する」「家族の健康および社会的促進は国家および共同体の責務である」という二文を入れることも提案している。[38]また、ドイツ民主党のリュッペ(Lüppe)、ブレナー(Brönner)等からは、一一八条を以下のように修正すべきであるという提案が出された。すなわち一項を「婚姻は憲法の保護の下におかれる、母親は国家の扶助および保護に対する請求権を有する」、二項を「家族の健康および社会的な促進は国家および共同体の責務である」、三項を「子供の多い家族は調整的扶助に対する請求権を有する」という文言にするというものである。[39]さらに、一一八条に非嫡出子に対する文語を付加する提案がなされたこととの関連で一一九条に対しても、二項として「非嫡出子は立法によって肉体的、精神的社会的発展について、嫡出子と同等の条件が形成されねばならない」という文言を付加することが提案された。[40]

各党の議員によるこれらの提案からは、非嫡出子の法的保護が、文言に多少の相違はあるものの第二読会に参加しているほとんどすべての政党から提出されていることがわかる。しかしながらその具体的内容に関しては、非嫡出子に嫡出子と同等の法的地位の付与を求めるものと、非嫡出子の養育に際して、立法を通じて公正な条件が形成されねばならないと述べるにとどまるものとに大別できる。この点について制定されたワイマール憲法では、非嫡出子の保護を、一一九条での婚姻・家族・母性の保護とは切り離し、新たに設けられた一二一条で、立法による公正な条件の形成というかたちで規定している。

さらに、第二読会で新たに出された提案と、憲法委員会の草案とを比較すると、提案の中に、憲法の保護の下におかれるのものとして、婚姻のみならず「母親」にも言及しているものがある点が異なっている。この提案は婚姻のみが憲法の特別の保護の下におかれるべきでなく、母親にも、国家の扶助に対する同等の請求権を与えられるべきであるという認識に基づいて出されたものであるとされているが[41]、実際に施行されたワイマール憲法一一九条では婚姻と母親を並置することは認められておらず、結局三項に母親の国家に対する保護請求権が入れられるにとどまっている。以上の点を踏まえて、さらに第二読会の審議の内容を詳しく見てみよう。

### 一一八条(後のワイマール憲法一一九条)

第二読会開催中、七月一六日の論議の際にはじめに発言権を与えられたのは、社会民主党のレールであった。彼の提案は、一一八条一項で婚姻と母親とを並置すること、ならびに非嫡出子に対し、嫡出子と同様に扶養・教育・相続に関する権利を保障することであった。その理由として挙げたのは、必ずしも児童の養育とは結びつかない婚姻のみを、児童の養育と直接結びついている母親よりも意義あるものとして保障するのは問題であるということ、また、嫡出子と同等の権利を非嫡出子にも保障することによって、罪のない非嫡出子が救われると同時に、もっぱら女性のみに向けられていた道徳的非難が緩和され、女性に対する不公正がなくなるということである[42]。ただし、彼は非嫡出子に対しても父親の姓を与えるべきだという提案に対しては、父親の姓を与えることは、非嫡出子に不利益な影響を及ぼすとして反対している。この点が同じ社会主義系の政党である独立社会民主党との見解の相違である。

レールの提案に対して、結婚と母親の並置、ならびに嫡出子と非嫡出子の同権に反対する中央党のノイハウス(Neuhaus)は、以下のような反論を行っている。すなわち確かに非嫡出子の法的状況は改善すべきものであるが、非嫡出子が嫡出子と法的に同等になることによって「国民の良識が混乱することを」[43]避け、「適法でない関係と婚姻との相違が曖昧になるのを」[44]回避するために、改善は別の方法で行うべきである、それゆえ憲法では、非嫡出子に対する立法による適切な条件の形成の保障を規定するにとどめ、具体的な措置は個別法に詳細に規定されるべきであるとしている。さらに婚姻と母親を並置することに関しても、「母親」という文言からは既婚の母親だけでなく、未婚の母親も含まれると解釈しうることから、「母親」を入れることによって、「婚姻および婚姻締結をした家族からなる観念的な構造物」である一一八条は「崩壊する」[45]ことになるため婚姻と母親を並置することはできないとした。他方で、母親が国家に対する扶助請求権を有すべきことは否定できないので、これとは別に母親の扶助請求権を規定すべきであるともしている。ここで、婚姻と母親を別なものとして扱うのは、未婚の母という存在によって「母親という概念の中に婚姻保護の本質的な崩壊要因をみいだしている」からであると解される。[46]このような信念ともいうべき中央党の婚姻尊重主義の背景には、中央党が伝統的なカソリックと密接な結びつきを有する政党であるということに加え、婚姻のみが女性が保護されることの理由であるというような極端な見解があったことが指摘されている。[47]

引き続き、ドイツ民主党からの発言者であるブレナーは、嫡出子と非嫡出子の「同等」について、文言の具体的な内容が明確でないという理由から、このような規定をおくことに反対した。また、婚姻と母親の並置に関しては、憲法上で婚姻が憲法の保護におかれるということが有している意味は、婚姻が憲法修正法によらなければ解消できないということであると解した場合、制度でなく、したがって解消もできない「母親」は、婚姻と同じではなく、両者を並置することはできないとした。しかしながら同時に、「母親」も確かに国家を形成する最小単位の共同体として保護されるに値するとして、保護および扶助の必要性を認めた。[48] このような解釈から民主党が導き出した提案は、一項二文に婚姻に対する国家の保護とは別に、母親の扶助請求権を認めるというものであった。

最後に、極左政党である独立社会民主党のチィエッツ(Zietz)が、そもそも婚姻および嫡出・非嫡出子に関する政党間の見解の相違の根底には、各政党ごとの世界観(Weltanschaulichen)の相違があることを指摘したうえで、独立社会民主党の見解としては、非嫡出子の劣悪な状況の要因は、所有権構造と女性と男性の道徳の二重性にあると見ていると述べた。すなわち嫡出子にのみ財産相続を行わせようとする所有権構造と、女性のみに純潔と貞操を要求する婚姻制度とによって、非嫡出子が生まれ、かつ法的には除外されるという状況が生じる。よって非嫡出子に対する除外規定は、中央党のノイハウスが指摘したように倫理的動機によるものでもなく、道徳的な目的によるものでもないとする。ここから彼は、現在の不公正な状況を改善し、民法上の不利益規定を削除するとともに、嫡出子と非嫡出子を同等にすることを要求すると述べた。[49]

このような議論の末、第二読会での採決が七月一七日に行われた。採決では、はじめに一一八条一項一文について投票がなされ、リュッペ、ブレナーらドイツ民主党議員による提案である、「婚姻は憲法の保護の下におかれる」という文言が承認された。[50] 議長はこれにより憲法委員会の草案での一項(二〇頁参照のこと)は否決されたものとみなすとした。ついで、同じく民主党からの提案であった、「母親は国家に対する保護および扶助請求権を有する」という文言が一一八条一項二文として承認された。[51] 引き続き非嫡出子に関する提案が採決に付された。

非嫡出子に関しては独立社会民主党の、父親の姓を付与し、嫡出子と同等にするという文言を一一八条に入れるという提案が軒並み否決された。ただしチィエッツの提案による、「非嫡出子の母親は職業上の関係の中でFrauと呼ばれる請求権を有する」という文言のみは、五票という僅差で承認され、三項として草案に加えられた。[52] また、二項に関しては、ドイツ民主党の提案である「家族の健康および社会的促進は国家および共同体の責務である。子供の多い家族は調整的扶助に対する請求権を有する」という文言が承認された。これにより、草案から「人口政策」という文言が削除されることになった。

なお、一一八条で非嫡出子に関わる規定について議論されたことと関連して、民主党のブレナーらから子供の教育に対する親の義務を規定する一一九条に「非嫡出子は立法により精神的・肉体的・社会的発展のために嫡出子と同等の条件を形成されねばならない」[53]という文をさらに付加するという提案が出されている。この提案は、社会民主党の主張である、両者を同等にせよという提案と、中央党の提案である両者は当然に同一にすべきなのではなく、非嫡出子には成長のための相応の条件が与えられるべきだという提案を折衷し、さらに民主党独自の公正さの観点を取り入れたものであると評されている。[54] 第二読会ではこの提案が承認され、草案の中にはじめて非嫡出子(Unehelichen Kindern)という文言が取り入れられた。

以上の過程を経て、承認された第二読会草案は以下の通りである。

一一八条(後のワイマール憲法一一九条)

一項　Die Ehe steht unter dem Schutze der Verfassung. Die Mutterschaft hat Anspruch auf den Schutz und die Fürsorge des Staats.

婚姻は憲法の保護の下におかれる。母親は国家に対する保護および扶助請求権を有する。

二項　Die Gesundung und Soziale Förderung der Familie ist Aufgabe des Staates und der Gemeinden. Kinderreiche Familien haben Anspruch auf ausgleichende Fürsorge.

家族の健康および社会的促進は国家および共同体の責務である、子供の多い家族は調整的扶助に対する請求権を有する。

三項　Die Mutter des unehelichen Kindes hat den Anspruch, auch im amtlichen Verkehr als Frau bezeichnet zu werden.

非嫡出子の母親は職業上の関係の中でも、「Frau」と称されることへの請求権を有する。

一一九条(後のワイマール憲法一二〇条および一二一条)

一項　Die Erziehung des Nachwuchses zur leiblihen, seelischen und gesellschaftlichen Tüchtigkeit ist oberste Pflicht und natürliches Recht der Eltern, über deren Betätigung die staatliche Gemeinschaft wacht.

Den unehelichen Kindern sind durch die Gesetzgebung die gleichen Bedingungen für ihre leibliche, seelische und gesellschaftliche Entwicklung zu Schaffen, wie den ehelichen Kindern.

後続世代を肉体的、精神的、ならびに社会的に有能な者になるように養育することは、両親の特別の義務であり、自然の権利である、その実施に際しては国家共同体が監視する。

非嫡出子は立法により精神的・肉体的・社会的発展のために嫡出子と同等の条件を形成されねばならない。

## 2　第三読会

### 一一八条(後のワイマール憲法一一九条)

第二読会に引き続き第三読会が、七月二九日から七月三一にかけて開催された。会期中七月三〇日の議会において、新たな提案として一一八条の一項に、「婚姻は両性の平等に基づく」という文言を付加するという提案が、ドイツ民主党のアプラス、およびゲノッセン(Genossen)から出された。(55) この提案は、独立社会民主党の提案である、民法上での女性の権利を制限するすべての規定を撤廃すべきだという提案や、社会民主党による男性と女性を同権にすべきであるという提案から派生したものではなく、ワイマール憲法一〇九条の男女平等取り扱いに関わる審議の際に、十分な反論が果たせなかったことから出されたものであるとされている。つまり、一〇九条での男女の平等取り扱いは「男性と女性とは、原則として同一の公民的権利および義務を有する」というかたちで、男女の平等を規定していたが、ここでいう平等が私法上の権利にも及ぶということは否定されていた。そこで、憲法の要請として家族法上での男女同権を形成するために、あらためてこの提案がなされたのである。(56) 同時にこの提案は、民法典の修正を意図するものであった。すなわち文言の付加に賛成を示した、ドイツ民主党のバウム(Baum)は以下のように明言している、「現行の民法典の中で、家族法の修正が直ちに行われるべきであるが、仮にこのような修正が、憲法上で規定された男女同権を明確に述べている原則に立脚するものであれば、その方がよい」。(57) この提案は国家国民党のデューリンガー(Düringer)により民法典の構造を修正すべきでないという理由で反対されたが、採決により過半数を得たため承認された。なお、第三読会の審議の結果、第二読会草案においては一項二文におかれていた、母性の扶助請求権についての規定が三項に移され、三項におかれていた「非嫡出子の母親は職業上の関係においてもFrauと称されることへの請求権を有する」という文言が削除されている。これは中央党のシュパーン（Spahn）の提案によるものであったということが判明しているのみで、その理由は明らかではない。(58)

## 一一九条（後のワイマール憲法一二〇条および一二一条）

つぎに論じられたのは第二読会から多くの議論がなされてきた、非嫡出子の法的地位に関してである。すなわち嫡出子と非嫡出子の同権を求める社会民主党ならびに独立社会民主党に対して、保守系の政党が引き続き異議を申し立てた。すでに、第二読会において一一九条一項二文として「非嫡出子は立法により精神的、肉体的、社会的発達に対する嫡出子と同等の条件を形成されねばならない」という条文が承認されていたが、独立社会民主党のチィエッツは、これを曖昧な宣言であるとして非難し、二文に「非嫡出子は父親の姓に対する請求権を有し、嫡出子と同等におかれる」という文を付加することを提案した。(59)これに対して政府側の代表者として答弁に立った法務省参事官は、「同等」と規定した場合の帰結を詳細に考慮しないと、とうてい承認できないような状況を導くことになるとしたうえで以下のような具体例を示した。すなわち仮に嫡出子と非嫡出子を法的に「同等」であるとした場合に、非嫡出子の母親および父親がそれぞれ別の相手と婚姻締結すると、非嫡出子はどちらの家族の嫡出子となるべきなのか、あるいは、どちらの親が親権を有するとするのか、さらには親の相続権についてはどのように取り扱うべきか等に混乱が生じる。同時に両者を同等にすることによって、現行では非嫡出子はもっぱら母親の側で養育が可能であったものが、母親および当該非嫡出子の意に反するかたちで、父親の嫡出子として母親から引き離される可能性が生じうる。法務省参事官は、このような状況が生じることは、提案者の意図することではないだろうとしたうえで、法的混乱を招く事項に関しては、個別法の規定による改善が望ましいとした。(60) 同様の観点から、形式的に憲法上で非嫡出子と嫡出子の平等を規定することが逆に、非嫡出子とって不利益を生じさせることになるという見解も述べられ、結局、チィエッツの提案は裁決によって否決された。同時にここでは、中央党のシュパーンから、「非嫡出子は立法により精神的、肉体的、社会的発達に対する嫡出子と同等の条件を形成されねばならない」という条文を一一九条一項二文とするのではなく一一九条ａとして、別に規定することが提案されていた。(61) この提案は賛成多数で承認され、後のワイマール憲法一二一条となる一一九条ａが成立した。これにより婚姻保護と相反する性質を含む非嫡出子の保護が、憲法上独立して規定されることになったが、この点に関するより詳細な議論をみいだすことはできない。引き続き一二〇条に関しても採決がなされたが、特に異論もなく承認された。

草案は第三読会の審議終了後採決に付され、七月三一日に二六二対七五という大差によって可決された。承認されたワイマール憲法の各条文は以下の通りである。(62)

一一九条

Die Ehe steht als Glundlage des Familienlebens und der Erhaltung und der Vermehrung der Nation unter dem besonderen Schutz der Verfassung. Sie beruht auf der Gleichberechtigung der beiden Geschlechter. Die Reinerhaltung, Gesundung und soziale Förderung der Familie ist Aufgabe des Staats und der Gemeinden. Kinderreiche Familien haben Anspruch auf ausgleichende Fürsorge.
Die Mutterschaft hat Auspuruch auf den Schutz und die Fürsorge des Staats.

婚姻は、家族生活及び民族の維持・増殖の基礎として、憲法の特別の保護を受ける。婚姻は両性の同権を基礎とする。
家族の純潔の保持、これを健全にし、これを社会的に助成することは、国家および市町村の任務である、子供の多い家族は、それにふさわしい扶助を請求する権利を有する。
母性は、国の保護と配慮とを求める権利を有する。

一二〇条

Die Erziehung des Nachwuchses zur leiblichen, seelischen und gesellschaftlichen Tüchtigkeit ist oberste Pflicht und natürliches Recht der Eltern, über deren Betätigung die Staatliche Gemeinschaft wacht.

子を肉体的、精神的及び社会的に有能な者になるように教育することは、両親の最高の義務であり、かつ自然の権利であって、この権利・義務の実行については、国家共同体がこれを監督する。

一二一条

Den unehelichen Kindern sind durch die Gesetzgebung die gleichen Bedingungen für ihre leibliche, seelische und gesellscaftliche Entwicklung zu schaffen wie den ehelichen kindern.

嫡出でない子に対しては、法律制定によって、肉体的、精神的、及び社会的成長について、嫡出子に対するのと同様の条件がつくられなければならない。

これまで見てきたように、国民議会での審議でも、議論の大部分は婚姻あるいは非嫡出子の問題が占めており、ここでも家族に対する「特別の保護」を行うことについての理由やその方法が論じられることはなかった。なお、子育ての社会的有用性という観点に関しては、国民議会の審議の中でギールケ(Gierke)が家事労働や育児の評価について疑問を呈し、家族の最低生活を保障するような賃金の向上を要求したが、当然のことながらこのような議論はこの時点では受け入れられず、議論が高まることもなかった(63)。

### (三) ワイマール憲法一一九条の法的意義

ワイマール憲法一一九条の法的意義としては、制度保障に内在する問題を明らかにしたという点にのみ、その法的意義が認められるとされている(64)。というのも、権利の実現という観点からすれば、一一九条は主観的に請求できる基本権とは認められなかったことで、原則としてその実現は立法者に委ねられていたことから、これらの規定が直接的に実定法に与える影響は留保されていたからである。その際一一九条二項二文(子供の多い家族はそれにふさわしい扶助を請求する権利を有する)、および三項(母性は、国の保護と配慮とを求める権利を有する)で規定された、扶助に対する請求という概念は故意に無視されていたとされる(65)。その一方でワイマール憲法一一九条は法上の「家族」を婚姻締結に基づく集団に限定し、明白な家族概念を打ち立てた。というのも、一項において婚姻が家族の生活の基礎であると規定されているので、二項でいうところの「家族」とは、唯一「婚姻に基づいて形成された家族」と理解することが可能だからである。同時に、未婚の母に関しては、三項に基づいて国に対する扶助および保護請求権を有すると規定している。それゆえ、未婚の母がその子供とともに一一九条における家族概念には含まれていないことは明らかである(66)。これは、後の基本法六条一項での「家族」概念が、広範な解釈の余地を含んでいたのとは対称的であるといえる。

ワイマール憲法一一九条が基本法六条に与えた影響としては、一一九条一項と二項が原則として基本法六条に引き継がれた点に見られるとされている。(67)

## 二　ボン基本法における婚姻および家族の保護

### (一)　基本法形成までの経緯

ワイマール憲法は、ナチス政府に独裁的権力を与えることを目的とした一九三三年三月二四日の授権法(Ermächtigungsgesetz)によって、「国家の基本法たる意味を失っ(68)」てしまった。その後ナチス政権の下で法治国家原則は破壊され、婚姻および家族との関連でも、独自の世界観の下に対象となる人種を限定した結婚および出産の奨励策、あるいは断種規定を伴う政策のような人種主義と密接に結合した独裁政策が展開された。(69)このような、いわば基本理念の空白状況は、一九四五年五月八日にドイツ軍が連合国軍に無条件降伏し、新たな基本法が制定されるまでの間続いた。しかしながらワイマール憲法で培われた基本理念は、基本法制定の中で復活することになる。というのも、基本法制定過程の中で、ワイマール憲法上での類似の条文を念頭においた議論、あるいは条文形成がなされていったからである。このことは両者の理念的な連続性を示すものであるといえる。そこでつぎに、基本理念がどのように基本法の中に引き継がれたのか、その過程を見ることにしよう。

無条件降伏後、ドイツはイギリス、アメリカ、ソ連ならびに、ヤルタ協定により加わったフランスの四国によって占領されることになる。(70)後に西ドイツとなるイギリス、アメリカ、フランスにより占領された地域では、編成された各ラントごとに西欧民主主義的な性質を有する各ラントごとの憲法が制定されていった。(71)その後、一九四七年三月一〇日から四月二四日にかけて、四国外相がドイツをどのような国家体制にするかを協議した。しかし、中央集権国家を主張するソ連と、地方分権国家を主張するその他三国との意見は一致しなかった。さらに、一一月からロンドンで開催された外相会議で、両者の意見の一致が将来的にも望めないことが明らかとなったため、三国はソ連を除外し、ドイツ問題を討議することになった。三国は一九四八年二月からロンドンで会議を開催し、新たに加わった、ベルギー、オランダ、ルクセンブルクも交えて、三国占領地区の統合と、当該地区におけるドイツ憲法制定を決定した。[72] 一九四八年七月一日には、決定を実施するため、一一ラントの首相に対して文書が手渡された。これがいわゆるフランクフルト文書(Die Frankfurter Dokumente)である。文書には、①基本法制定のための国民議会を、遅くとも一九四八年九月一日までに招集すること、②首長たちにドイツ国内のラント境界の調整についての検討を委任することが記され、文書③には、将来のドイツ政府と占領軍との関係についての規律である占領軍条例(Besatzungsstatut)が含まれていた。[73] これを受けて、一九四八年七月八日から一〇日にかけて、ラントの首長たちはコブレンツで会議を開催し、ドイツの主権が回復するまでは、憲法ではなく基本法による統一行政を実施することを決定した(コブレンツ会議の合意 Einigung auf der Konferenz in Koblenz)。[74] その後七月二五日にかけて専門家委員会(Sachverständigenausschuß)が選任され、八月一〇日から二三日に、ヘレンキームゼーにおいて基本法草案が作成された。この会議は憲法会議(Verfassungskonvent)と称され、形成された草案は、基本法制定のための議会評議会(Parlamentarischer Rat)の基礎となった。[75] 一九四八年九月一日からはボンにおいて、議会評議会が開催される。評議会は、フランクフルト文書での決定にしたがい、一一ラントの代表者六五名によって構成されていた。[76] 議長にはキリスト教民主同盟(以下、CDU)のアーデナウアー(Adenauer)が任命され、評議会により主要な立法活動を委任された本委員会(Hauptausschusses)の委員長として社会民主党(以下、ＳＰＤ)のシュミット(Schmid)が選任された。

一九四八年九月九日に開催された議会評議会の第三読会では、基本法の形成に関わる個別の政策委員会とその役割が決議され、引き続き開催された第四読会(一九四八年九月一五日)で各政党ごとの構成員が決定した。[77] それによると個別の委員会の構成は、①本委員会(Hauptausschuß)二一名、②原理委員会(Ausschuß für Grundsatzfragen)一二名、③管轄境界委員会(Ausschuß für Zuständigkeitsabgrenzung)一〇名、④財政問題委員会(Ausschuß für Finanzfragen)一〇名、⑤連邦編成委員会(Ausschuß für Organisation des Bundes)一〇名、⑥憲法裁判所および司法に関わる委員会(Ausschuß für Verfassungsgerichtshof und Rechtspflege)一〇名となっていた。[78] 各々の役割は、ヘレンキームゼー草案に沿って決定された。[79] 具体的には原理委員会が、基本法前文および基本権(Grundrechte)、ならびに連邦と国民の権利関係(Völkerrechtliche Verhältnisse des Bundes)(ヘレンキームゼー草案第一章第二章)を扱う。連邦とラント間での権限配分に関わる事項(ヘレンキームゼー草案の三章と一〇章)は、管轄境界委員会が取り扱う。また、連邦の機関である連邦議会、連邦参議院、大統領、および連邦政府に関する事項(ヘレンキームゼー草案第六章第七章)と、経過規定については連邦編成委員会が取り扱うこととされた。財政問題委員会と、憲法裁判所および司法に関わる委員会については、それぞれ名称通りの役割が割り当てられた。[80] 一九四八年九月三〇日に、各分科委員会の委員長が議会評議会の議長を交えて審議を行い、分科委員会によって出された結論はさらに全体編集委員会(Gemeinsames Redaktionskomitee)において調整がなされ、再考されることになった。再考を経た後の草案は、最終的に再び本委員会に呈示され、そこでの審議の後、一九四九年一月二〇日には草案について政策的な事前決定が下された。[81] その後、政党間の見解の調整のために、ＳＰＤならびにＣＤＵ・自由民主党(以下、ＦＤＰ)の代表者によって第五委員会(Fünferausschuß)が結成された。第五委員会の役割は、各政党の基本原理に対する見解の相違により生じていた論争の解決を促すことであった。[82]

一九四九年三月二日、連合国側から議会評議会に対して意見書が手交される。意見書の中では先の本委員会第三読会での基本法草案に対する占領軍政府の異議が記されていた。[83] 覚書を論議するために、第五委員会のメンバーに、ドイツ党(以下、DP)および中央党(以下、Zentrums)の議員二名を加えて第七委員会が結成された。彼らは一九四九年三月一八日に、覚書に対する反対意見を占領軍政府に呈示した。その後四月二五日にフランクフルトにおいて両者間の協議が行われ、結論が全体編集委員会によってまとめられた。また、四月一〇日には占領軍政府から基本法制定議会に対して占領軍条例による留保を除いては、基本法による完全な自治がドイツに与えられる旨を記した占領条例(Besatzungsstatut)が手交された。引き続き、一九四九年五月八日に議会評議会において基本法(Grundgesetz für die Bundesrepublik Deutschland beschlossen vom PR in Bonn am 8. Mai 1949)が採択された。その後、五月二三日にラント議会の三分の二以上の採択という要件を充足し、「ドイツ連邦共和国憲法」(Grundgesetz für die Bundesrepublik Deutschland vom 23.5. 1949)が即日公布され、翌二四日から施行された。

## (二) 基本法六条一項をめぐる議論

### 1 原理委員会

(1) 婚姻および家族は憲法上で保護されるべき客体か否か

後に六条となる条文草案は、基本法の第一番目の草案であるヘレンキームゼー会議草案の中には入っていなかった[84]。その理由は「基本法の暫定的な性質により、社会生活に関連するものについては空白の余地を残し、後のドイツ国民統一憲法に留保した規定が望まれていた[85]」からであるとされる。つまり、婚姻あるいは家族に関わる規定は、その性質ゆえに当初基本法の中に規定することを想定されていなかった。それにもかかわらず、議会評議会の分科委員会である原理委員会第二四会期、一九四八年一二月四日の会合の中で、議長でもあったＣＤＵのマンゴルト（Mangoldt）から七ａ条（最終的な六条一項）の受け入れに関する提案がなされた[86]。彼が論拠としたのは①社会生活については留保する「基本法」ではあるが、統一国家となった場合でも認められるであろう人権、特に婚姻および家族については言及すべきであること、その際、類似の事柄を取り扱っているものとして国連人権宣言一四条[87]を念頭においていること[88]、②東ドイツ法との関連（共通性）を強めるためにも婚姻締結と家族の形成権は基本法に受け入れるべきであること[89]、③人格が発展するためには婚姻および家族の発展が欠かせないことから、婚姻および家族の保護が憲法上で保障されていることは、発展にとって非常に好都合であり、ワイマール憲法上でも、個人の人格の発展と、婚姻・家族の発展ならびにその保護を互いに関連づけていたこと[90]、という三点である。マンゴルトが提案した草案は、もともとＣＤＵならびにキリスト教社会同盟（以下、ＣＳＵ）の党内で形成されたものであり、以下のような内容であった。すなわち、

> Die Ehe als die rechtmäßige Form der dauernden Lebensgemeinschaft von Mann und Frau und die aus ihr wachsende Familie sowie die aus der Ehe und der Zugehörigkeit zur Familie fließenden Rechte und Pflichten stehen unter dem besonderen Schutz der Verfassung.[91]

男性および女性からなる継続的な生活共同体であり、適法的形態としての婚姻、およびそこから生成される

家族ならびに婚姻および家族に所属することによって生じる権利および義務は憲法の特別の保護の下におかれる。

条文の基本法への受け入れに対する反対は、原理委員会二四会期ならびに、一二月四日の第二九会期[92]において、SPDおよびFDPの議員によって出された。彼らが条文受け入れに反対する理由として挙げたのは、主として以下の三点である。①暫定的な性質を有する基本法の中への文化的・社会的基本権の受け入れは行わないことが、当初から合意されているはずであり、仮にそれを認めるのであれば、従来は受け入れを拒否してきた労働組合の労働者保護に関する要求も拒否できなくなるであろう。[93] ②われわれが基本法の条文に求めているのは、直接的かつ実効的な法律効果を導出することである。他方で婚姻あるいは家族の保護は、道徳的側面から強調されるものであり、直接的な法的効果を包含するものではないため、基本法には適合しない。[94] ③仮に婚姻および家族の保護の基本法上での保護が、人権宣言を念頭においたものであるならば、非嫡出子の保護についても言及すべきである。このことは同時に、当時生じていた女性人口の過剰、ならびにそれによって生じる非嫡出子数の増加[95]という事実によっても根拠づけられる。よって、母性保護および非嫡出子保護に言及した条文[96]を付加することが必要である。[97]

反対派が挙げたひとつ目の論拠に対しては、基本法の原理的な性質が強調されたことで基本権の真性に対する段階づけがなされたとはいえ、婚姻・家族が真性の基本権に含まれることは明らかであるという反論がなされた。[98]二番目の論拠に対しては、条文が有する法律効果として、ワイマール憲法を念頭におきながら、憲法上の婚姻および家族の原則の修正には憲法修正法が必要となることが挙げられている。これは、規範内容が法的拘束力を有していることを理由として、単なるプログラム規定にはあたらず、よって、基本法の中に規定することについて問題はないという見解を示したものであると思われる。[99] 反対派の三番目の論拠は、六条を基本法に入れることを前提として、そこに補足を加えるべきであるという見解であった。それゆえ反対派の主たる反論はこれにより論破され、以降は条文への受け入れを前提とした議論へと移行した。

(2) 基本法六条一項における「家族」と「婚姻」との関係

原理委員会の議論の中で、興味深いのが「家族」と「婚姻」の関係に関わる議論である。はじめに、草案の中の「婚姻から展開される家族」(Die Ehe……und die aus ihr entfaltende Familie)という文言について、条文に不必要であるという意見が出された。[100] これを受けて、「婚姻により発生する家族」(mit ihr entstehende Familie)という文言に代替可能であるという見解が示された。[101] しかしながら、このように表現した場合、夫婦二人からなる共同体は「家族」として保護客体とはならないという解釈の余地が生じることが指摘された。[102] それゆえここでは「婚姻によって想定される家族」(Die mit ihr gegebene Familie)という文言が選択された。この表現では、子供のいない夫婦共同体をも「家族」として解することが可能になる。[103] 同時に、「婚姻」した夫婦とその嫡出子という構成員以外で形成される「家族」を含むと解する余地が生じる。この点に着目して、里親と里子からなる共同体を「家族」に含めることを念頭において、規定に賛意を表明する議員もいた。[104] この議論では、基本法上の「家族」概念を拡張することが目的とされていた。同時に、「婚姻」が家族への前段階であるから保護されるのではなく、それ自体が独自の価値を有する制度であるゆえに保護されるということが、意識的に前面に出されていることが指摘されている。[105]

「家族」の解釈に関わる議論はさらに続いた。ＦＤＰのハウス（Heuß）議員からは、後の六条四項および五項の前身となる条文の提案が出された。すなわち彼は、憲法上での婚姻および家族の保護を「母親は国家の保護と促進に対する請求権を有する。非嫡出子は権利に関して嫡出子と同等である」（Jede Mutter hat Anspruch auf den Schutz und die Fürsorge des Staates. Uneheliche Kinder stehen in ihren Rechten den ehelichen gleich）という文言の付加によって、非婚の母親ならびに非嫡出子にも拡張することを要求したのである。[106] これに対して保守派の政党からは、保護客体となりうる「家族」は子供と両親で構成される家族共同体であるべきことが主張された。[107] このように家族の性質を限定した場合、非嫡出子は通常、親のどちらか一方によってのみ養育されることから、家族共同体としては不完全であることになり、それゆえ、嫡出子と非嫡出子の法的平等は難しいという見解が示されたのである。[108] ただし、保守派の議員たちも、非嫡出子に対するワイマール憲法一二一条の意味での生活保障が必要であることは認識していた。[109] つまり、ここで彼らは、児童福祉的な観点からの非嫡出子保護ならびに母性保護の問題と、彼らが想定する「家族」の保護の問題を切り離して別々に議論しようと試みたものと思われる。このような保守派の見解に対しては批判が出された。例えば、ＣＤＵが想定する「家族」であっても、夫婦が離婚して片親と児童になった場合、片親と非嫡出子の場合と本質的に異なるものではないという批判であった。[110] ここではＣＤＵが想定する「家族」との関係で、離婚後の家族をどのように位置づけるのかという問題に関するこれ以上の言及はない。それにもかかわらず、この発言により離婚後の家族についてもＣＤＵが想定する「家族」とみなさざるを得なくなったという指摘もある。[111]

結局、原理委員会での結論は、「家族」とは両親と子供という集団のみを指すというものであった。すなわちここではワイマール憲法形成過程における憲法委員会での結論同様、「婚姻を家族の唯一の土台であるとする保守派の主張が維持された」ことになる。[112] 同時にこの結論は、当時のBGB一五八九条二項とも理論的整合性を有するものであった。この条文は、非嫡出子と父親との血縁関係を否定している。それゆえ、非嫡出子は両親によって養育される機会が与えられず、したがって憲法上の家族にも該当しないという帰結を導く。このような帰結は、非嫡出子の問題を憲法ではなく個別法に委任すべきであるとしたワイマール憲法制定時の議論とも合致する。[113]

## 2　本委員会提出から公布まで

上述の議論の結果、はじめに提案されたCDU／CSU草案に、母性保護の条文と非嫡出子保護の条文を加えた草案[114]が原理委員会から本委員会に呈示された。

原理委員会から草案の呈示を受けて、一九四八年一二月七日に開催された本委員会第一読会[115]では、もっぱら、非嫡出子の問題に議論が集中した。この議論では憲法を通じて、嫡出子と非嫡出子の法的平等を実現し、かつ非婚の母親を保護すべきであるというSPDの主張に、主としてCDUおよびZentrumsの議員が反対するという構図となっていた。類似の状況はワイマール憲法一一九条、ならびに一二一条の形成過程においても見られたものである。[116] ただし、ワイマール憲法においては、非嫡出子への公正な条件の付与と、婚姻ならびに家族の保護、および母性保護をうたった条文とが最終的には分離することになった。[117] しかし、基本法においては両者が同じ条文の中で取り扱われたため、矛盾に対する反対の声も、より大きなものとなったことが推察できる。

保守派の政党が、嫡出子と非嫡出子の法的平等が不可能である理由として挙げたのは以下の点である。すなわち婚姻と家族は国家の担い手であり、非嫡出子はその三者によって形成される秩序構造(Ordnungsgefüge)からこぼれ落ちていると考えることができる。それゆえ、このような秩序と結合している児童と、秩序外にいる非嫡出子との平等はそもそも成り立ちえないというものである。[118] この見解からは、秩序維持に貢献する家族、すなわち国家の下部組織としての家族という枠組みの保護が重視される一方で、家族内部にいる個々の構成員の保護はそれほど重要視されていないことがわかる。保守派の見解に対して、SPDのシュミットは以下のような反論を試みた。その反論とは、保守派が述べている「秩序」とは、「自然」に発生したものではなく、人為的に形成された「法秩序」を指す。それゆえ、そこで述べられている「家族」も権利や義務と結合した法秩序の産物である制度としての「家族」である。よって嫡出子と非嫡出子の区別も法秩序を基礎とした人為的なものである。他方で憲法で規定しようとしているのは自然な秩序であり、それによると、嫡出子と非嫡出子は本質的に異ならないというものであった。[119] この見解に対しては、「家族」概念が人為的かつ可変的なものであることは認めつつも、憲法起草者が自然秩序それ自体を規定することはできず、同時に西欧キリスト教的な文化秩序の中で生活している以上は、その中で構築されてきた秩序、すなわち家族は永続的で完結した統一体であるという理解を維持することが望まれているのだという反論が出された。[120] ここでは人為的な法秩序と家族との関係性が問われている。保守派政党が主張するように、既存の法秩序の枠組みの中でのみ「家族」を捉えようとすることは、条文が既存の社会秩序維持という目的を有していたという歴史的経緯からは理解できる。とはいえ、当時、女性数の剰余を原因とした未婚の母と児童という生活形態が増大しており、この事実を基に既存の法秩序と「家族」の関係はすでに破綻しているという指摘もされている。[121] このような理解に基づいて、SPDが提案する草案は「婚姻、家族および児童は憲法の保護を受ける」というものであり、家族およびそこに含まれる嫡出子と児童、すなわち非嫡出子を同様に保護客体とするというものだった。[122] 最終的に、本委員会第一読会では保守派政党の意見が通り、原理委員会草案上の非嫡出子の法的平等を修正した草案[123]が採択された。

一九四八年一二月一三日に開催された全体編集委員会は、本委員会第一読会の草案を検討した結果、一項の文言について以下のような提案を行った。すなわち、「仮に婚姻および家族が国家秩序の保護の下におかれるならば、同時にそこから生じる権利もその保護の下におかれる。その他の点でも仮に婚姻がそのようなものとして国家の特別な保護のもおかれるのであれば、『男性および女性からなる永続的な生活共同体で適法的な形態』という言及は必要ないものと思われる[124]」という提案である。ここから、編集委員会の提案する一項の文言は大幅に修正されたものとなった。すなわち、

一　Ehe und Familie stehen unter dem besonderen Schutze der staatlichen Ordnung

婚姻および家族は国家秩序の特別の保護の下におかれる[125]。

というものである。

この草案に対しては、男性および女性からなる継続的で適法的な形態としての「婚姻」という文言が排除されたこと、および、直前のSPD草案の内容を理由として、「編集委員会の見解は、婚姻から形成される家族とともに片親と児童で構成される家族や、非婚の生活共同体も『家族』とみなすものである」という解釈がある[126]。この解釈に対しては、すでに、SPD草案は否決されていること、本委員会の第一読会においても、原理委員会でも婚姻締結した家族の保護が採択されていることから、「家族」概念の拡張はないという反論がなされている[127]。

また、この提案の中で全体編集委員会は「七a条はプログラム的な意義しか有しない。この条文は立法者に

とっての指針にすぎないし、それを超えるものとしては法適用機関についての解釈規定の性質しか有しない」[128]と述べ、先に見た原理委員会での見解と異なる意見を表明している。しかしながら、この見解は五日後には七a条三項すなわち、非嫡出子の着嫡出子との同権を規定した条文についてのみプログラム的意義を有すると訂正されている。[129]よって、この点に関しては基本法形成当初から、六条一項には法的拘束力も裁判規範性もあるとみなすことで一致していたといえる。いずれにしても、六条一項の解釈に際しては、はじめに可決されたCDU草案のもたらす影響を無視できないものと思われる。

一九四九年一月一一日には、再び三二会期目の原理委員会[130]が開催された。ここでは編集委員会の提案にもかかわらず、もともとのCDU草案に若干修正を加えた草案が採択された。[131]この草案はさらに一月一八日の本委員会第二読会[132]に提出され、再びSPDの議員により、一項の中で嫡出子と非嫡出子の平等を規定すべきだという意見が主張されたが、[133]いままでと同様この提案は認められなかった。第二読会では採決の結果、編集委員会の一項草案を採択し、二項三項は本委員会第一読会案がそのまま維持された。[134]ここで、編集委員会の草案が採択されたことによって、婚姻および家族は「憲法」の保護の下におかれるのではなく、「国家秩序」(die staatliche Ordnung)の保護の下におかれると規定されることになる。この定義の変換については、後に、ある種の中立性、つまり家族を純粋に法的、あるいは社会的に確定してしまおうとする試みからの分離の現れであると解釈されている。[135]というのもこのような試みにより家族は、法や国家による特定の枠の中に規定されることなく、国家秩序を形成する一要素としてその中立性を保ち続けることが可能になるからである。ともあれ、本委員会第二読会で採択された草案は、さらに第五委員会で検討された。その結果、いままで七a条(最終的な六条一項四項五項)とは別に審議されてきた親権に関わる七b条(後の六条二項三項)が七a条の中にまとめられ、[136]一九四九年二月五日に第五委員会草案として、本委員会第三読会へと呈示された[137]。この草案は修正されることなく、五月五日の本委員会第四読会、五月六日と五月八日の議会評議会総会を経て、五月二三日にドイツ連邦共和国基本法として公布された。

結局、基本法の形成過程においてもワイマール憲法の形成過程と同様に、家族を憲法上保護することについての明確な根拠づけが行われることはなかった[138]。その他の点を見ると、基本法制定過程の中でも、ワイマール憲法形成過程での議論が繰り返し引用されていることから、この点に両者の連続性をみいだすことができる。特に基本法制定過程で問題とされた事項、すなわち嫡出子と非嫡出子の法的平等や、両親の教育権、男女平等などの問題については、すでにワイマール憲法形成時に同じような議論が行われており、このことから議論の背景にある個別具体の法状況や、そこから派生する問題に大きな違いがなく、それゆえ共通するテーマが繰り返し議論され続けたことが窺える[139]。ここであえて基本法の形成に何らかの前進をみいだそうとするのであれば、それは基本法の制定過程において、六条が単なるプログラム規定にとどまらず実効的法規範であることが強調されている点、および基本法一条三項に基づいて基本権が司法のみならず、立法者をも拘束することによって、基本権の保障が強化されているという点であろう[140]。

## 第二節　家族「機能」

第一節で見てきたように、ワイマール憲法および基本法の制定史からは、家族が規範的に保護される理由は必ずしも明らかではない。また、ドイツの学術論文、あるいは判例においても、家族の保護の規範への受け入れの根拠に関しては、十分に論じられているとはいい難い状況にあるとされる。[141]その理由として、家族および婚姻の規範的保護に付随する、本質的なディレンマの存在を挙げることができる。ディレンマとはすなわち、婚姻および家族の規範的な保護に、個人にとっての意義と、社会あるいは国家にとっての意義という二面性が存在することを指す。[142]つまり、家族を規範的に「保護」するという規定を文理解釈した場合、国に対する「保護」と、国による「保護」という、二つの相反する解釈の余地が生じることになる。仮に国家や社会のための「保護」であるというように家族の保護の一面を強調した場合、かってのナチスの例に見られるように、家族や子育てが国家の特定のイデオロギーを達成するための手段として適合的であるゆえに「保護」を受けるのではないかという疑念が生じうる。[143]このような疑念を払拭するためには、家族を、国家がある種の目的を達成するための手段、つまり国の下部組織として捉えるのではなく、国家秩序あるいは社会秩序を構成する、自由でかつ独立した存在として捉えることが必要となる。[144]その際、より多くの人の理解を得るためには家族のみが有する「機能」が重要となる。なぜなら、家族に独自の機能があり、それが社会的にも意義があることを明らかにすることによってはじめて、家族は国家や他の集団とは分離され、独自に規範的保護を享受する立場にあるという理解が可能になるからである。そこで、以下ではドイツにおける家族が有する固有の機能に関する理解を明らかにすることで、機能との関係で家族の規範的保護の正当性を論じる。

## 一　家族の「責務」「作用」「機能」

家族の「機能」を具体的に示す前段階として、まずはじめに「機能」がどのようなものであるかを明らかにするところからはじめたい。ドイツの社会学上、家族には「責務(Aufgaben)」・「作用(Leistungen)」・「機能(Funktionen)」の三つがあるとされる。[145] これらは相互に密接な関係性を有するので、同じものとして扱われることもあるが、厳密には区別されている。そこで以下ではまず、これら三つの関連を明らかにすることで家族の「機能」がどのようなものであるのかを示す。

家族の「責務」とは家族という存在に対して一般的に期待され、かつ要求されるものである。例えば、家族構成員の実質的な生存保障や子供に対する親の教育義務等がこれにあたる。このような「責務」の一部は法律上の規定というかたちでも示されている。例えば、民法上での夫婦相互間の扶養義務や、子供に対する親の扶養義務規定等が家族の「責務」の表れであるとされる。つぎに「作用」とは、家族が「責務」を行うことに派生して生じる家族の具体的な行動、例えば家族構成員に対する扶養の実施や教育の実施を指す。これらの「作用」は一般的には家族がそれを行うことを当然とみなすことができるものであるが、その一方で親に十分な養育能力がなかったような場合、十分な履行が期待できない場合もあるとされる。[146]

より具体的に見ていくことにしよう。すなわち、「責務」と「作用」には次のようなものが含まれるとされる。ひとつ目として、家族には個人を保護し発達させ再生させる場という責務があり、これらを実現する作用がある。例えば人は家族という私的領域における保護の中で、情緒的な発達をとげ、連帯感を会得していく。同時に、家族構成員の一員であるという自覚によって自らの存在意義をみいだし、さらには家族を介して伝統的な地縁・血縁関係あるいはその他の責任あるつきあいというものを習得していくとされる。これら、家族による個人の保護と発達という「責務」とその実現である「作用」こそが「社会文化的な人間としての第二の誕生にとっては欠かせない要件」[147]であるとされている。同時に、このような「責務」と「作用」は他の社会集団によっては難しいとされることから、家族という生活形態の独自の存在意義を示すものであるとされる。二つ目としては、家族構成員に対する経済的な扶養が挙げられる。すなわち、家族構成員に生じるさまざまな生活需要を満たすことも家族の重要な「責務」であり「作用」である。[148]さらに三つ目としては家族構成員に病人がいる場合、あるいは、障害を有する者がいる場合の世話や、家族構成員の精神的・肉体的活力を養う場の提供が挙げられる。[149]このような責務の実現は、同時に社会構成員の疾病や傷害に費やされる公的なコストの低減につながるため、社会的な観点からも意義があるとされる。四つ目としては連帯感の構築が挙げられる。すなわち家族は病人や老齢となった構成員を扶養し、それに伴い生じるさまざまな負担を分かち合う。この意味で家族は、人がはじめて相互扶助や連帯といったものを体験し理解する場であるといえる。このように家族内部での親密な関係に基づく連帯を経験することが、その後の社会的な連帯や相互扶助を理解し、実現するための準備であるとされる。[150]最後に家族、とりわけ親に対して最も期待される責務として、子供の教育と社会化がある。家族は子供に対して、保護される体験や身体的なふれあい、子供の需要の適切な充足や長期的かつ安定的な関係を基礎とする愛情のこもった教育を提供する。これらは人の社会・文化的な成長にとって欠くことのできない要素であり、同時に人格の情緒的な基礎を形成するとされる。人類学者や心理学者の一致した見解によると、このような体験は、人格の発展にとって非常に大切な感情や、社会に対する信頼感の育成にとって決定的に重要であるとされる。[151]

ここまで見てきた、家族の「責務」と「作用」とはいずれも第一義的には家族が家族自身のために行う生活の営みそれ自体を示す。一方で家族の「機能」とは、家族の「責務」や「作用」を社会的な観点から見た場合を指す。[152] つまり、家族が行っている生活の営みに対する公の関心(あるいは利益)といい換えることができる。このような家族の「機能」としては、家族が生殖作用を通じて社会構成員を量的に「再生産」することや、人的資源の育成に対する家族の寄与、あるいは、社会連帯の構築に対する家族の貢献といったものが考えられている。これについてはつぎに詳しく述べるが、ここで重要なのは「責務」「作用」と「機能」との関係である。つまり、家族の「機能」は、もっぱら私的な動機に基づいて行われる「責務」や「作用」の結果生じるという点である。当然のことながら家族は公共の利益に資する目的で生活を営むわけではない。それゆえ、人口の再生産や社会連帯への貢献といった社会にとって意味のある家族の「機能」は、あくまでも家族が自らの構成員のために行った生活の営みの結果生じた副産物にすぎないのである。[153] このことは、「誰一人として国家のために生き、年金のために子供を産むものはいない[154]」という表現に明確に示されている。

このような理解は、先に述べた、家族や子育てが国家の特定のイデオロギーを達成するための手段として適合的であるゆえに「保護」を受けるのではないかという疑念との関係で重要である。すなわち、家族の機能を家族の生活の営みから生じる、いわば副産物であると理解することで、家族は国家が有する特定の意図のために生活を営んでいるから保護あるいは促進されるのではなく、私的な動機に基づく生活の営みの結果生じうる社会的利益ゆえに、規範的な保護を受け、政策による促進の対象とされると考えることが可能になるのである。つまり、家族を規範的に保護することは、必ずしも国が家族を合目的的な手段として用いるということを意味しないということができる。この点を踏まえたうえで、以下では家族の行ういずれの作用が第三者にとって重要であるのか、家族の作用に対する第三者の利益とは何か、という観点から家族の「機能」論をさらに見ていくことにしよう。

## 二　家族「機能」理解

### (一)　社会学における理解

ここでは、ドイツの著名な社会学者であるランペルト(Lampert)ならびに、カウフマン(Kaufman)の論文に基づいて、社会学における家族「機能」論を見ていくことにしよう。

ランペルトおよびカウフマンの論じる家族機能を大別すると、おおよそ以下の四つに分類できる。すなわち、①社会の量的な再生産、②社会の質的な再生産、③国民経済を支える労働力の量的・質的再生産、④家族構成員に疾病や介護ニーズが発生した場合、あるいは社会的貧困が発生した場合の、家族構成員間の相互扶助による公的支出の削減である。

ひとつ目の社会の量的な再生産は、あらためていうまでもなく家族の生殖作用による人的資源の量的な生産である。すなわち「仮に社会が自身の存続に関心を示すのであれば、同様に社会構成員の生殖についても関心を持たねばならない[155]」ということになる。

家族による人的資源の再生産に対する公の関心は、ナチズムの人口政策という歴史的経緯からドイツでは長らく明確な言及が避けられていた。ところが、一九七九年の第三次家族報告書[156]によって政策的な転換がもたらされ、近年では人口再生産の公的な利益に関する議論も顧みられるようになってきている[157]。しかしここで、公の関心を人口政策、すなわち人口規模や集団の年齢構成、あるいは地域ごとの人口割合といった人口に関わる要素に計画的に影響を及ぼすことで出産や人口移動、死亡率に変化を与えることを目的とした政策に単純に置き換えることに対してカウフマンは疑問を呈する。というのも、いまだ人口飽和状態にある世界という、より広い見地から見た場合、量的な意味での次世代保障はそもそも問題とならず、同時に、単純に量的な人口確保あるいは労働力の確保という観点からすれば、自国の労働者待遇が他の近隣諸国より優位を保っている限り、移民による解決を視野に入れることも可能だからである。ここから、カウフマンは、家族「機能」の量的な再生産よりもむしろ、質的な再生産が社会にとってより大きな意義を有するとする。

ここでいうところの質的な人的再生産機能とは、ランペルトによると、子供の世話や扶養・教育を通じた人的資源の質的な構成要素の形成機能であるとされる。すなわち、子育てとは①次世代の精神・肉体の健全な土台の形成、②子供の才能の開花とその促進、③子供に社会的責任や社会連帯といった社会性獲得の機会を作り、また習得の場を提供すること、さらに、④社会的な価値や文化的な価値といったものを次世代へ伝承すること、⑤子供の人格的発達のための基礎の形成、を行うものであるとされる[158]。それゆえ子育て、つまり社会の人的資源の形成に際して、所得状況や居住環境、その他の子育て支援制度による支援といったその他の影響要因とともに、家族がどのような方法で、かつどの程度上述の作用を行うことができるかが「社会全体の経済的・社会的・文化的な質にとって決定的である[159]」とされる。なぜなら、職業人としての能力や資格・健康状態・親に求められる資質・政治参加や文化的な素養といった、いわゆる人的資源と称される個人の能力は、それを有する個人にとっての資産であると同時に、その集合体である社会にとっての資産でもあると考えられているからである。というのも、社会を形成する個人の一般教養の程度や健康状態、あるいは、政治的忠誠心や親となることの受け入れ、または子育てへの参加の程度といった個人の資質が、労働生産物の国際水準に示されるような当該社会が有する社会的な可能性、換言すれば、当該集団の国際競争力や技術力、あるいは文化的な独自性や政治的な安定性といった集団的な可能性を決定する際に、大きな役割を果たすと考えられているからである。(160) このような人的資源の形成に際して家族は、上述のように子育てを通じて健全な肉体的・精神的な発達を促し、知性を育み、さまざまな社会活動に対する動機づけを行うといった貢献を行う。それゆえ家族による構成員の質的な再生産が、社会ひいてはそれを構成する社会構成員全体にとっても関心事となるとされているのである。

さらに家族は看護や介護、子供や高齢者の扶養を通じて、これらに必要とされる社会的経費を削減させている。同時に家庭における休養や疾病時の世話は、稼得労働を行う家族構成員にとっては労働生産力の量的・質的な保障という意義を持つとされる。というのも労働生活において個人的な感情を抑制し、職業的地位を確保するために市場競争への参加を求められる家族構成員にとって、相互のつながりや親密さの中ストレスを解消してくれる家族は必要不可欠な存在であり、その存在抜きに労働者が社会に恒常的な労働力を提供していくことは難しいと考えられているからである。(161) それゆえ、家族による世話や家庭内での休息は、国の経済的な観点からも良質な労働力の提供という観点からも、個人にとってのみならず社会的にも重要なものとなる。

## (二)　家族「機能」の経済的な価値

家族「機能」による社会的貢献をより明確に示すために、社会学上、さらに経済的にその価値を評価することが試みられている。しかし、家族による人的資源の形成や人格発達への貢献は、国民総生産に表れる経済活動のように外部市場的な評価が与えられているわけではない。それゆえその評価は難しいといえる。とはいえ介護や看護は家族構成員以外によって、あるいは、家庭の外で行われる場合は社会生産物としてみなされるので、それとの比較において家族構成員が無償で行っている活動を評価することは可能である。これとの関連で、一般的に家庭外で行えば有償である活動を家庭内で(主に)女性が行った場合は無償であることから、これにより女性は市場社会の中で大きな経済的損失を被っているという理解もある。[162]

さて、家族の市場経済的には評価されない貢献を数値で明確に示そうという試みはドイツにおいて決して新しいものではない。すでに一九一三年にはマリアンネ・ウェヴスターによって母親の家事活動が当時の国民総生産二三〇億金マルクに対して六〇億金マルクであると試算されている。[163] さらに一九五四年にはアルンド・イェッセンが子供に関する費用総額を二〇〇億DMであると算定している。彼の試算によるとこの費用のうち国家は四分の一しか負担しておらず、残りはすべて家族が自ら負担しているとされる。[164] 同様の試算結果は一九七四年に連邦家族省が行った調査においても示されている。すなわち、これによると子供にかかる費用総額三二〇〇億DMのうち、ほぼ四分の三にあたる二三七〇億DMを家族が負担しているとされる。[165] さらに、一九九三年に育児期間中、両親が支払った費用ならびに育児により断念した就労に基づく機会費用総額は、三九〇〇億DMであると概算されている。このうち、公的な金銭給付によって支払われたのは一二〇〇億DMにとどまるとされる。[166] さらに連邦政府の第五次家族報告書のための専門家委員会の調査によると、親が二人の子供を一八歳まで育てた場合にかかる経費は一九九〇年で平均七九万DMであるとされている。[167] これらのマクロ経済的なデータから算出された一九九〇年の旧西ドイツにおける労働人口総数に対する家族による人的資源の形成というかたちでの貢献額は、一五兆三〇〇〇億DMであり、ここから公的給付によって補塡される分を差し引いた家族自身の貢献額は一二兆五〇〇〇億DMであるとされている。[168]

これらの試算からは、市場経済上表面化しない家族機能の社会的意義がいかに大きなものであるかがはっきりとわかる。同時に、このような手法を用いることで多くの研究者たちが、家族機能の社会的貢献度に対する公的支出割合の少なさに言及し、家族や子育てを対象とした再分配政策がいかに不十分であるかを述べている。(169) 家族「機能」に対するこのような見解は、後述する年金保険制度あるいは租税制度において、子育てといういわばシャドーワークとされてきたものを、積極的に所得再分配政策に組み入れるための素地ともなっていると考えられる。(170)

## (三)　法学ならびに連邦憲法裁判所における家族「機能」理解

つぎに、法学ならびに連邦憲法裁判所における家族「機能」理解に視点を移そう。まずはじめに法学上での社会と家族の関係に関する通説として、婚姻および家族が「人的共同体の基礎」であるという理解が挙げられる。(171) このような理解は、家族があたかも国家の下部組織であるような印象を生みかねないが、法学研究者の一般的な理解によれば、ここではむしろ婚姻および家族は非国家的な要素として捉えられており、したがって、「人的共同体の基礎」とは、国家から独立した社会秩序の土台であるという理解を示すものであることに留意する必要があろう。(172)

このような家族理解を前提としたうえで、法学上での家族「機能」論を見てみると、多くの法学研究者が①再生産機能ならびに②社会化機能を家族の重要な機能として取り上げている。(173) このうち①再生産機能は社会学上の家族「機能」理解における社会の量的な再生産機能とほぼ同義であると思われる。すなわち家族は子供の存在を通じて国民の再生産という機能を果たしており、それによって人的共同体の存続に貢献しているという考え方である。この点に関して法学上ではさらに、基本法上で保護の対象とされる家族概念が当初の法律婚に基づく夫婦と子供で構成される人的共同体という理解から、必ずしも法律婚に基づくものに限定されない人的共同体へ、あるいは母子・父子家庭へと拡張されていったことで、再生産機能がもっぱら家族のみが行いうる機能へと収斂していったという見方がある。(174) その結果、再生産機能は唯一家族のみが行いうる機能であるとされることになり、この点に家族の独自の存在意義を認めるものがある。(175)

このような理解に基づくと、家族の私的な生活の営みに対する基本法の保護には、そこから生じる公益つまり、国家や社会の将来的な展望に対する家族の次世代保障という作用が、決定的な役割を果たしていることになる。その結果、家族は弱い存在であるから、あるいは保護に対する何らかの需要があるから基本法上保護を受け、国家によって助成されるのではなく、むしろ、国家や社会の維持存続に資するというかけがえのない機能ゆえに、基本法上の保護を受けることになる。(176) このことは連邦憲法裁判所判決の「家族生活ならびに国家の維持・繁栄の基礎である婚姻(および家族)」は「その他の人的共同体とは比較にならない意義(177)」を有するため国家秩序の特別の保護の下におかれるという判示の中にも明確に示されている。

家族機能と基本法による保護とのこのような関係は、すでに見てきたように基本法の文言や形成史から明確に引き出すことが難しいものであった。基本法の文言がこの点に関して抑制的であるのに対して、基本法の前身であるとされるワイマール憲法一一九条一項では婚姻および家族の機能について「民族の維持・増殖の基礎として、憲法の特別の保護を受ける」と明確に規定している。この違いは、基本法がワイマール憲法での理解を修正したからではなく、ナチスの人口政策という歴史的経緯により「民族の維持・増殖」という表現が後味の悪さを想起させることから、明言を回避したことによるものであるという推測がなされている。(178)

このような再生産機能と並んで、公益性のある家族機能とされるのが社会化機能である。これは社会学上の分類からすると、人的資源の質的な再生産にあたる。法学でいうところの家族の社会化機能とはつぎのような機能であるとされる。すなわち、小さな子供に対して長期にわたる慈しみに満ちた養育を行うことで、安定した人格を形成する機能である。(179)さらに家族は、構成員、とりわけ小さな子供にとって社会における共同生活の心構えをさせるとともに、彼に自己実現の可能性を付与しそれを支援する。つまり家族は「自然な学びの場」(180)として責任感や、社会連帯、社会性や協働といった、人が社会生活を営むうえで必要不可欠な能力を付与し育むことで、このようにして育まれた個人が属する社会の質を決定していると考えられているのである。家族が社会化機能により結果的に社会全体の質を維持することによって、このような家族の働きがなかった場合、同等の質を有する社会構成員を育成するためにかかる社会的なコストを、国の代わりに引き受けていることになるとされる。(181)

もちろん子供の社会化については、家族以外にも学校や幼稚園といった公的手段を用いた社会化が存在することは否定できない。しかしながらまず第一に子供の社会化という責務を引き受けているのは、家族であるとされる。このことは、基本法においても明らかにされている。すなわち基本法六条二項は、子供に対する親による教育や社会化がその他の手段に勝る優先的な義務であると明確に規定しているのである。(182)また、この点に関しては連邦憲法裁判所でも、原則として幼稚園のような集団的な保育形態よりも、家族による世話や教育が優先することを明示している。(183)その理由として挙げられるのは、何よりも家族内における子供の社会化が子供の福祉に適うということである。つまり、子供は両親の庇護の下、仲むつまじい人的共同体内部での世話や教育を保障されることによって、最も自律した人格を発達させることができるという考え方がされているのである。(184)この考え方によると、子供の適切な社会化にとって決定的に重要なのは、子供の性格や人格に大きな影響を及ぼす家族、とりわけ家族の連帯であることになる。このような家族の連帯、つまり、生涯にわたる相互扶養に見られるような責任を伴う絆を育成することで、家族は社会、ひいては国家の安定を支える大きな要素を形成していることになる。[185]その結果、家族の社会化機能に公の利益が存在するという帰結が導かれている。

この点について、連邦憲法裁判所でも同様に「夫婦や家族において見られる個人的な相互扶助は社会生活秩序にとって大きな意義を有する」[186]としている。このような見解は連邦憲法裁判所でも、家族が行う子供の社会化によって生み出される私的な生活秩序が、社会の安定化という公の利益を生み出していると考えていることを示すものである。これにとどまらず、連邦憲法裁判所では「六条一項での保護は、家族あるいは婚姻というような公のシステムを保護(制度保障)するのみならず、現実の家族生活といった私的領域も保護の対象とする」と述べている。[187]この説示は、連邦憲法裁判所が保護の対象に家族の私的領域を含めることで、家族の私的な営みとそこから派生する公益性の存在に意義を認めたものだと捉えられている。[188]

## 三　家族機能論に基づく帰結

これまで見てきたように、ドイツにおいて家族は生活を営み子供を産み育てることを通じて、社会の中で家族にしかなしえない複合的機能を担っているとされている。その機能が生じさせる唯一無二の社会的効用ゆえに家族は、国家や他の社会集団とは分離され、独自の規範的保護を受けることになる。これと同時に家族は国や他の社会集団から独立した自律した存在であるとみなされており、このような観点から家族の私的な領域を保護することも国家の重要な責務であるとされている。このような特質は、家族に対する規範的保護に「国家からの保護」と「国家による保護」という一見相反する保護の併存をもたらすことになる。[189]

このうち、「国家による保護」の根拠をもっぱら家族機能の有する公益性に求める考え方からは、さらにつぎの二つの帰結が導かれることになる。すなわちひとつ目としては、国家には家族がその機能を発揮するのに必要な土台を構築することが義務づけられているという考え方である。(190)つまり、基本法上での公益性の保護の具体化として、立法者は家族の再生産機能や社会化機能、ここでは家族による出産や子育てを助長するような社会や制度の構築を義務づけられることになる。二つ目としては、家族は子育てを通じて、親のみならず、社会、ひいては国家全体にとっての利益を生み出すような働きをしていると認めることで、子育てがもっぱら私的な事柄であり、それゆえ任意の消費活動に関する決定と同等に扱うことができるという考え方がもはや正当化されないという理解が導かれることになる。(191)もちろん、出産の決定や子育ての方法に関しては第一義的には家族の私的な決定に委ねられており、公の利益はそこから生じる副次的なものであることは再三強調されている。(192)しかしながらその一方で、家族が結果的に人的資源という公共財を育成しているということの規範的な承認は、国家による子育て支援に明確な論拠と指針とをもたらす。

具体的な政策策定に際しては、公益性の程度や範囲、それぞれの社会構成員が負うべき負担割合をさらに検証することが求められるが、この点については本書の第三章および第四章で具体的に検証するのでここでは言及しない。いずれにしても、ここでみた家族機能を前提とした家族保護規範理解から導かれる帰結は、後に見るように「保護」の解釈を介して個々の政策過程の中で具体的に反映されている。この限りで基本法六条一項の規範的保護は、綱領的な規範にとどまらない実効的規範として子育て支援を具体化する基礎となっている。

（1） Matthias Pechstein, "Familiengerechtigkeit als Gestaltungsgebot für die staatliche Ordnung" (Nomos Verlagsgesellshaft, 1994), S. 69; Paul Kirchhof, "Die verfassungsrechtliche Grantie der Familie als Erziehunngsgemeinschaft", in: Jans Bernhard(hrsg.), Familienlastenausgleich? (Vektor-Verl, 1996), S. 7. 9.

（2） Dieter Schwab, "Zur Geschichte des Verfassungsrechtlichen Schutzes von Ehe und Familie", in: Festschrift für Friedrich Wilhelm Bosch (Zum65. Geburstag 2. Dezember 1976) (Giesekingverlag, 1976), S. 893. なお、ワイマール憲法一一九条の歴史を扱った先行研究として光田督良「憲法による家族の保障」『ドイツ公法理論の受容と展開——山下威士先生還暦記念』(尚学社、二〇〇四年)四五一頁以下に本稿脱稿後ふれた。

（3） 小林孝輔『ドイツ憲法史』(学陽書房、一九八〇)一六九頁参照。

（4） 草案の呼称は、Ernst Rudolf Huber, "Deutsche Verfassungsgeschichte seit 1789" (W. Kohlhammer, 1978), S. 1178ff. に倣った。なお、プロイスの憲法草案に関する記述については、上記の他、山下健次「基本権規定の法的性格の展開(一)ワイマール憲法における展開」立命館法学四六号(一九六二年)一二頁以下、小林孝輔『ドイツ憲法史』(学陽書房、一九八〇年)一六九頁以下、鳥居喜代和「フーゴ・プロイスの憲法構想(ワイマール憲法制定期における法思想の一側面)」立命館法学一号(一九八〇年)八四頁以下、初宿正典「フーゴ・プロイスとヴァイマル憲法構想」宮田光雄編『ヴァイマル共和国の政治思想』(創文社、一九八八年)一三九頁以下に基づく。第一次草案、第二次草案の邦語訳として、初宿正典「フーゴ・プロイスの憲法草案」愛知学芸大学社会科学論集二八巻(一九八八年)二〇五頁以下、がある。

（5） Viola Schmid, "Die Familie in Artikel 6 des Grundgesetzes" (Duncker&Humbolt, 1989), S. 245.

（6） ナウマン案に関しては山下健次「フリードリッヒ・ナウマンの基本権草案(一九一九・三・三一)」立命館法学四八号(一九六三年)三四頁、を参照。

（7） 山下・前掲注(6)三七頁。

（8） Schmid, a.a.O. (s. Anm. 5), S. 246.

（9） それぞれの政党の主張に影響を及ぼす党派ごとの性質を概略する。選挙で第一党となった、社会民主党(Sozialdemokratische Partei)は労働者を主たる支持層に持つ社会主義政党である。同様の左派政党である独立社会民主党(Unabhängige Sozialdemokratische Partei)は、第一次世界大戦を契機として一九一七年に、社会民主党から分裂した党員によって結成された政党であり、社会民主党よりさらに反体制的な性質を有する。また、中央党(Zentrumpartei)は、カトリックを信仰する市民が支持母体であり、教会と密接な結びつきを有する政党である。一九二〇年にはバイエルン国民党(Bayerische Volkpartei）が中央党から分離している。さらにドイツ民主党（Deutsche Demokratische Partei）はプロテスタント、ユダヤ人の都市中産階級を支持母体とする自由主義政党であり、一九一八年に樹立された政党である。また、ドイツ国民党（Deutsch-nationale Volkspartei）は、ナチスが出現する前の最大の右翼政党である。ドイツ人民党（Deutsche Volkspartei）は、一九一八年シュトレーゼマン指導下の国民自由党の右派によって創設された自由主義政党である。

　望田幸夫・三宅正樹編『概説ドイツ史』（有斐閣、一九九七）四六頁以下および一〇二頁以下、ブルース・B・フライ（関口宏道訳）『ヴァイマール共和国における自由民主主義者の群像』（太陽出版、一九八七）九〇頁、山田晟『ドイツ近大憲法史』（東京大学出版会、一九六三年）一〇三頁参照。

(10)　山下・前掲注（4）二〇頁。

(11)　"Stenografische Berichte über die Verhandlungen des Reichstages"（以下"Verhandlungen"）, Bd. 336, S. 19.

(12)　山下・前掲注（4）一五頁参照。

(13)　"Verhandlungen Bd. 336", a.a.O. (s. Anm. 11), S. 377.

(14)　"Verhandlungen Bd. 336", a.a.O. (s. Anm. 11), S. 378.

(15)　"Verhandlungen Bd. 336", a.a.O. (s. Anm. 11), S. 378.

(16)　"Verhandlungen Bd. 336", a.a.O. (s. Anm. 11), S. 378.

(17)　Schmid, a.a.O. (s. Anm. 5), S. 248.　カール・シュミットの憲法理論によると、憲法規定により特別の制度に対して憲法上の保護が与えられることがあるが、このような制度的保障は、真性の基本権とは区別され、単純な立法の方法によるその制度の除去を不可能にすることを目的として規定されたものであるとされている。このような前提に立つと、「婚姻」は法律に先立ってすでに存在している真の基本権とは異なり、法的に承認された制度として一定の目的に仕えるという任務を有しており、憲法による保護もおのずから任務に資する範囲に限定されることになろう。vgl. C・シュミット（阿部照哉・村上義弘訳）『憲法論（第四版）』（みすず書房、一九九七年）二〇二頁。

(18)　"Verhandlungen Bd. 336", a.a.O. (s. Anm. 11), S. 377.

(19)　同様の指摘を行うものとして、Schwab, a.a.O. (s. Anm. 2), S. 895 参照。

(20)　"Verhandlungen Bd. 336", a.a.O. (s. Anm. 11), S. 505.

(21)　"Verhandlungen Bd. 336", a.a.O. (s. Anm. 11), S. 505.

(22) “Verhandlungen Bd. 336”, a.a.O. (s. Anm. 11), S. 505ff.
(23) vgl. Schmid, a.a.O. (s. Anm. 5), S. 248-249.
(24) Pechstein, a.a.O. (s. Anm. 1), S. 51.
(25) Schwab, a.a.O. (s. Anm. 2), S. 895.
(26) “Verhandlungen Bd. 336”, a.a.O. (s. Anm. 11), S. 11.
(27) vgl. Edmund Heilfron (hrsg.), “Die Deutsche Nationalverversammlung im Jahre 1919 in ihrer Arbeit für den Aufbau des neuen Volksstaates Bd. 1” (Norddt. Buchdr & Verl.-Anst, 1921), S. 199.
(28) Schwab, a.a.O. (s. Anm. 2), S. 904.
(29) 田村五郎『非嫡出子に対する親権の研究』(中央大学出版部、一九八一年)二九八頁。
(30) これに関して詳しくは、田村・前掲注(29)二九八頁以下参照。
(31) 田村・前掲注(29)七二頁。
(32) 田村・前掲注(29)七頁。
(33) Konrad Hübner, “Die künftige Rechtsstellung des Unehelichen Kindes” (Walter de Gruyter&CO, 1954), S. 5.
(34) 田村・前掲注(29)六六頁。
(35) Hübner, a.a.O. (s. Anm. 33), S. 5ff.
(36) “Stenografische Berichte über die Verhandlungender verfassunggebenden Deutschen Nationalversammlung” (以下“Verhandlungen”), Bd. 328, S. 1600.
(37) “Verhandlungen Bd. 328”, a.a.O. (s. Anm. 36), S. 1600.
(38) “Verhandlungen Bd. 328”, a.a.O. (s. Anm. 36), S. 1600.
(39) “Verhandlungen Bd. 328”, a.a.O. (s. Anm. 36), S. 1600.
(40) “Verhandlungen Bd. 328”, a.a.O. (s. Anm. 36), S. 1600.
(41) Schmid, a.a.O. (s. Anm. 5), S. 252ff.
(42) “Verhandlungen Bd. 328”, a.a.O. (s. Anm. 36), S. 1600ff.
(43) “Verhandlungen Bd. 328”, a.a.O. (s. Anm. 36), S. 1601.

(44) “Verhandlungen Bd. 328”, a.a.O. (s. Anm. 36), S. 1601.
(45) “Verhandlungen Bd. 328”, a.a.O. (s. Anm. 36), S. 1603.
(46) Schwab, a.a.O. (s. Anm. 2), S. 905.
(47) Schmid, a.a.O. (s. Anm. 5), S. 253.
(48) “Verhandlungen Bd. 328”, a.a.O. (s. Anm. 36), S. 1603ff.
(49) “Verhandlungen Bd. 328”, a.a.O. (s. Anm. 36), S. 1606-1608.
(50) “Verhandlungen Bd. 328”, a.a.O. (s. Anm. 36), S. 1621.
(51) “Verhandlungen Bd. 328”, a.a.O. (s. Anm. 36), S. 1622.
(52) “Verhandlungen Bd. 328”, a.a.O. (s. Anm. 36), S. 1622.
(53) “Verhandlungen Bd. 328”, a.a.O. (s. Anm. 36), S. 1605.
(54) Schwab, a.a.O. (s. Anm. 2), S. 905.
(55) “Verhandlungen Bd. 328”, a.a.O. (s. Anm. 36), S. 2126.
(56) Schwab, a.a.O. (s. Anm. 2), S. 905ff.
(57) “Verhandlungen Bd. 328”, a.a.O. (s. Anm. 36), S. 2126.
(58) Arfred Wieruszowski, “Artikel 119”, in: Dr. Hans Carl Ripperden (hrsg.), Die Grundrechte und Grundpflichten der Reichsverfassung (Reimar ahobbing, 1930), S. 73.
(59) “Verhandlungen Bd. 328”, a.a.O. (s. Anm. 36), S. 2127ff.
(60) “Verhandlungen Bd. 328”, a.a.O. (s. Anm. 36), S. 2128.
(61) “Verhandlungen Bd. 328”, a.a.O. (s. Anm. 36), S. 2134.
(62) 原文は、Gerhard Anschütz, “Die Verfassung des Deutschen Reichs vom 11. August 1919” (Georg Stilke, 1933), S. 559ff. に基づく。条文の日本語の翻訳については高田敏・初宿正典編訳『ドイツ憲法集』(信山社、二〇〇一年)一三七頁以下に倣った。ただし、一一九条二項での「Die Reinerhaltung」の訳に関しては、原書のコンメンタールにおいて「清潔の保持」ではなく、夫婦間での「性的な純潔を意味するものと思われる」と解されているため、純潔の保持と訳すことにする。vgl. Hans Carl Ripperden, “Die Grundrechte und Grundpflichten der Reichsverfassung” (Reimar Hobbing, 1930), S. 89.

(63) “Verhandlungen Bd. 328”, a.a.O. (s. Anm. 36), S. 1605f.
(64) Pechstein, a.a.O. (s. Anm. 1), S. 52.
(65) Schmid, a.a.O. (s. Anm. 5), S. 260.
(66) Wieruszowski, a.a.O. (s. Anm. 58), S. 90.
(67) BVerfGE 6, 55 (73).
(68) 山田晟『ドイツ近代憲法史』(東京大学出版会、一九六三年)一二三頁。
(69) 山本秀行『ナチズムの時代』(山川出版、二〇〇〇年)二三頁以下。
(70) 詳しくは、山田・前掲注(68)一三八頁以下および、廣田健次『西ドイツ憲法』(第三書房、一九六九年)七六頁以下参照。
(71) より具体的には、アメリカ占領下では一九四六年一二月二日の「バイエルン自由国憲法」(Verfassung der Freistattes Bayern)、一九四六年一一月二三日の「ヴュルテンベルク——バーデン憲法」(Verfassung von Württemberg-Banden)、ならびに一九四六年一二月一日の「ヘッセン憲法」(Verfassung des Landes Hessen)、一九四七年の「自由ハンザ都市ブレーメン州憲法」(Landesverfassung der Freien und Hansestadt Bremen)が制定された。フランス占領下(ザールを除く)では一九四七年の「ヴュルテンベルク——ホーエンツォルレン憲法」(Verfassung für Wüttemberg —— Hohenzollern)、「バーデン州憲法」(Verfassung des Landes Baden)、「ラインラント——プファルツ憲法」(Verfassung für Rheinland-Pfalz)が制定された。また、イギリス占領下(アメリカ占領下となったブレーメンを除くドイツ北部)では、一九四六年ハンブルクでの「暫定憲法」、一九四七年のニーダーザクセンにおける「仮憲法」が制定された。山田・前掲注(68)一四六頁。なお、各ラント憲法と連邦の基本法との関係であるが、基本法二八条一項一文により、「州の憲法秩序は、この基本法の意味のおける共和的・民主的・社会的法治国家の原則に合致しなければならない」とされている。また、通常法に関しても州法が連邦法に抵触する場合は、「連邦法は州法を破る」(基本法三一条)とされている。村上淳一・ハンス・ペーターマルチュケ『ドイツ法入門(第五版)』(有斐閣、二〇〇二年)三二頁参照。
(72) 山田・前掲注(68)一五二頁。
(73) Theodor Maunz/Reinhold Zippelius, “Deutsches Staatsrecht 25Auflage” (C. H. Beck, 1983), S. 4.
(74) 廣田・前掲注(70)七八頁。
(75) Maunz/Zippelius, a.a.O. (s. Anm. 73), S. 5. ならびに Matz Werner, “Entstehungsgeschichte der Artikel des Grund-

gesetzes", in :Jahrbuch des Öffentlichen Rechts der Gegenwart Bd. 1 (J.C.B. Mohr, 1951), S. 3. なお、ヘレンキームゼー草案の他に、基本法制定議会に提案された草案として、ノルトラインヴェストファーレンの内務大臣であった、Manzel による、「西ドイツ規定草案」(Entwulf für eine Westdeutsche Satzung) およびＣＤＵ／ＣＳＵからなる研究会による「エルバンガー草案」(Ellwanger Entwurf)、ドイツ党(Deutschen Partei)による提案である、「憲法政策に関する地区審議会の覚書」(Der Zonenbeirat zur Verfassungspolitik)などがあった。vgl. Werner, a.a.O. (s. Anm. 75), S. 3ff.

(76) 代表者たちは評議会の中で党派ごとの集団を形成していた。その内訳は、キリスト教民主同盟・キリスト教社会同盟(ＣＳＵ)二七名、社会民主党(ＳＰＤ)二七名、自由民主党(ＦＤＰ)五名、ドイツ党(ＤＦ)二名、中央党(Zentrum)二名、共産党二名であった。山田・前掲注(68)一五三頁。

(77) Werner, a.a.O. (s. Anm. 75), S. 6ff.

(78) なお、すでにヘレンキームゼー会議において、原理委員会(Ausschuß für Grundsatzfragen)、および立法・司法・行政領域の管轄問題委員会(Ausschuß für Zuständigkeitsfragen auf dem Gebiet der Gesetzgebung, Rechtsprechung und Verwaltung)、ならびに連邦機関の編成問題および憲法上で取り扱う事柄を各機関に割り当てるための委員会(Ausschuß für Organisationsfragen und die Verfassungsmaterie auf sie verteilt)の三つの小委員会が設立されていた。これら三つの委員会の役割は、議会評議会で設立された委員会に承継された。vgl. Werner, a.a.O. (s. Anm. 75), S. 8.

(79) ヘレンキームゼー草案に関しては、Verfassungsausschuss der Ministerpräsidenten-konferenz der Westlichen Beratzungszomen, "Bericht über den Verfassungskonvent auf Herrenchimsee von 10. bis 23. August 1948" (Richard pflaum Verlag, 1948)参照。

(80) Werner, a.a.O. (s. Anm. 75), S. 9.

(81) Werner, a.a.O. (s. Anm. 75), S. 10.

(82) Werner, a.a.O. (s. Anm. 75), S. 11ff.

(83) Werner, a.a.O. (s. Anm. 75), S. 12.

(84) Werner, a.a.O. (s. Anm. 75), S. 93.

(85) Schmid, a.a.O. (s. Anm. 5), S. 264.

(86) なお、当初は六条一項(婚姻および家族の保護)、四項(母親の扶助請求権)、五項(非嫡出子の取り扱い)は、七ａ条として、六条二項、三項（両親の養育権およびその制限）は七b条として別々に議論されていた。両者がひとつの条文の中にまとめられたのは首長会議、第三読会からである。vgl. Werner, a.a.O. (s. Anm. 75), S. 92.

（87） 国連人権宣言一四条には、

一、Der Mann oder Frau im hetratsfäfigen Alter haben das Recht sich zu vermählen und eine Familie zu Gründen. Sie genießen in eherechtlicher Beziehung die gleichen Rechte（婚姻可能な年齢に達した男性および女性は、婚姻締結しかつ家族を形成する権利を有している。彼らは婚姻法上の関係において同権である。）

二、Die Ehe kann nur mit der vollen Einwilligung der beiden Gatten geschlossen werden（婚姻は両性の完全な同意によってのみ締結しうる。）

三、Die Familie ist das natürliche und fundmentale Element der Gesellschaft und hat Recht auf Schutz（家族は社会の自然かつ根本的な構成要素であり、保護に対する権利を有する）、と書かれている。vgl. Werner, a.a.O. (s. Anm. 75), S. 93 Fn2.

（88） Eberhard Pikart/Wolfram Werner, "Der Parlamentarische Rat 1948-1949 Bd. 5" (Harald Boldt Verlag, 1993), S. 642.

（89） Pikart/Werner, a.a.O. (s. Anm. 88), S. 643.

（90） Pikart/Werner, a.a.O. (s. Anm. 88), S. 645.

（91） Pikart/Werner, a.a.O. (s. Anm. 88), S. 634 Fn28.

（92） Pikart/Werner, a.a.O. (s. Anm. 88), S. 805ff.

（93） Abg. Dr. Manzel (SPD) Pikart/Werner, a.a.O. (s. Anm. 88), S. 806.

（94） Abg. Dr. Heuss (FDP) Pikart/Werner, a.a.O. (s. Anm. 88), S. 808ff.

（95） 実際にどの程度の女性数の余剰があったのかは明らかではないが、通常一〇％内外であった児童の出生総数に対する非嫡出子出生の割合は、第二次世界大戦勃発から戦後の経済混乱期に第二の増加期を迎え（第一の増加期は一九一五年から一九三三年まで）、とりわけ一九四六年には一六・六％のピークに達する。基本法が形成されていた一九四八年当時は一〇・三％であったとされている。この時期の非嫡出子増加の一因としては占領軍の存在が挙げられており、一九四六年から一九五〇年までの間に出生した非嫡出子のうち二二％が占領軍の落とし子（Besatzungskinder）であるとされる。田村・前掲注（29）七頁以下参照。

(96) その条件とは、Jede Mutter hat Anspruch auf den Schutz und die Fürsorge der Gemeinschaft. Uneheliche Kinder stehen in ihren Rechten den ehelichen gleich というものである

(97) Abg. Dr. Heuss (FDP) Pikart/Werner, a.a.O. (s. Anm. 88), S. 809.

(98) Abg. Dr. Süsterhenn (CDU) Pikart/Werner, a.a.O. (s. Anm. 88), S. 807ff.

(99) Abg. Dr. v. Mangoldt (CDU/CSU) Pikart/Werner, a.a.O. (s. Anm. 88), S. 826.

(100) Abg. Dr. Bergsträsser (SPD) Pikart/Werner, a.a.O. (s. Anm. 88), S. 828.

(101) Abg. Dr. v. Mangoldt (CDU/CSU) Pikart/Werner, a.a.O. (s. Anm. 88), S. 828.

(102) Abg. Dr. Heuss (FDP) Pikart/Werner, a.a.O. (s. Anm. 88), S. 828.

(103) Abg. Dr. v. Mangoldt (CDU/CSU) Pikart/Werner, a.a.O. (s. Anm. 88), S. 828.

(104) Abg. Dr. Greve (SPD) Pikart/Werner, a.a.O. (s. Anm. 88), S. 828.

(105) Schmid, a.a.O. (s. Anm. 5), S. 267.

(106) Werner, a.a.O. (s. Anm. 75), S. 95.

(107) Abg. Dr. v. Mangoldt (CDU/CSU) Pikart/Werner, a.a.O. (s. Anm. 88), S. 829.

(108) この見解はＦＤＰのヘウス議員による、「母親の国家に対する扶助請求権を有し、非嫡出子は法的に嫡出子と同等である」(Jede Mutter hat Anspruch auf den Schutz und die Fürsorge der Gemeinschaft. Uneheliche Kinder stehen in ihren Rechten den ehelichen gleich) という条文を六条に付加すべきであるという提案への反論でもあった。Pikart/Werner, a.a.O. (s. Anm. 88), S. 809.

(109) Abg. Dr. v. Mangoldt (CDU/CSU) Pikart/Werner, a.a.O. (s. Anm. 88), S. 644; Abg. Dr. Süsterhenn (CDU) Pikart/Werner, a.a.O. (s. Anm. 88), S. 828ff. ちなみに、ワイマール憲法一二一条では、「非嫡出子については、立法によって肉体的、精神的、および社会的成長について、嫡出子と同等の条件が形成されねばならない」と規定されている。

(110) Dr. Bergsträsser (SPD) Pikart/Werner, a.a.O. (s. Anm. 88), S. 644.

(111) Schmid, a.a.O. (s. Anm. 5), S. 268.

(112) Schmid, a.a.O. (s. Anm. 5), S. 270.

(113) Schmid, a.a.O. (s. Anm. 5), S. 270.

(114) ここで決議された草案は

1. Die Ehe als die rechtmäßige Form der fortdauernden Lebensgemeinschaft von Mann und Frau und die mit ihr gegebene Familie sowie die aus der Ehe und der Zugehörigkeit zur Familie erwachsendenRechte und Pflichten stehen unter dem besonderen Schutz der Verfassung.
2. Jede Mutter hat gleichen Anspruch auf den Schutz und die Fürsorge der Gemeinschaft.
3. Uneheliche Kinder haben das gleiche Recht und Förderung durch die Gemeinschaft wie eheliche Kinder.

Werner, a.a.O. (s. Anm. 75), S. 96.

(115) Parlamentarischer Rat, “Verhandlungen des Hauptausschusses Bonn 1948/1949, S. 239ff.

(116) 国民議会での議論（第１章第１節１（１）１１１頁参照）。

(117) Spahn (z) “Verhandlungen Bd. 328”, a.a.O. (s. Anm. 36), S. 2134.

(118) Frau Wessel (Z) Parlamentarischer Rat, a.a.O. (s. Anm. 115), S. 243.

(119) Dr. schmid (SPD) Parlamentarischer Rat, a.a.O. (s. Anm. 115), S. 242.

(120) Dr. Süsterhenn (CDU) Parlamentarischer Rat, a.a.O. (s. Anm. 115), S. 243.

(121) Frau Nadig (SPD) Parlamentarischer Rat, a.a.O. (s. Anm. 115), S. 241.

(122) Dr. Bergsträsser (SPD) Parlamentarischer Rat, a.a.O. (s. Anm. 115), S. 241.

(123) ここで可決された３項は、「Den unehelichen Kindern sind durch die Gesetzgebung die gleichen Bedingungen für ihre leibliche, seelische und gesellschaftliche Entwicklung zu schaffen wie den ehelichen kindern」という草案である。Michael Hollmann, “Der Parlamentarische Rat 1948-1949 Bd. 7 Entwürfe zum Grundgesetz” (Harald Boldt Verlag, 1995), S. 93.

(124) “Der Parlamentarische Rat 1948-1949”, a.a.O. (s. Anm. 123), S. 138.

(125) “Der Parlamentarische Rat 1948-1949”, a.a.O. (s. Anm. 123), S. 138.

(126) Schmid, a.a.O. (s. Anm. 5), S. 275.

(127) Schmid, a.a.O. (s. Anm. 5), S. 275ff.

(128) “Der Parlamentarische Rat 1948-1949”, a.a.O. (s. Anm. 123), S. 138.

(129) “Der Parlamentarische Rat 1948-1949”, a.a.O. (s. Anm. 123), S. 138; BVerfGE 6, 55(75).

(130) Pikart/Werner, a.a.O. (s. Anm. 88), 910ff.

(131) すなわちここで採択された草案は

1. Die Ehe ist die rechtmäßige Form der Lebensgemeinschaft von Mann und Frau. Sie bildet die Grundlage der Familie. Ehe und Familie und die damit verbundenen Rechte und Pflichten stehen unter dem Schutze der Verfassung.
2. wie bisher.
3. Den unehelichen Kindern sind durch die Gesetzgebung die gleichen Bedingungen für ihre leibliche und seeliche Entwicklung und ihren gesellschaftlichen Aufstieg zu schaffen wie den ehelichen Kindern.

Werner, a.a.O. (s. Anm. 75), S. 98.

(132) Parlamentarische Rat, a.a.O. (s. Anm. 115), S. 545ff.

(133) Frau Nadig (SPD) Parlamentarischer Rat, a.a.O. (s. Anm. 115), S. 548.

(134) ここで採択された草案は

1. Ehe und Familie stehen unter dem besonderen Schutze der staatlichen Ordnung.
2. Jede Mutter hat gleichen Anspruch auf den Schutz und die Fürsorge der Gemeinschaft.
3. Den unehelichen Kindern sind durch die Gesetzgebung die gleichen Bedingungen für ihre leibliche und seeliche Entwicklung und ihren gesellschaftlichen Aufstieg zu schaffen wie den ehelichen Kindern.

なお、二項のJede Mutterという文言は、最終的にはDie Mutterschaftという文言に変わっている。これは、保護されるべきなのは明らかに妊婦であり、今後妊婦になりうる、あるいはかって妊婦であった個々の女性ではない、よってDie Mutterschaftとすべきであるという編集委員会の見解を採用したものである。“Der Parlamentarische Rat 1948-1949 Bd. 7”, a.a.O. (s. Anm. 123), S. 209.

(135) Schmid, a.a.O. (s. Anm. 5), S. 277.

(136) ここで、七b条の一部が七a条に組み入れられた理由は明確ではない。しかし、原理委員会の二九会期の中でSPDのBergsträsserが、七b条三文(法的根拠に基づく児童の家族からの隔離)と、一文(親の教育権)は、ともに生活する家族集団の権利である集団人格権(Gruppenindividualrechts)として保護されると発言したことが発端であるとされている。Werner, a.a.O. (s. Anm. 75), S. 100.

(137) "Der Parlamentarische Rat 1948–1949", a.a.O. (s. Anm. 123), S. 339.

(138) Pechstein, a.a.O. (s. Anm. 1), S. 54.

(139) Pechstein, a.a.O. (s. Anm. 1), S. 55.

(140) Abg. Dr. v. Mangoldt (CDU/CSU) Pikart/Werner, a.a.O. (s. Anm. 88), S. 826.

(141) Albert Bleckmann, "Staatsrecht II-Die Grundrechte, 3. Aufl" (Heymann, 1989), S. 59.

(142) Lecheler Helmmut, "Schutz von Ehe und Familie", in: Josef Isensee/Paul Kirchhof (hrsg.), Handbuch des Staatsrechts Bd. VI (Müller, 1989), S. 213.

(143) Helmmut, a.a.O, (s. Anm. 142), S. 213.

(144) Pechstein, a.a.O. (s. Anm. 1), S. 61ff.

(145) Heinz Lampert, "Priorität für die Familie" (Duncker & Humblot, 1996), S. 18.

(146) Franz-Xaver Kaufman, "Zukunft der Familie" (Beck, 1990), S. 31; Lampert, a.a.O. (s. Anm. 145), S. 18f.

(147) vgl. Dieter Claessens, "Familie und Wertsystem 2. Aufl" (Duncker & Humblot, 1967), S. 69. この論文では、いかなる場合でも乳幼児は相当程度の愛情に満ちた慈しみや十分な扶養なしには普通の人になるチャンスはないと述べている。

(148) Lampert, a.a.O. (s. Anm. 145), S. 21.

(149) Lampert, a.a.O. (s. Anm. 145), S. 23; Kaufman, a.a.O. (s. Anm. 146), S. 54.

(150) Lampert, a.a.O. (s. Anm. 145), S. 23; Kaufman, a.a.O. (s. Anm. 146), S. 59ff.

(151) Lampert, a.a.O. (s. Anm. 145), S. 22.

(152) Kaufman, a.a.O. (s. Anm. 146), S. 35.

(153) Kaufman, a.a.O. (s. Anm. 146), S. 35. 63; Margit Tünnemenn, "Der verfassungsrechtliche Schutz der Familie und die Förderung der Kindererziehung im Rahmen des staatlichen Kinderleistungsausgleiches" (Ducker & Humblot, 2002), S. 64; Lampert, a.a.O. (s. Anm. 145), S. 27.

(154) Anne Drescher/Wolfgang Fach, "Lieben für den Statt", in: Zeitschrift für Soziologie 14 (Lucius &Lucius, 1985), S. 5ff.

(155) Robert Hettlage, "Familienreport" (Beck, 1992), S. 37.

(156) これについては、Stellungnahme der Bundesregierung zum Bericht der Sachverständigenkommission für den Dritten Familienbericht vom 20. 8. 1979, BT-Drucks. 8/3120, Ziffer 4 参照のこと。

(157) Kaufman, a.a.O. (s. Anm. 146), S. 65.

(158) Lampert, a.a.O. (s. Anm. 145), S. 25.

(159) Lampert, a.a.O. (s. Anm. 145), S. 25.

(160) Kaufman, a.a.O. (s. Anm. 146), S. 73.

(161) Hettlage, a.a.O. (s. Anm. 155), S. 40.

(162) Bundesministerium für Familie, Senioren, Frauen und Jugend, "Fünfter Familienbericht vom 15. 6. 1995", BT-Drucks. 12/7560, S. 139.

(163) Hans Weitkamp, "Entlohnumg der Mütterleistung-eine bleibende Utopie oder eine mögliche Realität?" (ZfSÖ 67, 1985), S. 34.

(164) Arndt Jessen, "Der Aufwand für Kinder in der Bundesrepublik im Jahre 1954", in: Gesellschaft für Sozialen Fortschritt (hrsg.), Familie und Sozialreform (Duncker & Humblot, 1955), S. 152.

(165) Tünnemenn, a.a.O. (s. Anm. 153), S. 32.

(166) Johannes Münder, "Die Zukunft des Familienlastenausgleichs", in: Karin Lücker-Aleman (hrsg.), Familienförderung oder-ausbeutung ? (Votum, 1995), S. 20ff.

(167) Bundesministerium für Familie, Senioren, Frauen und Jugend, a.a.O. (s. Anm. 162), S. 145, 291.

(168) Tünnemenn, a.a.O. (s. Anm. 153), S. 69.

(169) Tünnemenn, a.a.O. (s. Anm. 153), S. 76.

(170) Tünnemenn, a.a.O. (s. Anm. 153), S. 70ff.

(171) BVerfGE 6, 55(71); 24, 119(149) 36, Peter Häberle, "Verfassungsschutz der Familie-Familienpolitik im Verfassungsstaat" (R.v. Decker & C.F. Müller, 1984), S. 1.; Zippelius Reinhold, "Verfassungsgarantie und sozialer Wandel—Das Beispiel von Ehe und Familie", DÖV, 1986, S. 807.; Yvonne Renner, "Familienlasten-oder Familienleistungsausgleich?"

(Duncker & Humblot, 1998), S. 46.

(172) Pechstein, a.a.O. (s. Anm. 1), S. 62; Lecheler Helmut, "Der Schutz von Ehe und Familie", FamRZ, 1979, S. 4.

(173) Pechstein, a.a.O. (s. Anm. 1), S. 62ff.; Renner, a.a.O. (s. Anm. 171), S. 46ff.; Häberle, a.a.O. (s. Anm. 171), S. 7. なお家族の機能としてはこの他にも、論者によってさまざまな家族機能が述べられている。例えば、地位配分(Die Statuszuweisung)・再生(Die Regenerration)・緊張緩和(Der Spannungsausgleich)・集団生活(Das GruppenLeben)・夫婦生活を限定する家族(Die Familie als Schranke ehelicher Sexualität)・扶養(Die Versorugung)・消費(Die Konsumption)・生産(Die Produktion)(vgl. Schmid, a.a.O. (s. Anm. 5), S. 198ff.)・文化的素養を育成する機能(Pechstein, a.a.O. (s. Anm. 1), S. 67)等が挙げられているが、ここではいずれの論者にも共通していて、かつ最も重要であると思われる二つの機能を挙げた。

(174) Pechstein, a.a.O. (s. Anm. 1), S. 62; Renner, a.a.O. (s. Anm. 171), S. 46. なお、ここでいうところの家族概念の変化とは、基本法上の保護客体としての家族概念が、法律婚に基づく夫婦および子供から構成されるいわゆる、完全家族から一人親と子供で構成される二分の一家族(Halbhamilie)に拡張されていったことを指す。詳細については第二章第一節「家族」概念の明確化を参照のこと。

(175) Pechstein, a.a.O. (s. Anm. 1), S. 62; Renner, a.a.O. (s. Anm. 171), S. 46.

(176) Martin Moderegger, "Der verfasungsrechtliche Familienschutz und das System des Einkommensteuerrechts 1. Aufl", (Nomos-Verl. -Ges., 1991), S. 25.

(177) BVerfGE 6, 55(72).

(178) Renner, a.a.O. (s. Anm. 171), S. 47.

(179) Pechstein, a.a.O. (s. Anm. 1), S. 66.

(180) Häberle, a.a.O. (s. Anm. 171), S. 7.

(181) Pechstein, a.a.O. (s. Anm. 1), S. 67.

(182) Renner, a.a.O. (s. Anm. 171), S. 48. なお、基本法六条二項に関しては、このような親の権利は、親自身のために存在するのではなく、子供の自由な発達や人格の発展のために存すると理解し、親の権利の法的拘束性や限界を明らかにするベッケンフェルデ(Böckenförde)の見解を紹介する邦語文献として、古野豊秋「憲法における家族」法政理論三九巻四号(二〇〇七年)七四頁以下がある。

(183) BVerfGE 56, 363(395); 75, 201(209).
(184) Franz Ruland, "Verfassungsrechtliche Vorgaben des Familienlastenausgleichs", FuR, 1991, S. 309.
(185) Renner, a.a.O. (s. Anm. 171), S. 48.
(186) BVerfGE 76, 1(71).
(187) BVerfGE 6, 55(71).
(188) Helmut, a.a.O. (s. Anm. 172), S. 4.
(189) Pechstein, a.a.O. (s. Anm. 1), S. 69.
(190) Pechstein, a.a.O. (s. Anm. 1), S. 69.
(191) Pechstein, a.a.O. (s. Anm. 1), S. 68; Ruland, a.a.O. (s. Anm. 184), S. 317.
(192) Pechstein, a.a.O. (s. Anm. 1), S. 68.

# 第二章　規範理念の具体化

基本法とは「そのまま裁判に適用されるような定めをほとんど持たず、むしろ、法適用の意味においてこれを執行する前に補填され、具体化されなければならない秩序の枠組みであ(1)」ると理解されている。それゆえ、その具体化については、法制度が規範に適ったものであるかを審査する際の裁判所の解釈が大きな役割を果たす。そこで、ここでは家族に対する規範的な保護という理念の具体化について、連邦憲法裁判所判決、ならびに、それに関する研究者の見解に基づく考察を行うことにする。なぜならば、周知の通りドイツでは、基本法解釈に連邦憲法裁判所が大きな役割を果たしているからである。

連邦憲法裁判所の多様な手続き形態の中でも、とりわけ基本法の解釈・適用とそれに基づく基本権保護に関しては、憲法訴願(Verfassungsbeschwerde 憲法異議とも呼ばれる)が重要であるとされる。憲法訴願については、基本法九三条一項四a号に、「公権力によって自己の基本権のひとつ、(中略)を侵害されているとする主張をもって、何人でも提起することができる」と規定されている(2)。この規定によれば、憲法訴願は申し立て人の権利救済のための制度であることは明らかであるが、それにとどまることなく、法令解釈の統一のような、客観的機能も有するとされる。ここから、基本法の解釈において憲法訴願が重要な役割を果たすことになる。憲法訴願は、一九五一年の活動開始から二〇〇一年までの間、連邦憲法裁判所の扱った事件総数のうち約九六・二%を占めるほど多く活用され、市民生活の中に定着している(3)。また、申し立て件数の多さや、申し立てられる異議の対象の多くが上級審で一旦確定した判決であることから、連邦憲法裁判所の過重負担や超上告審化しているという点に批判はあるものの、「憲法異議があるからこそ、基本権保護が紙の上の保障にとどまらない実効的なものとなる(4)」ともいわれている。ただし、憲法訴願は特別の権利救済手段であるとされていることから、憲法訴願を行うためには、法律により直接かつ現に侵害を受けている特別の場合を除き、通常の手続き法上の救済を使い果たした後であることが要件となる（連邦憲法裁判所法九〇条二項一文）。これとともに、具体的規範統制（konkrete Nomenkontrolle）も、基本権の保護における重要な役割を担っている。具体的規範統制とは、通常裁判所において、具体的事件に適用すべき法規が憲法に違反するとみなされ、かつそれが判決に影響を及ぼす場合に、裁判所が当該法律の違憲性を連邦憲法裁判所に申し立て、連邦憲法裁判所が審査するというものである（基本法一〇〇条一項）(5)。この具体的規範統制は憲法訴願について多く行われ(6)、これにより基本法に反するような立法を適用しないとすることで、基本法理念の統一や解釈の安定化が図られている。

連邦憲法裁判所判決の効力としては、①裁判の変更禁止効、②形式的確定力、③既判力（実質的確定力）、④拘束力、⑤法律としての効力があるとされている。これらの中でも④拘束力と⑤法律としての効力は、連邦憲法裁判所判決のみに認められている効力である。すなわち、拘束力とは③既判力が当事者のみを拘束するのに対して、連邦大統領・連邦議会・連邦政府といったすべての国家機会を拘束する効力である。さらに、通常裁判所の判決では、既判力により判決主文のみに拘束力が認められているのに対して、連邦憲法裁判所の判決では、主文のみならず判断理由についても拘束力が認められている。いまひとつの⑤法律としての効力とは、先に見た具体的規範統制や憲法訴願等に基づき裁判が行われ、連邦憲法裁判所が法の合憲・違憲・無効を宣言した場合、その主文を公示することで判決の効力が名宛人のみならず、法律と同じようにすべての私人にも及ぶ効力を指す。このように、独自の効力を有することで連邦憲法裁の判断は通常裁判所との比較において非常に大きな影響力を有していることになる(7)。

ここまで見てきたように、ドイツでは、そもそも基本権自体に立法・司法・行政を拘束する客観的機能が存在することに加えて、判決による憲法解釈が、憲法訴願もしくは、具体的規範統制といった手続きシステムのおかげで数多く導き出され、連邦憲法裁判所判決の有する効力によって確実に尊重される。このようにして基本権が有する客観的機能が有効に作用していることから、[8]連邦憲法裁判所の法政策への影響力は大きく、保護の実現において重要な役割を担っていることになる。

なお、基本法六条一項の裁判規範性に関しては、基本法形成過程において憲法制定議会の一般編集委員会で「この条文は綱領的意義しか有しない。それは原則的には立法者にとって指針にしかすぎない」[9]とされているため議論の生じる余地がある点ではあるが、この解釈はその後すぐに「七条a第三項だけが綱領的意義を有する」[10]と修正されており、その後の連邦憲法裁判所判決の中でも六条一項の裁判規範性は認められている。[11]よって、本書ではこの問題には言及しない。

連邦憲法裁判所の解釈に基づく規範的保護の具体化の過程を見ていくに際しては、さしあたり、解釈の前提となる六条一項での「家族」概念を明らかにする作業からはじめたい。

## 第一節 「家族」概念の明確化

基本法六条一項の「家族」について、連邦憲法裁判所判決は「両親と児童によって構成される包括的な共同体」(umfassende Gemeinschaft von Eltern und Kindern)であると定義している。[12]さらに、一項によって保護される第一義的家族を、両親と未成年の児童で構成されるいわゆる核家族(Moderne Kleinfamilie)であるとする。[13]この場合の「児童」の中には里子・継子・養子が含まれる。[14]同様に、両親と成年児童によって構成される共同体も「家族」に含まれるとされる。なぜなら家族法上で規定されている家族関係は、親の未成年の子に対する扶養に限定されておらず、生涯にわたる、相互の面倒見関係の存在があるとされているからである。[15] 他方で、子供のいない夫婦を「家族」とみなすかについて、判決からは明らかでない。基本法の立法過程ではこの問題につき、草案中の「婚姻から展開される家族」(Die Ehe…… und die aus ihr entfaltende Familie) という文言を「婚姻によって想定される家族」(Die mit ihr gegebene Familie) と修正することにより、子供のいない夫婦共同体をも「家族」に含めることが試みられた。[16] しかし最終的に、子供のいない夫婦どうしの関係は「家族」という性質に合致しないと判断されるに至っている。[17] 今日でも、条文中で婚姻と家族とが別々に規定されていることを受けて、夫婦のみを家族とみなすことについては疑問が呈されている。[18]

判決から読みとれるのは、「家族」がもはや必ずしも「婚姻」と結びついておらず、したがって、その存在には左右されないことである。確かに、基本法制定過程では婚姻を前提とした「家族」が念頭におかれることがほとんどであった。というのも通常は、婚姻締結が児童の出生に結びつき、家族が形成されると解されていたからである。しかしながら、医学の発達や、社会通念の変化に伴う多様な生活形態の台頭により、婚姻と家族との結びつきは希薄化してきている。その結果、今日では両者を分離して考えるべきであるという見解も見られるようになってきている。[19] このような状況を反映して判決の中でも、法的な婚姻締結がなされているかにかかわらず、親と子供によって形成され、かつ、強い家族的なつながりが現実に存在する共同体を「家族」としてみなす傾向が出てきている。例えば、婚姻締結していない両親とその児童で構成される共同体や、非婚の母あるいは父親とその児童により構成される共同体も、憲法上の保護客体としての「家族」であるとする判例の出現は、このような傾向を如実に示すものであるといえよう。[20] その際、「家族」であるかの判断に際しては、子供を扶養していることの証明となる、親と子の「家計の同一性」という基準が大きく関与しているものと思われる。

親と子からなる共同体以外でも、憲法裁判所において「家族」と認識されうる共同体がある。その共同体とは例えば祖父母と孫、あるいは叔父・叔母と甥・姪、および兄弟姉妹などのように比較的近い血縁関係を有する親族間で組織される共同体である。このような共同体は、ドイツにおいて一般的に大家族(Großfamilie)と称されている。判決では、祖父母と孫からなる世代間大家族(Generationen-Großfamilie)について、六条の「家族」に入れるか否かの判断が分かれている。[21] しかしながら、祖父母と孫との関係を「家族」に入れないとする判決において、その判断の根拠は何ら示されていない。この点につき研究者の間では、家族法の規定が親族関係を家族関係と捉えていること、基本法においてもこのようなつながりを破壊したり、縮小したりすることが意図されているわけではないことを理由として、血縁に基づく相互の面倒見関係が存在する場合、大家族も六条一項の「家族」に含めるべきだという見解が多数存在する。[22] 一方で、親族関係を無制限に規範的保護を受ける家族として認めることについては疑問も生じる。通常、生物学的あるいは法的なつながりが弱まれば弱まるほど、家族的なつながりも希薄化すると考えられるので、その集団に付与される家族保護の度合いも弱まると考えることができるからである。目安として三親等以上は、憲法上の家族概念に含まれないとする見解もある。[23] これとの関連で、仮に家族類似の機能を部分的に有する共同体であっても、血縁関係や法的な意味での親族関係がない場合は、憲法上の家族とは認められないという見解がある。[24] ただし、これらの共同体が、別の基本法の保護下におかれる可能性についてまで否定されているわけではない。[25]

このような連邦憲法裁判所の「家族」概念解釈に基づいて、シュミットは憲法上の家族像について以下のように論じる。すなわち彼は、民法上で基準(Normiert)とされている家族像からは、祖父母が家族に属するのか、非婚の母とその子供が家族を構成するのかといった事柄が明らかではなく、この点から憲法独自の家族像を導出する必要性があることを指摘したうえで[26]、憲法の家族像とは民法上で原則とされている家族、いい換えれば法律婚に基づく家族を基礎として、ここにさらに、当該時点で一般的であるとされている家族理解と、伝統的生活形態を付加したものであると解する[27]。このような理解に基づくと、憲法によって保護される家族とは、決して固定的な制度ではなく、あくまで不変の核(OrdnungsKern)としての民法上の家族、すなわち法律婚制度に基づく家族を軸としながらも、時代の流れによる家族の可変性をも考慮し、多様な家族形態を含む可能性を留保した集団であるという理解が可能となる。

## 第二節　基本法六条一項の多元性

人権基定に社会権規定を取り入れたワイマール憲法[28]とは対照的に、基本法における人権規定は自由権的基本権を中心として構成されている。その理由としては、基本法がナチスドイツによる人間の尊厳の蹂躙への反省から「人権の尊厳に対する国家の侵害を防衛する為に実定化された[29]」ものであること、ならびに、ワイマール憲法が実効的保護に欠けていたという認識から基本権を狭義の自由権に限定することで「すべての国家権力に対して直接的な実効力を有する制限[30]」を形成することが意図されていたことが挙げられている。それゆえ個々の基本権についても、古典的な自由権的理解に基づき、国からの自由を個人に保障する主観的権利としての防衛権と解されるものが大半を占める[31]。このような基本権としては、例えば、四条一項(信仰および良心の自由に対する侵害の禁止）あるいは、六条三項（親権者の意思に反する児童の引き離しというかたちでの親権への介入の禁止）がある。

これらの主観的権利の保障と並んで、基本法でもいわゆる「制度保障」と称される客観的な制度の保障が規定されていると解されている。ここでいうところの客観的制度には六条一項の婚姻・家族制度とともに私立学校（七条四項）や職業官吏制度（三三条五項）などが含まれる。[32] 周知の通り制度保障論は、シュミットにより体系的に論じられるようになった理論である。ワイマール憲法では、基本権が行政と司法しか拘束しないとされていたので、憲法が公法、私法上の制度を保障し、これによりこれらの制度を単純法で除去できなくする点にシュミットの述べる制度保障理論の意義があるとされていた。その一方で基本法では一条三項により基本権が行政、司法に加えて立法をも拘束するため上述のような意義は失われているといえる。しかしながら、何ら基本権を含まない基本法上の規定を解明するといった場合に、基本法においても、制度保障理論の有用性は依然として残存しているとされる。[33] なお、制度保障理論に関してはクライン、[34] ヘーベルレ[35]といった研究者によって異なるアプローチを含む理論形成が行われているが、本書では、それらに立ち入ることはしない。

これらに加えて、基本法制定後、基本権には客観法的次元が認められるようになった。このような基本権の多次元的理解は、ひとつには国民の自由を実現するために国家および社会に求められる機能として、国民を侵害しないというのみならず、積極的に社会問題を解消する機能も求められるようになったことで生じたとされる。いまひとつには、個人の自由が国家のみならず、それ以外の力によっても侵害されうるという認識との関連で生じたとされる。[36] 基本権の客観法的次元は連邦憲法裁判所によっても承認されているが、[37] これまで体系的に論じられたことはなく、その内容・効果・法的根拠は必ずしも明らかではない。[38] それにもかかわらず、連邦憲法裁判所はこの客観法的次元を媒介とすることで、基本権から古典的機能を超えるさまざまな機能を導き出している。これに関して連邦憲法裁判所は「古典的意味内容から見れば基本権保護を及ぼすのが疑わしいと思われても、それを拒絶するのは、基本権の基本法における重要な地位から見て受け入れ難いという場合に、基本権の客観法的次元を持ち出し、そこから基本権の新しい適応領域を開拓して」いるとされる。(39) 基本権に客観法的次元が認められることの意義は「明示的な制約が含まれていない基本権については憲法内在的制約を基礎づけ、内容がオープンな形で定式化されている基本権については制約をより立ち入って具体化し、そうして同時にそれを制限する」点にあるとされる。(40) 客観法的次元から連邦憲法裁判所が導き出している基本権の新たな機能としては、例えば、基本権の私法および市民相互関係への効力、いわゆる基本権の第三者効力と称される機能、(41) あるいは、国家は妊娠中絶による胎児の生命権に対する第三者(ここでは母親を指す)の侵害から胎児の生命権(基本法二条二項一文)を保護する義務を有するとした判決をリーディングケースとする、第三者による基本権侵害から各人の基本権法益の保護を命じる、国の基本権保護義務、(42) さらに、国家の給付を請求し、地位・機会・国の財の配分過程への参加を求めるいわゆる配分請求権(Teilhaberecht)などがある。(43)

このように基本権には主観法的次元としての自由権保障、および制度保障、さらには客観法的次元から解釈によって導き出されるさまざまな機能が認められている。本書が検討対象とする六条一項についても同様に、一九五七年の夫婦合算課税違憲決定の中で、古典的な基本権理解に基づく「制度保障」「古典的基本権としての自由権」であるとともに、客観法的次元として「婚姻および家族に関わる私法および公法の全領域についての拘束的価値決定を伴う原則規範」でもあるとされている。(44) ここでの「拘束的価値決定を伴う原則規範」とは具体的には、「侵害の禁止」、「不利益取り扱いの禁止」、「促進の要請」の三つを指す。これら三つの機能は、これ以降、今日に至るまで家族に関するさまざまな判決に影響を及ぼしている。(45) そこで以下では、六条一項における古典的基本権としての自由権ならびに制度保障の内容を明らかにしたうえで、ドイツの現行法上での育児支援政策に対して非常に強い影響力を有すると考えられる、基本権の客観法的次元から導き出された効果の内容について詳しく見ていくことにしよう。

## 一　古典的基本権としての自由権

古典的基本権としての自由権は防衛権(Abwehrrecht)とも称されている。この権利は、「国家による外的強制に対して婚姻および家族という特殊な私的領域を保護するために用いられる」[46]とされ、婚姻および家族に属する物的、あるいは人的領域に対する国家からの侵害に、無条件で働くとされている。[47] ちなみにここでの「無条件に」とは、この防衛権が出訴可能な主観的権利規範であり、かつ、特別の正当化を必要としない自明のものであることを意味している。[48] 判決は、この権利に基づいて国家に対しては家族への介入の放棄が求められ、家族構成員については自らの共同体を自らの責任と配慮のもとで自由に形成する権利が付与されると述べている。[49] 連邦憲法裁判所が防衛権の本質的特徴とみなすのは、婚姻締結の自由(Eheschließungfreiheit)および、家族形成の自由(Familiengründungfreihait)である。[50] これにより、家族形成の自由は原則として制限されず、例外的に制限される場合、例えば、強制的な断種のような制限を行う場合については、児童福祉という観点も含めて、実施に対する特別の正当化が求められることになる。[51] また、家族形成の自由から、望む数の子供を持つことの保障を演繹する見解もある。[52] 一方、婚姻締結の自由との関連では、この規範作用が認められたことで、それまで存在していた婚姻欠格条項や貞節条項が廃止されたという経緯がある。[53]

防衛権には、大きく分けて二つの作用があるとされる。ひとつは、私的領域における人格の自由な発展の保護（基本法二条一項）を強めた作用であり、いまひとつは、尊重すべき家族の私的経済領域への間接的な介入（Mitterlbaren Eingriffs）を阻止する作用である。[54] このうち、二条一項の強化という作用からは、家族関係によって得られる精神的な安定を脅かし、したがって、人格を脅かすことになる家族的つながりへの妨害規定は認めないという効果が生じる。これにより具体的には、家族構成員の一人が犯罪を犯し未決拘留中であった場合、その他の家族構成員から送られた手紙を調べることや、[55] 未決勾留囚への家族の訪問を監督することは、少なくとも同等の価値を有する基本権的な立場からしか認められないという帰結が生じる。[56] また、家族の私的経済領域への間接的介入の阻止としては、例えば、税法上共働き夫婦の課税対象所得を合算し、より高い累進税率を課すことにより、納税額が所得を分離して課税した場合よりも高くなる場合について、立法者が生業活動を行っている妻を家庭に戻すことを意図しているものであり、夫婦の私的決断に対する介入であるとして違憲判断を行った例がある。[57]

このような消極的な介入の禁止とともに、防衛権が単純法を介してより積極的に家族連帯の維持に寄与する場合がある。その例として民法一六一七条一項一文が挙げられる。この規定では、異なる氏を有する父母から生まれた子供に、父母の氏からなる複合姓を与えることを禁じている。[58] つまりここでは、構成員が共通でかつ統一された姓を有するという家族の特徴を維持することで、家族連帯に対する妨害を退けている。[59]

## 二　制度保障

六条一項の二つ目の次元は、「制度保障」(Institutsgarantien)である。「制度保障」とは「国家にとって決定的な意義を有しかつ規範的に根拠づけられる法制度の保障[60]」を意味する。婚姻および家族が、国家の根幹をなす制度であることは事実であり、この意味で上述の法制度に含まれると解すことへの疑義は少ない。

判例上「制度保障」とは、「家族の権利を構築している規定、とりわけ民法上の規定(すなわち秩序の核(Ordnungskern))を、廃止したり本質的に変更したりすることに対する」保護であり、同時に「憲法が基礎としている家族像の特徴を侵害する国家の措置から保護」することであるとされている[61]。ここでいう、廃止や本質的な変更が許されない「秩序の核」としては、単婚の原則(BVerfGE 31, 58(69))・婚姻締結の自由(BVerfGE 29, 166(175); 31, 58(67); 36, 146)・婚姻障害を設定することについて極度に控え目であるべきことの要請(BVerfGE 36, 146(163))・例外がないわけではないが根本的に婚姻は不解消的であるべきこと(BVerfGE 10, 56(66); 31, 58(82); 53, 224(245))・夫婦の別居および離婚後の扶養・面倒見・共同財産の分配に関する同権の原則(BVerfGE 53, 257(296); 63, 88(109))が挙げられている[62]。つまり、これらの廃止や変更は、基本法による制度保障に抵触する可能性を生むことになる。

ここで疑問となるのが、それでは、離婚規定は原則婚姻不解消とする制度保障との関係でどのように論じられることになるのであろうか？という問題である。これに関しては、つぎのような裁判所の見解が存在する。判決は一九七七年に第一次婚姻および家族法修正法(Erstes Gesetz zur Reform des Ehe-und Familienrechts vom

14. 6. 1976)[63]が施行され、離婚が有責主義と破綻主義の混合から、破綻主義にのみ基づいて承認されるようになったことを受けて、継続を期待できない場合有責配偶者の責任を問うことなく離婚を認める旨を規定したBGB一五六五条一項一文が、基本法六条一項に反しないという判断を示している。その際裁判所が理由として述べたのは以下のような事柄である。すなわち、民法上での法による婚姻の維持あるいは婚姻関係の回復という考え方の前提には、すでに、婚姻は破綻しうるという認識が存在していることを指摘した後に、「基本法の保護義務は、生涯にわたる婚姻を観念的に保障しているのでなく、法の基準として示されるそのときの支配的な見解に合わせて調整しながら保障している。つまり基本法は世俗化された民法上の婚姻(verweltlichten bürgarlich-rechtlichen Ehe)像を保護の前提においており、その婚姻像の中には法定要件の下で離婚が可能であり、それにより再婚の自由を得ることのできる婚姻像も含まれている」[64]と説示する。この説示に基づいて学説上、離婚と原則として婚姻不解消とする制度保障との関係については、離婚を婚姻締結の自由の再獲得と読み換えることで、その他のものと同様に制度保障により保護されるべき「秩序の核」であるとする見解がある。[65]

ここであらためて考えてみたいのは、「制度保証」によって保護されている家族の根元的な特徴とは固定的なものなのか？　ということである。なぜならば、制度保証によって、根元的な特徴の改廃は違憲の可能性を生じさせることになるにもかかわらず、離婚の例で見たように、実際問題として「制度保証」で保護される家族制度と、実態的な家族像との間に「ズレ」が生じる可能性も否定できないからである。この「ズレ」を違憲の問題を生じさせることなく処理するために、連邦憲法裁判所では前述の判例にあるように、「基本法は、『世俗化された民法上の婚姻(Verweltlichten bürgarlich-rechtlichen Ehe)』像を前提にする」[66]と述べ、「世俗化」という文言を用いることで民法で規定されている家族の根元的な特徴についての解釈の余地を留保していると考えられる。この「ズレ」は、上述のように実態としての家族により生じる場合もあれば、民法以外の法制度による秩序の核の実質的な切り崩しによって生じる場合もあることが指摘されている[67]。その例として挙げられているのが、伝統的な家族形態の特徴である親子相互間の扶養義務の公的年金制度による切り崩しである。この義務は民法上、明文で規定されており(BGBl. 601ff.)、その意味で、上述の「秩序の核」に含まれていると解することが可能である[68]。

子から親への扶養は、基本法起草時点では年金の給付割合が従前所得の三割に満たなかったこともあり重要な役割を果たしていた[69]。ところが、一九五七年の年金改革での給付の充実で、年金給付額が従前所得のほぼ七割に達したことで、子から親に対する私的老齢保証の意義が低下したとされる[70]。つまり公的年金制度の充実は、制度保証で保護される核と考えることのできる親子間の相互扶養の意義を、低下させる結果をもたらしたということができる[71]。このような公的制度の拡充は、制度保障との関係で違憲であるとまでされているわけではないが、立法者にそもそも家族の根元的な性質を軽視するような方法で制度を組織する権利があるのかという疑問が提起されている[72]。同時に、家族の根元的な特徴とされる相互扶養関係の意義が低下したことで、従来の老齢保証の中で、不可避的前提要件と考えられていた老親扶養と児童の養育との相関関係を切り離して考える傾向が強まり、その結果、後の年金保険法上での児童の養育期間の考慮の制度化を困難にする一因となったという指摘がある[73]。

これらを踏まえてみた場合、制度保証で保護される家族の根元的な特徴とは、実態上生じうる「ズレ」が直ちに違憲の問題を生じさせるほど絶対的なものではないが、その一方で、保護されている家族の根源的な特徴が、法制度創設により実質的に切り崩されるような場合については、立法者の裁量との関連で、これを疑問視する見解が存在することから、より厳格な審査が必要になると考えることができる。

## 三　拘束的価値決定を伴う原則規範(Wertentscheidende Grundsatznorm)

### (一)　形成過程

六条一項の三つ目の次元として、拘束的価値決定を伴う原則規範(以下では価値決定規範と記す)であることが示されている。(74) 価値決定規範は、六条一項に限らずその他多数の基本権の中にみいだされ、さまざまな法的効果を生み出す基礎となっている。(75) しかしながら上述の通り、その体系的な把握はなされておらず、そこから生じるとされる基本権の機能に関しても十分な整理はなされていない。

六条一項での価値決定とは「婚姻・家族の結びつきに配慮することを要求する」という決定であると解されている。(76) この六条一項の三つ目の次元を論じるに際しては、はじめに、なぜ連邦憲法裁判所は基本法六条一項を多元的に、すなわち、自由権的基本権および制度保証に加えて、価値決定規範と解釈したのかという点から見ていこう。

六条一項に価値決定規範という側面がはじめて認められたのは、一九五七年一月一七日の連邦憲法裁判所決定においてである。(77) この決定では租税法上、ともに所得を有する夫婦の所得を合算して、税額を算定した結果、別々に算定した場合よりも税額が増えることが婚姻を不利益に取り扱い、したがって保護を定めた六条一項に反するかどうかが争われた。判断に際して裁判所では、六条一項に古典的基本権ならびに制度保証を超えてさらに、「婚姻および家族に関わる私法・公法のすべての領域に対する拘束的価値決定と称される原則規範」(78) があることを示し、この原則規範からさらに、国が婚姻および家族を妨害することの禁止を導き出して、争点となっていた租税法上の規定を無効とした。

まずここで疑問に思われるのは、争点が課税という私的経済領域への介入であったことから、なぜ古典的基本権である防衛権にのみ基づいた理論構成が用いられなかったのかという点である。その理由として考えられるのは、ここでは単に原告らの私的経済領域への介入という侵害が生じるにとどまらず、既婚者一般に作用する、非婚者と比較した場合の相対的差別というかたちの不利益が発生していたからということである。[79] つまり、課税額自体の不当性、およびそこから生じる私的領域への不当な介入という法的帰結に対する異議については、自由権的基本権に基づいた申し立てが可能である。現にこの決定においても合算課税による課税額の増加という帰結が、妻が働くか否かという夫婦の私的決定の自由に対する介入であるとして、自由権的基本権に反する旨判示している。これにとどまらず裁判所はさらに、合算課税が夫婦のみに適用されることに着目し、非婚者一般と比較した場合に夫婦一般に不利益を及ぼしていると判断したのである。このような、非婚者と比較した場合既婚者一般に生じているとされる不利益状況まで取り除こうとする場合、国家と私人との二当事者間で、国家による介入を禁止するという、従来の防衛権的な考え方のみでは不利益を解消することが難しい。というのも、相対的な不利益状況の解消に際しては、国家と私人という二面関係ではなく、不利益を被る私人と、法制度によって結果的に不利益を生じさせている私人、およびそれを調整する役割を担う国家という三面関係を前提とした不利益の除去が要求されるからである。それゆえ、連邦憲法裁判所は二面関係を前提とする解決手法である防衛権によっては除去し切れないような不利益の発生に対して、特定の保護法益を保護せよという規範の客観的価値決定に基づく六条一項の新たな作用を確立することで、不利益の是正を可能にする手法を開拓したものと考えることができる。[80]

とはいえここで新たに明示された価値決定規範に基づく基本権の作用が、基本権の客観法的次元を媒介にして生じるとされるその他の基本権の作用との関連で、どのような地位を占めるのかは、必ずしも明らかでない。それゆえ六条一項の客観法的次元を介して生じるとされる不利益取り扱いの禁止や促進の命令が、六条一項独自の効果であるのか、それとも客観法的次元を介して導き出されたその他の効果、つまり国家の保護義務や配分請求権とどのような関連を有するのか、を確定的に示すことはできない。ただし、この観点をはじめて認めた上述の一九五七年決定で、不利益取り扱いの禁止ならびに促進の命令を国の積極的な責務すなわち作為義務であると理解し、これと同時に不利益取り扱いの禁止を国以外の勢力による侵害からの防衛である[81]、と述べていることからすれば、六条一項の客観法的次元から生じる効果を、第三者により生じる基本権保護法益の侵害に対して国が積極的措置をとるものであるとされる、国家の保護義務と関連づけることは可能であるとされる[82]。

このように、六条一項の客観法的次元を介して新たに導出された機能については、その根拠や機能の位置づけが必ずしも明らかではないにもかかわらず、判決の中で繰り返し引用され、基本法六条一項から生じる確定的な効果として承認されている[83]。

## (二)　基本法三条一項との関連性

基本法六条一項の客観法的次元を介した作用は、不利益取り扱いの禁止や、促進の命令といった呼称からも明らかであるように、家族をそれ以外の社会構成員との関係で相対化し、そのうえで家族のみを対象として促進を求めたり、不利益の発生を禁じたりするものである。それゆえ、六条一項のこのような作用が、基本法三条一項の平等原則(すべての人は法律の前に平等である)との関係でどのように論じられるかという点についても言及しておく必要があるだろう。

基本法六条一項と基本法三条一項との関係について裁判所は、当初、三条一項の平等原則を具体化(Konkretiisierung des Gleichheitssatzes)した規範が六条一項であるとし、平等原則での判断基準と、六条一項の不利益もしくは促進についての判断基準との差異について、詳細な検討を行っていなかった。[84] ところがその後、平等原則の判断基準を一般規範(allgemeinen Norm)であるとし、六条一項は特別の規範(besonderen Norm)であるとする理解を打ち出す。その際、三条一項の一般規範を主観的価値決定(die subjektivrechtliche Wertentscheidung)と呼び、六条一項の特別の規範を客観的価値決定(die Objektivrechtliche Wertentscheidung)と呼ぶ。ここでいうところの客観的価値決定とは、「立法者自ら「平等」「不平等」を決定する自由を制限する」ことを意味するとされる。[85] つまり、特定の生活領域(ここでは婚姻と家族)に対して、規範的に特別な保護というある種の優遇を与えるという起草者の意思に矛盾するような形式的平等取り扱いを、立法者が平等原則を用いて行うことが禁じられているのである。[86] 結局、六条一項で示された特別の保護と三条一項の平等原則との関係は、比較集団間の平等・不平等を決定する立法者の裁量を制限するということに尽きるとされている。[87]

### (三) 客観法的次元に基づく三つの作用

基本法上、防衛権の実定法的妥当性は明らかであり独自に根拠づける必要性もないとされるのと対照的に、基本権の客観法的次元に基づく機能は基本法の文言上明示されているわけではないため、その具体的内容や範囲を明らかにするためには、連邦憲法裁判所の解釈を知る必要がある。連邦憲法裁判所は、価値決定規範から導かれる機能の具体的内容として、家族に対する、国家、もしくはその他による侵害を防ぎ、家族に対する不利益取り扱いを禁じ、適性な措置によって助成することを挙げる。[88] つまり、六条一項の客観法的次元から導かれる機能とは以下の三つ、すなわち「侵害の禁止(Das Sädigungs-bzw. Beeinträchtigungsverbot)」、「不利益取り扱いの禁止(Das Benachteiligungsverbot)」および「促進の命令(Das Föderungsgebot)」である。これらのうち、「侵害の禁止」の作用として述べられている、国やその他の権力による家族に対する侵害的な介入の禁止という消極的作用はすでに、自由権的基本権としての防衛権において論じ尽くされているとされており、それを超えて独自の保護作用を示すことはできないと解されている。[89] そこで、以下では客観法的次元から導かれる独自の作用であるとされ、また、連邦憲法裁判所判決の中でも度々「拘束力ある憲法規定として時事問題化されて」[90]おり、したがって個別具体的な立法への影響力が大きいとされる、不利益取り扱いの禁止、および、促進の命令をより詳しく考察し、その具体的内容の把握を試みることにする。

## 第三節　拘束的価値決定規範の具体的内容

### 一　不利益取り扱いの禁止(Benachteiligungsverbot)

#### (一)　類型

不利益取り扱いの禁止には二つの類型があるとされる。[91] ひとつは、家族を直接不利益取り扱いの対象とすることの禁止であり、いまひとつは、間接的な不利益取り扱いが侵害的な不平等取り扱いにより生じることの禁止である。[92] 不利益とみなしうるかの比較は一般的に、家族構成員とそれ以外の者との間で行われる。六条一項に多様な家族形態が含まれるようになってきたことを受けて、さまざまな家族形態の間で生じる違いに関しても、不利益取り扱いの禁止を適用すべきであるという見解が存在する。[93] また、ここで扱われる不利益とは、家族が共有しなければならない経済的帰結に付随するものであるとされているため、[94] 例えば家族構成員の一人が家族共同体内部で生じた自己の不利益の保護を、この枠組みに基づいて主張することはできないとされている。[95]

家族に対する直接的な不利益取り扱いの禁止は「形式的不利益取り扱いの禁止(Formelle Benachteiligungsverbot)」とも称されている。[96] このような不利益取り扱いとは、家族の属性と結びついた不利益取り扱いであると理解されている。[97] つまり、法規もしくはその解釈によって家族であることと経済的な不利益を直接結びつけることの禁止である。[98] 例えば税法上では「夫婦あるいは家族であることにより、未婚あるいは子供のいない納税義務者より高額な納税義務」を課すことは、直接的な不利益取り扱いの禁止により認められない。[99] これに対して、家族以外の者にも生じうる不利益が家族に生じているとしても、当然のことながら直接的な不利益取り扱いの禁止に反しているとはいえないことになる。

もうひとつの「間接的不利益取り扱いの禁止(indirekute Benachteiligugsverbot)」[100] とは、家族に対する不利益が法自体から直接生じるのではなく、例えばある規定に基づいて一定の要件を満たした独身者に付与されている特典が、既婚者には付与されないような場合に生じるとされる。[101] 連邦憲法裁判所ではこの類型の不利益取り扱いについても、それが侵害的な差別にあたると判断される場合に限り許容できないものとして取り扱うことを試みている。[102] 判例上、間接的な不利益とは「適用対象者を異にし、それぞれが独自の意義を有する合憲的な二つの規定が重なり合うことで」[103] 生じうる不利益であると説明されている。このような不利益は、それぞれの規定が適用され、別々の取り扱いを受ける二つの集団に十分な違いがある場合にのみ、一方が受けている特典が他方に及ばないとしても違憲ではないと判断されることになる。その例としては、所得税法上、独身者は老齢化に伴い適用税率が引き下げられ税額が減ることがあるのに対して、ともに暮らし、それぞれが納税義務を負う夫婦には加齢に伴う独身者類似の特典がないことが六条一項に反するかが争われた事例が挙げられる。この事例では、独身者が前述のような特典を受けるのは、老齢による家計費の増加を考慮した結果であり、他方で別々に納税義務を負う夫婦が同じ課税階層にとどまることも、個人課税原則から生じる必然的な結果であるとしたうえで、このような差異は、規定に反婚姻的な傾向が内在していたことにより生じたわけでなく、それぞれに意義のある合憲的な規定が適用された結果であり、それぞれの規定の適用対象には加齢に応じた生活費の増加につき経験則上の違いがあるので、このような取り扱いは六条一項に反するとはいえないとしている。[104]

これらとは別に、不利益取り扱いの類型として、もうひとつ実質的不利益取り扱いの禁止(materiellen Benachteiligungsverbot)を挙げる論者もいる。[105]この類型の不利益取り扱いは、生活・養育・経済共同体としての家族の特質を考慮しないこと、例えば税法上では児童の養育によって生じる親の担税力の低下というような、家族一般に生じうる家族特有の状況が考慮されない場合に起こる不利益取り扱いであると解されている。[106]この類型の不利益取り扱いは、家族と、家族に対して経済的不利益を生じさせる法的帰結とが結びついた結果を不利益と解するのではなく、家族それ自体の特質を考慮しないという原因について不利益であるとする点が特徴である。よって、何らかの経済的不利益状況の存在を前提とする前二者の不利益取り扱いとは、まったく別の構想に基づく新たな類型の不利益取り扱いであると理解されている。[107]

実質的不利益取り扱いの禁止は、「区別の要請(Differenzierungsgebot)」とも称される。[108]連邦憲法裁判所では、この新たな形式の不利益取り扱いを黙示的にではあるが承認しているとされる。[109]すなわち、区別の要請を容認しているとされる決定として、租税法上での児童の最低生活費の考慮を六条一項に含まれる促進命令の上位概念として導かれる区別の要請に基づいて、容認していると解することができる事例がある。(110) この事例では、家族課税の際に、児童の最低生活費額を控除しなければならないという立法者の義務を、人間の尊厳の不可侵性を規定した基本法一条一項と六条一項を規範的根拠とする応能負担原則の具体化により導いている。この決定については、納税義務者の担税力を測る際に、家族特有の経済的負担を考慮すべきという立法者の義務の根拠として、六条一項、とりわけ、その客観法的次元を介して生じるとされる「区別の要請」が用いられているという解釈がなされている。(111) 同様に、裁判所が年金保険制度上で立法者に子育ての考慮を義務づける際に、家族固有の経済的負担を考慮せよという「区別の要請」を、その根拠として黙示的にではあるが用いていると解する論者もいる。(112)

これらを踏まえて考えた場合、「区別の要請」は、税や社会保険というような所得再分配機能を有する制度において、子育てを理由とする所得再分配を正当化する論拠として用いられているといえる。ただし、一口に所得再分配的機能を有する制度といっても構造的な違いがある。ここから、「区別の要請」は、各制度の構造に合わせて作用することになる。すなわち、家族に関わる所得再分配機能を有する制度としては、社会手当のような片面的提供制度(Einseitige Gebenssystem)、税のような片面的徴収制度(Einseiteige Nehmenssystem)、それから社会保険のような両者の混合制度(Zweiseitigen System)がある。(113) これの制度において、上述の区別の要請に反する取り扱いが生じるとされる場合を見てみると、税のような片面的調達制度上の措置においては、「制度の中で家族に固有の負担が顧みられない場合、」であり、社会保険のような提供・調達混合制度上の措置に関しては「家族制度が内包している固有の働きに対する調整がない場合」であるとされている。(114) 一方で社会手当のような片面的提供制度に関しては、当該給付が家族以外の者も給付対象とする場合に、家族以外の受給者を対象とする給付とは別に、家族の特質に着目した付加的な給付がないような場合に、不利益取り扱いに該当する可能性があると考えられている。このような給付の例としては、例えば低所得者を主たる対象とする住宅手当が挙げられる[115]。

なお、上述した租税制度、および、社会保険制度では、もともと固有の原理に基づいて制度内で所得再分配が行われ、「公平」の実現が図られている。すなわち租税制度上には公平な租税負担を実現するための租税徴収原理があり、社会保険制度上には、私保険とは異なり個人的なリスクの引き受けのみならず、社会調整的な役割も担う社会保険固有の原理が存在する。それゆえ、税あるいは保険料の徴収に際しては、応能負担的な徴収方法が採用されている。しかしながらこれらの原理は、制度構成員全体の公正の実現を第一の目的として取り入れられている手法であるため、家族にのみ着目し、家族の児童養育にかかる負担軽減や、児童養育の社会的貢献を評価することを第一の目的とするものではない。よって、これらの制度上で家族固有の負担を考慮し、それを反映させるようなシステムの形成を試みるのであれば、制度固有の原理とは別の論拠が必要となる。ここから、「区別の要請」という論理を用いることの必要性が生じるものと考えられる[116]。いずれにしても個別の法制度との関係でこの問題を考えるにあたっては、各制度を貫く原理を明らかにするところから議論をはじめる必要がある。よって、章をあらためて、社会保険制度[117]については第三章で、租税制度については第四章で検討を行う。

## (二)　範囲

つぎに六条一項に基づき違憲とされる不利益の範囲について検討する。六条一項からは、立法者に具体的な不利益の是正が義務づけられると解されている[118]。けれども法の解釈・適用により生じるすべての不利益を是正し、もしくは除去することまでは求められていないと考えられている。したがって、発生した不利益について、是正しなければならない不利益とそこまでは求められない不利益を区別し、いかなる場合に当該不利益が違憲となるのかの基準を明らかにする必要がある。なお、この問題を検討する前にひとつ確認しておきたいのは、家族に固有の負担が発生した場合にそれを考慮しないことが直ちに不利益取り扱いと結びつくわけではないということである。すなわち、判例上、不利益取り扱いは家族特有の経済的負担、中でも育児にかかる費用への政策的配慮との関係で論じられることが多いが、このような場合、立法者は育児にかかるすべての費用を考慮することまで義務づけられているわけではない。というのも、六条は二項において両親の児童の養育および扶養に対する権利と義務を定めており、これに基づいて判決の中でも、税法上、立法者は児童の養育にかかるすべての費用を考慮することまでは義務づけられていないとされているからである。[119] むしろ、二項に基づけば、両親は児童の養育にかかる費用の一定部分に関しては自ら負担すべきことが義務づけられていると解することもできる。[120] したがって、発生した固有の経済的負担がこの範囲にとどまる限り、それを考慮しないとしても不利益取り扱いの問題は生じないことになる。

違法とされる不利益について連邦憲法裁判所判決では六条一項をもっぱら、基本法三条一項の平等原則を適用する際に立法者の裁量を制限する要素としてのみ用いて直接的な審査基準としないことが多い。このような場合、六条一項が有している不利益是正の作用は緩和され、対象となる不利益も限定的なものになるという批判がある。[121] 他方で六条一項が直接的な審査基準として用いられる場合、広範な不利益について是正が求められるとする判決もある。すなわち、一九九〇年五月二九日の連邦憲法裁判所第一法定決定では、六条一項により立法者は「家族に対するあらゆる不利益を禁じている」[122]と述べ、広範な不利益取り扱いの禁止が六条一項に含まれることを示唆している。ただし、これらの判決からは除去すべき不利益の程度やその方法は、必ずしも明らかではない。これとは逆に、甘受すべき不利益を示すものとして「特定の場合において、婚姻弱体化という効果を持つ不利益取扱いであっても、それが故意によらない副次的効果として生じている場合、甘受すべきである」とした判決がある。[123] この判決でいうところの故意によらない副次的な効果(unbeabsichtigte Nebenfolge)とは例えば後の判例で、夫婦に対する財産税の合算査定の結果生じた私的経済上の信用能力の低下に関して、「連帯責任による信用能力の低下は、法規の故意によらない副次的効果として甘受すべきである」とされている。[124] さらに裁判所は、副次的効果について「このような副次的不利益は明らかに法規から意図的に生じた効果でもなく、合算課税査定をされる者一般にあるいは、かなりの(数の)、かつ法律上当然含まれる集団に生じるわけでもない」ことを理由として違憲性はないとする。その一方で裁判所は、「仮に立法者が夫婦に対する不利益的な効果を意図していなかったとしても、普遍的でかつ明らかに法の内容から生じる効果は(中略)故意のない副次的な効果と(中略)みなすことはできない」と述べ、夫婦に対する合算課税の結果生じる税額の増加を違憲的な不利益取り扱いであるとみなす。[125] これらの判決に基づくと違憲的な不利益であるか否かの判断基準は、その不利益が法から直接に生じているものであるのかどうか、すなわち不利益の直接性と、当該不利益を被るのが特定の集団ではなく、集団一般であるか否か、すなわち不利益客体の普遍性という二点であることになる。[126] その際、不利益の発生を立法者が意図していたかどうかは判断に影響を及ぼさないことになる。

さらに別の観点から、甘受すべき不利益の範囲を示した判決もある。すなわちいくつかの判決において「全体的に平等な傾向がある法において、夫婦が(独身者と比較して)部分的に優遇されたり、不利益に扱われたりしている場合に、法規全体としては(婚姻を)優遇しているか少なくとも婚姻中立的であれば[127]」、享受している優遇と被っている不利益を相殺すると、違憲となるような不利益取り扱いはないものとされている。[128] ここでは、法規の一部により発生した不利益を、法規全体というマクロの視点で評価した結果、甘受すべきという判断がされている。[129] これに対して親と子の所得を合算し、課税額を算定することが六条一項の不利益取り扱いの禁止にあたるか否かが争われた判決では「ある規定が、その構造および実際の効果において一定の範囲の家族を不利益に扱うものであった場合、その違憲性を、法の別の規定が他の方法で規定している家族への優遇によって否定することはできない。法全体の一般的な家族親和的傾向(Familienfreundlichen Tendenz)を強調するためには、これでは不十分である」とする判決がある。[130] この判決では、ある規定が、実際に家族を不利益にする効果を生じさせている場合は、法の他の規定において家族に対する抽象的な優遇があるからといって、法の違憲性が否定されるわけではないと判断がされている。

これらをまとめると、マクロの視点から法規全体を見た場合に、家族(婚姻)に対して侵害的な傾向があり、かつ個々の規定からも家族(婚姻)に不利益な効果が具体的に発生している場合、もしくは規定から直接かつ明白に不利益が発生しており、その不利益に普遍性がある場合に、当該不利益取り扱いは違憲という評価を免れないことになる。

## 二 促進の命令(Förderungsgebot)

### (一) 不利益取り扱いの禁止との関連性

促進の命令も不利益取り扱いの禁止と同様に、拘束的価値決定規範としての六条一項という解釈から導き出された作用である。不利益取り扱いの禁止が、家族に生じている不利益を調整するものであると解されるのに対し、促進の命令は、事実上の不利益の単なる調整を超えて、さらに家族の状況に実質的な改善を生じさせるものであると理解されている。[131] ここから両者の関係は、不利益取り扱いの禁止に基づいて不利益調整が実施された後にはじめて、促進の命令に基づく改善が行われるというような、段階的な関係であると解されている。[132] 段階的とは例えば、不利益取り扱いの禁止によって家族について子供の最低限度の生活を確保するために必要な費用を保障したうえで、促進の命令に基づいて、立法者が家族に対するさらなる考慮を行うということを表す。[133]

連邦憲法裁判所は、促進の命令から、財産上の促進に関しても、法的な促進に関しても、特定の国家給付あるいは権利の供与に対する具体的な形成請求権を導くことはできないと判断している。[134] このことは、促進の命令が不利益取り扱いの禁止と異なり、純粋に家族を助成し、いわば優遇する性質を有することに起因するものと考えられる。それゆえ、連邦憲法裁判所では促進の命令の履行に際して、不利益取り扱いの禁止の場合と比較すると、より広い立法裁量を認めているのである。[135]

## (二)　範囲

国民の自由な家族形成に対する六条一項の保護は、家族の共同生活全般に及ぶと理解される。その中にはまず第一に両親がいつ、何人の子供を産むか、あるいは、子供を産むか産まないかといった選択に対する保護も含まれている。すなわち、家族形成の自由が六条一項の積極的な自由権的基本権という側面であるとするならば、子供を産まない、あるいは特定の数の子供しか産まないという両親の選択の自由もまた、消極的な基本権的自由権として保障されていると理解されうるのである。[136] このような理解に基づくと、国家は夫婦のいかなる家族形成も強要することはできないことになる。[137]

ひるがえって、六条一項の保護に基づく促進には、公的財源を用いて子供を産み家族を形成することに対する経済的優遇措置を講じることも含まれる。このような場合、促進の範囲の問題とは、六条一項の保護から生じる積極的な自由権的基本権という側面と消極的な自由権的基本権という側面に対する立法者の中立性保持義務を、どの程度まで逸脱できるのかという問題であることになる。[138]例えば、立法者が家族形成に対する国民の意欲を高めるような経済的優遇措置を実施しようとした場合、その基本法適合性は六条一項に基づいて、内容と、その程度の妥当性という観点から審査されることになる。仮にその措置が、子供のいない者、あるいは少ない者に明らかな制裁を行う、あるいは子供のいる家庭を過度に優遇するのであれば、基本法適合性の限界に抵触すると判断されるであろう。というのも子供のいない者、あるいは少ない者に対する脅かし、あるいは経済的な差別は、消極的な家族形成の自由に対する圧迫となりうる可能性が生じるからである。ここから得られる帰結として、六条一項に基づいて容認される促進の範囲とは、子供を持たない、あるいは、一定数しか産まないという両親の消極的な家族形成の自由を侵害しない程度の促進であるべきことになる。ここで問題となるのは、では、どの程度の経済的な優遇であれば両親の子供に対する決定に影響を及ぼすのかである。通常、児童の養育に伴って生じる費用としては、食費・被服費等の直接費用(die direkten Kinderkosten)および、いわゆる機会費用(Opporutunitätkosten)があるとされる。ちなみに、機会費用とは、家族政策的局面においては親が児童の養育のために払う犠牲、とりわけ職業活動を中断することにより生じる経済的な損失を意味する。[139]児童の養育により親に生じるこれらのコストに対する国家の助成措置としては、例えば社会手当[140]のような直接的な所得移転、あるいは間接的な所得移転であるとされる所得税法上の優遇措置[141]、および、公的疾病保険法上での児童の被扶養者としての保険料免除での給付、ならびに幼稚園・学校などの公共財の供給等がある。これら国家による助成措置が、親の決定の自由にどの程度影響を与えうるのかを明らかにすることは難しい。というのも、子供を産むか産まないかという親の決定には、単に各種コストの増大やそれを緩和するための国家による助成措置の程度のみが決定的な影響力を有しているわけではなく、その他の要因、例えば子供を産むことによって親に生じる物質的・非物質的責任などにも左右されうるからである。したがって、このような観点から促進の範囲を確定することは困難であることになる。[142]

連邦憲法裁判所判決では六条一項に基づく促進の範囲に関して「立法者は公共の福祉のために、家族に対する促進と並んで別の共同体の利益も財政上考慮しなければならない。その際まず第一に影響力、バランスに基づいて範囲を顧慮すべきである。このような原則により国家が児童に供給している給付を全体的に考察すると、国家による家族の促進が明らかに適切でなく、かつ基本法六条一項に基づく促進の命令をいまだ充足していないということを確証することができない[143]」と述べるにとどまる。したがって、促進の具体的範囲はいまだ明確に示されていないが、少なくとも現行制度上での促進の程度が違憲ではないと判断されているものと理解できる。いずれにしても促進の範囲に関しては、立法者の裁量が広範に認められていることから、逸脱による違憲が生じる可能性は非常に限られたものになる。

（1）　ホルスト・ゼッカー（生天目忠夫訳）『概説ドイツ連邦憲法裁判所』（信山社、二〇〇二年）二四頁。

（2）　なお、基本法一九条四項にも「何人も、公権力によって自己の権利を侵害されたときは、裁判で争う途が開かれている」として公権力による権利侵害に対する司法的救済を規定した条文があるが、学説上、一九条四項での公権力には、執行権のみが含まれるとし、したがって「基本権侵害を理由として連邦憲法裁判所に出訴する可能性は、基本法一九条四項の保障するところではない」とする見解と(工藤達郎編『ドイツの憲法裁判 憲法裁判所の組織・手続・権限』(中央大学出版部、二〇〇二年)二四六頁)、これとは逆に公権力には立法権も含まれ「基本法一九条四項は法規範に対する権利保護をも保障する」とする見解がある。笹田栄司『実効的基本権保障論』(信山社、一九九三年)二六六頁。なおこの問題に対して連邦憲法裁判所は、公権力に立法権を含めないという立場を採っているとされる。笹田・前掲注(2)二六五頁。

(3) 工藤・前掲注(2)二三六頁。その他にドイツの連邦憲法裁判所を扱った邦語文献として、田上穣治『改訂 西ドイツの憲法裁判』(信山社、一九八八年)、L・ファヴォルー(山元一訳)『憲法裁判所』(敬文堂、一九九九年)がある。

(4) 工藤・前掲注(2)二三七頁。

(5) 工藤・前掲注(2)三二八頁以下。なお、この他にも申し立て権者の利益、権利と関係なしに、連邦やラントの機関によって法律の憲法適合性を連邦憲法裁判所に申し立てられる抽象的規範統制という手続きがあるがその数は非常に少数である。工藤・前掲注(2)三五三頁以下参照。

(6) 工藤・前掲注(2)三二八頁。

(7) ここで挙げた①の裁判の変更禁止効(unwiderruflichkeit)とは、裁判が一旦下された後に、当該裁判を行った裁判所がその裁判を撤回または変更できなくなる効力であり、②の形式的確定力(Formelle Rechtskraft)とは訴訟法上予定されている通常の上訴手続きによっては連邦憲法裁判所の終局判決の取り消し・変更を求めて争うことができない効力のことである。③の既判力(Materielle Rechtskraft)とは、形式的確定力を有する連邦憲法裁判所の判決により当事者の関係が確定し、その内容が尊重され他の裁判所を拘束する効力のことである。④の拘束力とは連邦憲法裁判所法三一条一項に基づき、連邦憲法裁判所の裁判が連邦およびラントの憲法機関、ならびにすべての裁判所および行政庁を拘束する効力である。さらに⑤の法律としての効力(Gesetzeskraft)とは、連邦憲法裁判所法三一条二項一・二文に限定列挙された場合に、裁判が法律としての効力を有することを意味している。詳細については島崎健太郎「判決の効力」工藤編・前掲注(2)二一一頁以下参照。

(8) ファヴォルー・前掲注(3)七五頁。

(9) Michael Hollmann, “Der Parlamentarische Rat 1948-1949 Bd. 7 Entwürfe zum Grundgesetz” (Boppard am Rhein, 1995), S. 138.

(10) Eberhard Pikart/WolframWerner, “Der Parlamentarische Rat 1948-1949 Bd. 5/2 Ausschuß für Grundsatzfragen”

(Boppard am Rhein, 1993), S. 880.　なお、ここでの七ａ条第三項とは後の六条五項のことである。

(11)　BVerfGE 6, 55(75ff.).

(12)　BVerfGE 10, 59(66); 49, 286(300); 53, 224(245); 62, 323(330); Gerhard Robbers, “Artikel 6”, in: Dr. Christein Starck (hrsg.), Das Bonner Grundgesetz Kommentar Bd. 1 (Franz Vahlen GmbH, 1999), S. 786ff.

(13)　BVerfGE 48, 327(339); Dagmer Coester-Waltien, “Art. 6”, in: Dr. Philip Kunig (hrsg.), Grundgesetz-Kommentar Bd. 1 (C. H. Beck, 2000), S. 485.　なお、ドイツ基本権に関する邦語文献として、ボード・ピエロート、ベルンハルト・シュリンク(永田秀樹・松本和彦・倉田原志訳)『現代ドイツ基本権』(法律文化社、二〇〇一年)がある。

(14)　BVerfGE 18, 97(106); Vgl. Robbers, a.a.O. (s. Anm. 12), S. 787.

(15)　成年子と親との関係を家族とした判例としてBVerfGE 57, 171(178)が挙げられる。成年した里子と親との関係を家族とした判例としてBVerfGE 80, 81(90f.)がある。

(16)　Abg. Dr. v. Mangoldt (CDU/CSU) Eberhard Pikart/Wolfram Werner, “Der Parlamentarische Rat 1948-1949 Bd. 5” (Harald Boldt Verlag, 1993), S. 828.

(17)　Wiebke Goebbels “Die Familiengerechte Besteurung” (Peter Lang, 2000), S. 87.

(18)　Robbers, a.a.O. (s. Anm. 12), S. 787.　これに対する反対意見としてMatthias Pechstein, “Familiengerechtigkeit als Gestaltungsgebot für die staatliche Ordnung” (Baden-Baden, 1994), S. 53がある。

(19)　Waltien, a.a.O. (s. Anm. 13), S. 482.　なお、婚姻と家族との結びつきが弱まるとともに、児童の扶養による家族の社会的意義が上昇したことによって、婚姻の保護客体としての地位が、家族と比較して相対的に低くなってきている可能性も考えられるが、この点について、六条一項は両者に対する保護のための助成配分の基準を有していないこと、家族との関係性が薄れたといっても、婚姻自体を社会的に放棄することが認識されているわけではなく、婚姻が依然として社会の中で大きな意義を有しているといえることから、現在も保護客体としての婚姻と家族の地位は同等であるとすべきであるという見解が存在する。vgl. Goebbels, a.a.O. (s. Anm. 17), S. 88ff.

(20)　非婚の母と児童につきBVerfGE 18, 97(105ff.); 24, 119(135); 25, 167(196); 8, 210(215)がある。非婚の父と児童につきBVerfGE 45, 105(123); 56, 363(382); 79, 203(211)がある。なお、非婚の父と児童の承認に関しては、両者の親族関係を否定するＢＧＢ一五八九条二項が一九六九年の婚外子法(Nichtehelichengesetz)によって削除されたことが寄与している。

(21) 認めると判断する判決にBVerfGE 39, 316(326)が、認めないと判断する判決にBVerfGE 48, 327(339)がある。

(22) Robbers, a.a.O. (s. Anm. 12), S. 789; Waltien, a.a.O. (s. Anm. 13), S. 486; Albert Bleckmann, "StaatsrechtII-Die Grunrechte" (Heymann, 1977), S. 887ff.

(23) Waltien, a.a.O. (s. Anm. 13), S. 486.

(24) Waltien, a.a.O. (s. Anm. 13), S. 486; Robbers, a.a.O. (s. Anm. 12), S. 787.

(25) BVerfGE 59, 52(63). 例えば同性からなる共同体については、基本法一条一項と結びついた二条一項の保護が適用されることが連邦通常裁判所判決の中で認められている。BGHZ 92, 213(219). 詳しくは、野沢紀雅・宮本ともみ訳「ドイツ法における生活パートナー関係——法的差別の終焉」ハインリッヒ・デルナー(野沢紀雅・山内惟介編訳)『ドイツ民法・国際私法論集』(中央大学出版部、二〇〇三年)二二頁以下参照。

(26) Dr. Viola Schmid, "Die Familie in Artikel 6 des Grundgesetzes" (Duncker & Humblot, 1989), S. 344. なお、民法上での家族像について、シュミットは、一九六九年八月一九日に「婚外子の法的地位に関する法律」が発効し、父親と婚外子の血縁関係が認められるようにはなったものの、この改正にもかかわらず、依然として「家族であること」と「血縁関係が存在すること」が区別されており、そのうえ、婚外子の養育にかかる諸権利、例えば母親による保護監督権(BGB一七〇五)や、父親による面接交渉権(BGB一七一一)が、いずれも母親の一存によって決定可能であることを受けて、民法上標準化された家族制度には、いまだなお、法律婚によって形成された家族形態のみしか含まれないことを指摘している。Schmid, a.a.O. (s. Anm. 26), S. 349ff.

(27) Schmid, a.a.O. (s. Anm. 26), S. 344ff.

(28) すなわちワイマール憲法上での社会権規定と目されるのは、一一九条・一二二条・一四六条三項・一五一条一項・一五三条三項・一五五条一項・一五六条一項・一五七条・一五九条・一六一条・一六二条・一六三条二項・一六四条・一六五条・一六五条二項である。渡辺中「ドイツにおける基本権の発展(一)(シュターク論文によせて)」比較法政研究(国士舘大学)八号、七六頁。

(29) 松本和彦「防衛権としての基本権の意義と可能性」阪大法学四一巻一号(一九九一年)二四八頁。

(30) 松本・前掲注(29)二四八頁。

(31) ピエロート、シュリンク・前掲注(13)二四頁。

(32) ピエロート、シュリンク・前掲注(13)二七頁。また、ワイマール憲法上で制度保障について規定しているとされるのはシュミットによると、地方自治(一二七条)、例外裁判所の禁止(一〇五条)、婚姻(一一九条)、安息日(一三九条)、私有財産制度(一五三条)、相続権(一五四条)、職業官吏制度(一三〇条)、学問および教授の自由(宗教教育および神学部に関する規定(一四九条)である。C・シュミット(尾吹善人訳)『憲法理論』(創文社、一九七七年)二一三頁。
(33) 青柳幸一「基本権の多次元的機能(二)」法学研究五五巻五号(一九八二年)三〇頁。
(34) Friedrich Klein, "Institutionelle Garantie und Rechtsinstitutsgarantien" (Marcus, 1934), S. 93ff.
(35) Peter Häberle, "Die Wesensgehaltgarantie des Artikel 19 Abs. 2 Grundgesetz" (Müller, 1972), S. 6f.
(36) 青柳幸一「基本権の多元的機能(一)」法学研究五五巻四号(一九八二年)三八頁以下。なお、後者の個人の自由が国家のみならず、それ以外の力によっても侵害されうるという認識に関しては、基本権の第三者効力の問題として論じられている。
(37) その明確な現れとして多数引用される判決として、基本権の第三者効力の問題が問われたいわゆるリュート判決がある。BVerfGE 7, 198.
(38) 松本・前掲注(29)二四五頁。
(39) 松本・前掲注(29)二四四頁。
(40) クリスチャン・シュタルク(海老原明夫訳)「基本権の解釈と効果について」国家学会雑誌一〇三巻五・六号(一九九〇年)二八二頁以下。
(41) 基本権の第三者効力に関して論じた邦語文献として、例えばシュタルク・前掲注(40)、あるいはクラウス－ヴィルヘルム・カナーリス(山本敬三訳)「ドイツ私法に対する基本権の影響」法学論叢一四二巻四号(一九九八年)一頁がある。
(42) BVerfGE 39, 1(41f.). 基本権から保護義務という客観法的内容を導出することは、連邦憲法裁判所の基本権解釈に端を発するものであり、学説の支配的見解もこれにしたがっている。なお保護義務を紹介する邦語文献は多数あるが、さしあたりヨーゼフ・イーゼンゼー(ドイツ憲法判例研究会編訳)『保護義務としての基本権』(信山社、二〇〇三年)、小山剛「西ドイツにおける国の基本権保護義務」法学研究六三巻七号(一九九〇年)五四頁、小山剛「ドイツ基本権解釈論における国の保護義務」法学政治学論究七号(一九九〇年)四一頁、ロベルト・アレクシー(小山剛訳)「主観的権利および客観規範としての基本権(一)」名城法学四三巻四号(一九九四年)一七九頁、ロベルト・アレクシー(小山剛訳)「主観的権利および客観規範としての基本権(二)」名城法学四四巻一号(一九九四年)三二一頁、山崎栄一「基本権保護義務とその概念の拡大」六甲台論集四三巻三号

（一九九七年）一八九頁を参照のこと。また基本権の作用として保護義務を認めるべきでないとする見解があるが、このような立場をとるヘラーマンの見解に関しては鈴木隆「ドイツにおける国家任務としての保護（一）」早稲田大学大学院法研論集八一号（一九九七年）一八五頁、「同（二）」早稲田大学大学院法研論集八二号（一九九七年）一六三頁を参照のこと。

(43) 配分請求権に関する邦語文献は多数あるが、さしあたり村上武則「Teilhabe（配分参加）について」広岡隆・高田敏・室井力編『杉村敏正先生還暦記念 現代行政と法の支配』（有斐閣、一九七八年）、栗城寿夫「西ドイツ公法理論の変遷」公法研究三八号（一九七六年）七六頁以下、戸波江二「西ドイツにおける基本権解釈の新傾向（一）」自治研究五四巻七号（一九七八年）八三頁以下、同（二）自治研究五四巻八号（一九七八年）九一頁以下、同（三）自治研究五四巻九号（一九七八年）六七頁以下、同（四）自治研究五四巻一〇号（一九七八年）七一頁以下、同（五）自治研究五四巻一一号（一九七八年）一一一頁以下、青柳幸一「基本権の多次元的機能（二）」法学研究五五巻五号（一九八二年）二七頁、同（三）法学研究五五巻六号（一九八二年）四九頁、コンラート・ヘッセ（栗城寿夫訳）「ドイツ連邦共和国における基本権の展開」公法研究四二号（一九八〇年）一頁以下を参照のこと。

(44) BVerfGE 6, 55(71f.). この事件は、一九五一年所得税法二六条に基づいて夫婦の所得を合算して納税額を算定された原告が、累進税率により、夫婦が別々に課税された場合よりも税負担が重くなったことが、既婚者を不利益に扱うものであり基本法六条一項の家族の保護に反すると判断されたものである。この事件に関する評釈として、小林博志「夫婦合算課税と婚姻、家族の保護」ドイツ憲法判例研究会編『ドイツの憲法判例（第二版）』（信山社、二〇〇三年）二〇九頁以下がある。

(45) vgl. BVerfGE 24, 119(135); 51, 386(396); 55, 114(126); 62, 323(329); 80, 81(90f.).

(46) BVerfGE 6, 55(71).

(47) BVerfGE 31, 58(68f.); Goebbels, a.a.O. (s. Anm. 17), S. 90.

(48) イーゼンゼー・前掲注(42)五九頁。

(49) BVerfGE 80, 81(92).

(50) BVerfGE 31, 58(67); 76, 39(42).

(51) Waltien, a.a.O. (s. Anm. 13), S. 492.

(52) Robbers, a.a.O. (s. Anm. 12), S. 791.

(53) BVerfGE 14, 21(27ff.); BAGE 4 274(279f.); BVerfGE 28, 324(347; 361).

(54) BVerfGE 13, 290(297); 42, 234(236).

(55) BVerfGE 57, 170(179).
(56) Waltien, a.a.O. (s. Anm. 13), S. 494.
(57) BVerfGE 6, 55(81f.). なお、この判決では自由権的基本権とともに拘束的価値決定規範も判断基準として用いている。詳しくは後述の拘束的価値決定規範の項を参照のこと。
(58) 詳しくはD・シュヴァーブ（鈴木禄弥訳）『ドイツ家族法』（創文社、一九八六年）三一七頁参照。また、この問題に関する邦語文献として古野豊秋「子どもの出生氏における複合氏の排斥」自治研究七九巻四号（二〇〇三年）一四七頁以下を参照。この論文においては、子の複合氏を禁じた民法の規定が合憲とされた判決（BVerfGE 104, 373）につき、判決が複合氏の禁止を合憲としたのは、家族名があるということの利点よりも、むしろ子供の個人としての同一性を簡明に示すという、いわば、子供の福祉という利点を重視した結果であるとしている。
(59) Waltien, a.a.O. (s. Anm. 13), S. 494.
(60) Goebbels, a.a.O. (s. Anm. 17), S. 90ff.
(61) BVerfGE 80, 81(92); 76, 1(49); Waltien, a.a.O. (s. Anm. 13), S. 487.
(62) シュヴァーブ・前掲注（58）一〇頁。
(63) BGBl. I, S. 1421. なおこの法の導入に至る歴史的背景やその後の離婚給付の展開については、本澤巳代子「破綻主義の採用と離婚給付」（大阪府立大学経済学部、一九九〇年）、ならびに本澤巳代子「離婚給付の研究」（一粒社、一九九八年）、一〇二頁以下を参照のこと。
(64) BVerfGE 53, 224(245).
(65) ピエロート、シュリンク・前掲注（13）二三一頁。
(66) BVerfGE 53, 224(245).
(67) Pechstein, a.a.O. (s. Anm. 18), S. 117.
(68) Franz Ruland, “Familiarer Unterhalt und Leistungen der sozialen Sicherheit” (Duncker & Hunblot, 1973), S. 283.
(69) Jürgen Borchert “Kindererziehung und Alterssicherung”, FuR, 1990, S. 81.
(70) 一九五七年の年金改正によって、はじめて年金給付額算定の際に平均労働報酬に対する当該被保険者の労働報酬の占める比率が支給算定基準として用いられるようになるとともに、年金が所得の伸びに応じて年度ごとに改訂されるようになったことで、年金支給水準が飛躍的に上昇した。詳しくはドイツ連邦労働社会省編（ドイツ研究会訳）『ドイツ社会保障総覧』（ぎょうせい、一九九三年）一五一頁以下参照。

(71) Borchert, a.a.O. (s. Anm. 69), S. 82.

(72) Pechstein, a.a.O. (s. Anm. 18), S. 117.

(73) Pechstein, a.a.O. (s. Anm. 18), S. 117.

(74) BVerfGE 6, 55(72f.).

(75) Hans D. Jarass, “Grundrechte als Wertentscheidungen bzw. objektivrechtlicheprinzipen in der Rechtsprechung des Bundesverfassungsgerichts”, AöR110, 1985, S. 369ff.

(76) ピエロート、シュリンク・前掲注(13)一三六頁。BVerfGE 76, 1(41f.).

(77) Jarass, a.a.O. (s. Anm. 75), S. 374.

(78) BVerfGE 6, 55(55).

(79) 同様の指摘をするものとしてPechstein, a.a.O. (s. Anm. 18), S. 123がある。

(80) Jarass, a.a.O. (s. Anm. 75), S. 374ff.

(81) BVerfGE 6, 55(76).

(82) 六条一項を保護義務の事例と見る見解として、Gerhard Robbers, “Sicherheit als Manschenrecht” (Nomos-Verl.-Ges, 1987), S. 130ff. が挙げられる。

(83) BVerfGE 28, 324(347); 17, 210(217).

(84) BVerfGE 9, 237(248ff.).

(85) BVerfGE 36, 321(330ff.): 17, 210(217).

(86) BVerfGE 17, 210(217).

(87) Pechstein, a.a.O. (s. Anm. 18), S. 126.

(88) BVerfGE 6, 55(76).

(89) Magrit Tünnemann, “Der verfassungsrechtliche Schutz der Familie und die Förderung der Kindererziehung im Rahmen des staatlichen Kinderleistungsausgleichs” (Duncker&Humblot, 2002), S. 124; BVerfGE 13, 290(299); 28, 104(112).

(90)　シュヴァーブ・前掲注(58)一一頁。

(91)　Tünnemann, a.a.O. (s. Anm. 89), 125ff.

(92)　Yvonne Renner, "Familienlasten-oder Familienleistungsausgleich?" (Duncker & Humblot, 2000), S. 65.

(93)　Renner, a.a.O. (s. Anm. 92), S. 65.　六条一項の保護の下にある比較可能な家族形態としては、婚姻締結している両親と児童から構成される家族と、片親と児童で構成される家族が考えられる。どちらも六条一項の保護客体である二つの家族形態に関して、所得税法上の控除という観点から比較してみる。すると、片親と児童からなる家族に対しては納税義務者の所得から家計控除がなされ、そのうえで基礎税率(Grundtarif)が適用される。これに対して婚姻している両親と児童からなる家族については、納税義務者に家計控除が認められていない。しかしその一方で、原則として二人分の基礎控除を考慮に入れた有利な分割課税率に基づいた課税額が課される。このような課税額の算定方法の違いにより、結果的に片親と児童からなる家族について、当該家族に夫婦分割課税率を適用した場合に比べて高額な課税額が生じる事例に関して、六条一項ではなく、三条一項に基づく税の公正を用いて判断している判例が存在する。BverfGE 61, 319(343).

(94)　BVerfGE 6, 55(77); 18, 97(107); 32, 260(267).

(95)　Renner, a.a.O. (s. Anm. 92), S. 66.

(96)　Franz Klein, "Ehe und Familie im Steuerrecht als verfassungsrechtliches Probrem", in: Walther Fürst (hrsg.), Festschrift für Wolfgang Zeidler, Bd. 1, (de Gruyter, 1987), S. 778ff.; Pechstein, a.a.O. (s. Anm. 18), S. 134ff.

(97)　Pechstein, a.a.O. (s. Anm. 18), S. 134ff.; BVerfGE 28, 104(112).

(98)　例えば、両親が西ドイツに移住後も東ドイツにとどまらざるを得なかった児童につき、父親の死後、遺児年金(西ドイツ法上での)の支給を停止することが基本法六条一項に反しないと判断された事例では、「規範に対する違反は、法規定あるいはその解釈が両親と児童からなる家族関係の存在と、経済上不利益な法的帰結が結合した場合にのみ顧慮される。これに対してそのような法的帰結について家族の存在が顧慮されず、とりわけ、その家族構成員でない者も、その法的効果に服するのであれば、不利益取り扱い禁止の問題とはならない」と一般論を述べた後、原告に生じた年金支給停止という不利益は、原告が、問題の期間年金保険法の形成領域外にいたことによるものであり、家族に所属することに起因するものではないと判断し、六条一項での不利益取り扱いには該当しないと判断したものがある。BVerfGE 28, 104(112ff.).

(99)　Klein, a.a.O. (s. Anm. 96), S. 778.

(100) Pechstein, a.a.O. (s. Anm. 18), S. 135; Renner, a.a.O. (s. Anm. 92), S. 66.
(101) BVerfGE 14, 34(38ff.); Pechstein, a.a.O. (s. Anm. 18), S. 135; Renner, a.a.O. (s. Anm. 92), S. 66.
(102) Renner, a.a.O. (s. Anm. 92), S. 66; Pechstein, a.a.O. (s. Anm. 18), S. 135.
(103) BVerfGE 14, 34(39).
(104) Pechstein, a.a.O. (s. Anm. 18), S. 135; Renner, a.a.O. (s. Anm. 92), S. 66ff.; BVerfGE 14, 34(38ff.).
(105) Klein, a.a.O. (s. Anm. 96), S. 779.　なお、クラインの述べる実質的不利益取り扱いと間接的不利益取り扱いを同視する見解として、Renner, a.a.O. (s. Anm. 92), S. 66がある。
(106) Klein, a.a.O. (s. Anm. 96), S. 779; Wolfgang Lingemann, “Das rechtliche Konzept derFamilienbesteuerung” (Duncker&Humblot, 1994), S. 83ff.
(107) Pechstein, a.a.O. (s. Anm. 18), S. 236.
(108) Pechstein, a.a.O. (s. Anm. 18), S. 235ff.; Tünnemann, a.a.O. (s. Anm. 89), S. 126ff.
(109) Tünnemann, a.a.O. (s. Anm. 89), S. 127; BVerfGE 82, 60(86ff.); 99, 216(233f.).
(110) BVerfGE 82, 60(87).
(111) Pechstein, a.a.O. (s. Anm. 18), S. 236.
(112) Wegmann Bernd, “Transferverfassungsrechtliche Probleme der Sozialversicherung” (Peter Lang, 1987), S. 324ff.
(113) Hans Friedrich Zacher, “Zur Rechtsdogmatik sozialer Umverteilung”, DöV, 1970, S. 6.
(114) Pechstein, a.a.O. (s. Anm. 18), S. 240.
(115) すなわち、Tünnemannによると所得と比較して住居のための費用が高額である場合に請求権が認められる住宅手当は、家族の所得に応じた住宅需要、あるいは家族規模に応じた住宅需要を考慮していないという点で、家族の特質を考慮していないので基本法三条一項と結びついた六条一項に反するとされている。Tünnemann, a.a.O. (s. Anm. 89), S. 129.
(116) Pechstein, a.a.O. (s. Anm. 18), S. 238.
(117) なお、本書で取り上げることを予定しているのは社会保険の中でもとりわけ公的年金保険制度における子育ての考慮に関わる問題である。というのもこの問題はわが国現在の議論状況にとって非常に示唆的であると考えるからである。その理由としてはつぎのことが考えられる。すなわち、わが国の現行制度上では、育児期間中の配慮として「育児・介護休業法」に規定された育児休業制度の利用者を対象に、取得期間中の厚生年金保険料（被保険者本人分および事業主負担分）の免除および、当該保険料免除期間中につき、育児休業前の標準報酬に基づいて年金額を算定するという措置がとられている。しかしながら、年金制度それ自体の中ではこのような考慮はいまだ実施されていない。現在、わが国の国民年金制度上では、サラリーマンすなわち第二号被保険者の妻であり、自ら保険料納付をせずに年金給付を受けることのできる第三号被保険者について、その他の被保険者と比較して公平を欠くという議論がある。その議論の中で、児童の養育を理由として第三号被保険者とならざるを得ない者について、その他の第三号被保険者と同様に論じることが妥当であるといえるのかが論じられている。この問題は、年金保険制度上で児童の養育をどのように考慮すべきかというドイツの議論とまさに同様の問題であり、ここから、ドイツでの議論はわが国の議論にとって非常に示唆的なものであるといえよう。ただし、わが国の年金制度には全被保険者を対象とし、報酬とは無関係な基礎年金制度がある点で、ドイツの制度構造とは異なるということには留意する必要があろう。年金制度上での育児期間の考慮に関するわが国の議論状況については『女性と年金　女性のライフスタイルの変化等に対応した年金の在り方に関する検討会　報告書』（社会保険研究所、二〇〇二年）一二六頁以下参照。

(118)　Joachim Lang, "Verfassungsrechtliche Gewährleistung des Familienexistenzminimums im Steuer- und Kindergeldrecht", StuW, 1990, S. 338.　なお、この中でLangは、「婚姻および家族に対する不利益取り扱いの禁止は基本法六条一項の法律効果の確実な核心にあたる」と述べている。

(119)　BVerfGE 43, 108(120f.).

(120)　Renner, a.a.O. (s. Anm. 92), S. 68.

(121)　Pechstein, a.a.O. (s. Anm. 18), S. 137.

(122)　BVerfGE 82, 60(90).　ここでは子供のいる納税義務者に対する、所得に応じた児童手当額の引き下げが、同一所得階層にある子供のいない納税義務者との比較において違憲といえるか否かの判断基準として、六条一項を直接用いている。

(123)　BVerfGE 6, 55(77).

(124)　BVerfGE 12, 151(176).

(125)　BVerfGE 12, 151(169).

(126)　BVerfGE 14, 34(39); Wiebke Goebbels, "Die Familiengerechte Besteuerung" (Peter Lang, 2000), S. 93.

(127)　BVerfGE 32, 261(269).　類似の判決として BVerfGE 11, 50(58f.); 12, 151(165ff.); 15, 328(333); 18, 97(106f.).

(128) Pechstein, a.a.O. (s. Anm. 18), S. 138.

(129) Goebbels, a.a.O. (s. Anm. 126), S. 93.

(130) BVerfGE 18, 97(108).

(131) Renner, a.a.O. (s. Anm. 92), S. 68.

(132) この点に関して例えば、Ruland は、「家族構成員の最低生活費額の税免除は厳密にいえば家族の促進と考えるべきではなく、単に不利益取り扱いの阻止にすぎない」と述べる。Franz Ruland, “Verfassungsrechtliche Vorgaben des Familienlastenausgleichs”, FuR, 1991/6, S. 314. 同様に、Lang は、促進的な家族政策は、家族に対する租税上での不利益取り扱いが除去されてはじめて遂行可能である」とする。Joachim Lang, “Zur Reform der Familienbesteuerung, Stellungnahme gegenüber der Kommission ‘Familienlastenausgleich’ der CDU/CSUBbundestagsfraktion”, StuW, 1984, S. 130.

(133) Renner, a.a.O. (s. Anm. 92), S. 69. このような理解に異議を唱えるものとして Tünnemann, a.a.O. (s. Anm. 89), S. 135ff.

(134) BVerfGE 39, 316(326).

(135) BVerfGE 11, 105(126); 21, 1(6); 39, 316(326); 43, 108(123f.); 48, 346(366); 55, 114(127); 59, 231(263); 82, 60(81); 87, 1(36). Renner, a.a.O. (s. Anm. 92), S. 69. これに関して Ruland は、「児童による負担の調整に関するいくつかの考えうる可能性の選択に関しては、これにより立法者の政策的な決定に留保されたままである」と述べている。Franz Ruland, “Der KInderlastenausgleich ist eine Aufgabe des Staates”, FuR, 1992/2, S. 99.

(136) Renner, a.a.O. (s. Anm. 92), S. 71.

(137) Paul Kirchhof, “Die Verfassungsrechtliche Garantie der Familie als Erziehungsgemeinscaft” in: Bernhard Jans (hrsg.), Familienlastenausgleich? (Grafschaft, 1996), S. 7ff.

(138) Renner, a.a.O. (s. Anm. 92), S. 72.

(139) Renner, a.a.O. (s. Anm. 92), S. 75; Pechstein, a.a.O. (s. Anm. 18), S. 45.

(140) 例えば、親が生まれた児童を自ら養育する場合に、育児休業とほぼ並行して給付される育児手当(Erzihungsgeld) (Die gesetz über die Gewährung von Erziehungsgeld und Erziehungsurlaub vom06, 12, 1985, BGBl. I, S. 2154)がある。その期間は一九九八年では出生後二四ヶ月間(§4 Abs. 1BErzGG)とされ、額は最初の六ヶ月間は月額六〇〇 DM(§5 Abs. 1BErzGG) 七ヶ月以降に関しては両親の所得に応じて減額されることになる(§5, 6BErzGG)。七ヶ月以降の所得制限は、育児手当が経済的な援助をすることで出生後しばらくの間、育児に専念することを可能にする目的を持つ給付であることから、専門職についているような高額所得者については、育児手当の支給の存在が、出産直後の育児の専念に対して決定的な影響力を持つわけではないので減額が認められると考えられたことによるものであるとされる。Ronald Hönsch, “Erziehungs-und Kindergeldrecht 3. Auflage” (Luchterhand, 1998), S. 40.

(141) 例えば、子供のいる納税義務者に対する住宅を理由としたより高額の控除の請求に基づく租税負担の軽減および、自らの住宅取得のための租税上の優遇規定(EStG 34f.)、あるいは、当該納税義務者が児童扶養控除を受けることのできる児童を扶養しており、その児童のための職業教育費用がかかった場合に、申請に基づいて認められる職業教育控除の規定(EStG 33a)等がある。

(142) Renner, a.a.O. (s. Anm. 92), S. 76.

(143) BVerfGE 82, 60(82).

# 第三章　年金保険制度における子育ての考慮

## 第一節　社会保険制度での子育ての考慮の位置づけ

保険とは「危険にさらされている多数の場合を集めて、全体としての収支が均等するように共通の準備金を形成し、そのことによって危険の分散をはかる技術」であるとされる(1)。その際、被保険者が支払う保険料額は各自が有するリスク発生の蓋然性に応じたものとなる。というのも、支払う保険料額とリスク発生の結果生じる給付額との間に相当な対価関係がなければ、被保険者の保険加入へのインセンティブが弱まり、保険が成立しなくなってしまうおそれがあるからである。それゆえ給付反対給付相当の原則は、保険にとっては決定的に重要な原則であることになる。しかしながら、私保険と異なり社会保険では、この原則が貫徹されているとはいい難い。すなわち、社会保険では被保険者が支払う保険料額が被保険者自身のリスクや被保険者に支払われる給付と、必ずしも相当な対価関係を有するわけではない。そればかりか、保険料を一切負担することなく給付のみを受ける場合すらある。例えば、わが国の被用者健康保険制度における被保険者の扶養親族に対する家族療養費がこれにあたる。この場合、被保険者自身の疾病リスクの保障と同時に、保険料を支払わずに医療給付を受ける家族の疾病リスクを、被保険者集団全体で保障していることになる。つまり、被保険者集団の中には、自分の家族のリスクを他人に負担してもらう者と、他人の家族のリスクまで引き受ける者が存在することになる。このように、社会保険では保険料と被保険者のリスクあるいは給付額とが相当対価関係に立つわけではないことから、リスクの高い者のみが加入し、リスクの低い者は加入しないという、いわゆる逆選択が生じる可能性がある。そこで、加入強制を用いて半ば強制的に被保険者集団を構成する必要が生じることになる。(2) このようにして構成される社会保険では、被保険者間の給付反対給付相当に対応したリスク調整にとどまらない、いわば「社会的調整」が行われていることになる。

「社会的調整(Sozialausgleichs)」という概念は、ドイツではつぎのように定義されている。例えば、ボグス(Bogs)は、私保険におけるリスク調整と社会保険におけるリスク調整を対比させ以下のように定義する。私保険では保険料が給付総額や個人のリスクに左右され、これらに見合った個人的な保険料額が算出される。これに対して社会保険では、保険料が個人のリスクに応じて増額されないのみならず、被保険者の経済的な状況をも考慮に入れた被保険者に共通の保険料が、いわば、保険原理に反する方法で算出される。(3) つまり社会的調整とは「拠出(もしくは個人のリスク)に基づいた給付からの逸脱」にあたる。(4) ここから、支払った保険料額よりはむしろ被保険者の需要に対応する給付、あるいは、リスク発生の蓋然性や被保険者間の形式的平等を顧みない給付が、社会的調整の構成要素であることになる。また、シューヴェ(Schewe)は、社会的調整をつぎのように定義する。すなわち、社会的調整とは保険の特質から生じる社会的効果のうち、私保険では行うことが不可能な調整を指す。その際、社会的調整によってある構成員への給付額が上昇したとしても、それは構成員全体にとっての(実質的)公平の実現であると解される。(5)

このようなドイツ人研究者の定義によると、社会的調整とはつまり、保険原理の社会政策的配慮に基づく修正であるということができる。(6) これにより被保険者集団内部での格差が社会的に是正されるが、このような是正は被保険者間の連帯に基づいて正当化されることになる。それゆえ、給付反対給付相当の原則が厳格に要求される私保険と異なり社会保険では、被保険者個人のリスクや損害の調整を超えた調整や、給付反対給付相当の原則からの逸脱が、連帯で正当化できる範囲で許容されることになる。その際「逸脱」にあたる事由を、ドイツでは「保険外(versicherungsfremd)」と称する。(7)「保険外」とは「原則として拠出と給付の相当にあたらないものすべてである」(8)と解されている。被保険者に生じた特定の事情が、「保険外」として認められるためには、保険料を支払えないこと、あるいは給付に見合った保険料が支払えなかったことが、個人的ではあるが「社会と関連する理由(Sozial-relevanten Gründen)」(9)に基づく場合であるとされている。

子育ては、医療保険・年金保険・介護保険等のいずれの社会保険制度においても、給付が主たる対象とするリスクではない。同時に、子育てにより生じうるリスクのみに着目した保険料の賦課・徴収も行われてこなかった。(10)この点で社会保険制度上での子育ての考慮は「保険外」とみなされているが、(11)その一方で社会保険の中で「社会的調整」すべき事由だとは必ずしもみなされていない。(12)というのも、「社会的調整」がもっぱら被保険者間で行われるべき調整であるのに対してドイツでは、育児負担の軽減といった子育ての考慮は、国家が行うべき責務であるとされているからである。(13)後述するようにドイツの公的年金保険制度は、わが国のように一定年齢以上の国民をすべて対象とするというような普遍的な制度ではない。それゆえ、上述の理解に基づけば国家の責務である子育ての考慮は各被保険者集団ではなく、原則として、国が税財源を用いて行うべき責務であることになる。ところが、つぎに見ていくように実際にはドイツの公的年金保険制度上では子育ての考慮が実施されている。その背景としてはつぎのようなことが考えられる。すなわち、①賦課方式の財源方式を採用し、それゆえ世代間契約システムであるとされる年金保険制度では、少子高齢化の急激な進展により生じる制度存続への負の影響が、もはや見過ごすことができないほど大きくなってきたこと、②このような状況を前提に、連邦憲法裁判所が年金保険制度上、子育てにより生じる保険料未納期間といったマイナスを基本法六条一項の家族の保護と結びついた基本法三条一項の平等原則に基づき、是正するよう立法者に指示したことである。その結果、立法者は保険原理に基づく限り正当化が困難な子育ての考慮を、規範的要請に基づいて実施しなければならなくなる。その際立法者には保険原理と規範的要請の調整という困難な作業が求められることになる。この点に留意しながら以下では、ドイツの公的年金保険制度上での子育ての考慮がどのような経緯を経て公的年金保険制度に組み入れられたのかを明らかにしたうえで、さらに「保険外」である子育ての考慮が正当化されうる範囲や財源確保の問題に言及していく。

## 第二節　ドイツ公的年金保険制度の概要

ドイツの公的年金保険制度上での子育ての考慮を論じる前提として、まず、ドイツの公的年金保険制度の概要を記す。社会保険システムを加入強制を伴う保険制度であると理解した場合、ドイツの公的年金保険制度は、一八八九年の「廃疾および老齢保障に関する法律(Gesetz betreffend die Invaliditäts-und Altersicherung vom 22. 6. 1889)[14]」からはじまったことになる。[15]それ以前も、労働者の老齢、あるいは、傷害時の生活保障の必要性は認識されていたものの、この法律制定以前の保険加入は任意であり、[16]その意味で広く労働者一般を対象とする公的年金保険制度は設立されていなかった。法の制定時点で保険加入が義務づけられていたのは労働者・職人等、賃金を得て就労する被用者であった。一九一一年には職員保険法が制定され、職員についても年金保険への加入が義務づけられた。その際、所得の高い職員については、はじめは加入義務が免除されていた。[17]その後、年金保険の給付が改善されるにしたがい、当初は保険加入義務が課されないことが利益であるとされていたものが、逆に、保険加入義務が課されないことが不利益だとされるようになる。[18] ここから、保険加入対象者の範囲は広がり一九三八年には手工業者が、一九五七年には農業者が続いて年金保険に加入した。[19] 一九七二年には自営業者にも年金保険加入の道が開かれた。

現行法上での年金保険制度は以下の通りである。保険者は、被用者年金、職員保険、鉱夫年金保険ごとに存在し、それぞれに属する被保険者が規定されている。保険加入義務があるのは、労働者（Arbeiter）および主要な職員（Angestellte）ならびに、職業教育を受けている者である（社会法典第六編一条）。それ以外に障害者作業所で働く障害者（社会法典第六編一条二項）や宗教団体で働く者（社会法典第六編一条四項）にも保険加入義務がある。一方で、月の稼得収入が四〇〇ユーロ以下、もしくは、年間の労働時間が二ヶ月あるいは五〇日以内である場合は、労働者であっても保険加入義務が免除される（社会法典第六編五条二項、八条）。[20] 自営業者については、一般に被用者類似のリスクがあるとされるいくつかの業種について、保険加入義務が課されている。例えば自営の教師・看護士・産婆（社会法典第六編二条一項二項三項）、芸術家社会保険の要件を満たす芸術家やジャーナリスト等である（社会法典第六編二条五項）。これ以外でも就労していない者について、すなわち、子育て期間（社会法典第六編五六条、二四九条一項）、週一四時間以上の自宅介護（社会法典第六編四四条）、あるいは兵役（社会法典第六編三条一項二号）に携わった場合、一定期間につき公的年金保険の加入義務者とみなされる場合がある。これとは逆に、公的年金保険への加入義務がないのは、それ以外の制度によって保障が得られる、官吏（Beamte）・裁判官・職業軍人等である（社会法典第六編五条一項一文一号）。その他、地方自治体の公営企業（例えば貯蓄銀行など）の職員で生涯にわたる保障が得られる者も、公的年金保険の加入義務がない（社会法典第六編五条一項一文二号)。ただし、保険加入義務がない一六歳以上の者は、原則として任意で保険に加入することができる(社会法典第六編七条)。このようなドイツの公的年金保険制度とわが国の制度を比較した場合、ドイツでは一定年齢以上の国民すべてを対象とする皆年金体制になっていないという点に、大きな違いがある。

また、被保険者の家族構成員は、被保険者との関係でつぎのように考慮される。それゆえ、被保険者となるのは第一に、労働報酬を獲得し保険料を支払った者である。つまり、①保険料を支払った者に、②保険事故が発生した場合、所得の減少というニーズが所得補償給付によって埋め合わされるのである。ここから、稼得活動に従事する者がまず第一に、年金保険の保険加入義務者となる。(21) このような原則に基づく限り、被保険者の家族構成員は被保険者に対する保障との関係では、あくまで間接的に考慮されるにすぎない。つまり、被保険者が生存している限り、給付は原則として被保険者のみに帰属する。ただし、被保険者が妻や子供に対する法定の扶養義務を果たさない場合や(社会法典第一編四八条)、あるいは、被保険者が施設に収容された場合(社会法典第一編四九条)は、例外的に被保険者の配偶者あるいは児童に年金が支給される。(22) それ以外で被保険者の年金受給権に関して家族構成員が独立した請求権を有するのは、被保険者が死亡した場合である。つまり、被保険者の死亡によって、残された配偶者および児童は遺族年金受給権を獲得することになる。さらに、死亡した被保険者に離婚した前配偶者がいた場合、前配偶者が養育年金を受給する場合がある(後述養育年金の項、一四〇頁参照)。

年金保険の加入義務者は保険料納付義務を負う。これに対して任意加入者には義務が生じるのではなく、保険料負担が生じるのみであるとされる。被保険者が支払う保険料額は保険料率および賃金に応じて決まる。保険料率は二〇〇三年時点で被用者年金および職員保険では一九・五%であり、鉱夫年金保険では二五・九%である。(23)

被保険者の保険料納付義務は、所得に応じて無制限に発生するわけではなく、年金受給権との関係で相当な範囲に限られる[24]。それゆえ所得が保険料算定限度(Beitragsbemessungsgrenze)を超えた場合、それ以上の所得については保険料算定の基礎には算入されない。保険料算定限度額は、二〇〇三年時点では被用者および職員については旧西ドイツ地区で六万一二〇〇ユーロ、旧東ドイツ地区で五万一〇〇〇ユーロであり、鉱山労働者については、旧西ドイツ地区で七万五〇〇〇ユーロ、旧東ドイツ地区で六万三〇〇〇ユーロである(いずれも年額)。

つぎに年金給付であるが、年金給付は、被保険者が待機期間を満たしていることを要件に、支給開始年齢に達した場合(老齢年金)、稼得能力が低下した場合、あるいは被保険者が死亡した場合(遺族年金)に支給される。原則として、公的年金の支給開始年齢は六五歳である(社会法典第六編三五条)。公的年金を受給するためには、一定の待機期間を満たすことが要件となっている(社会法典第六編五〇条)。年金の受給要件として待機期間が設けられているのは、過度なリスクから年金保険制度を遠ざけるためであるとされる[25]。通常は、五年間の待機期間を満たすと受給権を得ることができる(社会法典第六編五〇条)。五年間の待機期間を満たすことによって得られる年金受給権は、六五歳から支給される老齢年金・遺族年金・稼得能力の低下に基づく年金である(社会法典第六編五〇条一項)。年金にはこの他に、二〇年、二五年、三五年の待機期間を支給要件とするものがある。このうち、二〇年を待機期間とするのは、一般的な待機期間である五年間を満たす前に、稼得能力を完全に失った被保険者に稼得能力の消失に対する年金が支給される場合である(社会法典第六編五〇条二項)。さらに二五年の待機期間は、日雇いの鉱山労働者に対する長期年金等の支給要件となっている(社会法典第六編五〇条三項)。また三五年の待機期間は、六五歳以前に前倒しで年金受給を開始できる、長期被保険者に対する老齢年金等の支給要件となっている(社会法典第六編三六条二項)。これらの長期の待機期間にも、一般の待機期間の場合と同様に、保険料のみなし納付期間がある(社会法典第六編五一条)。

待機期間以外の期間としては、保険料納付期間(beitragszeiten)、保険料免除期間(beitragsfreiezeiten)、考慮期間(berücksichtigungszeiten)がある。このうち保険料納付期間とは被保険者が保険料を納付した期間および、任意加入者の任意保険料納付期間を指す。これらの保険料納付期間には、保険料の全額納付期間と月額保険料のすべて、もしくは一部に保険料免除期間がある減額納付期間が含まれる。さらに、経過規定によって保険料納付期間という概念は拡張されており、これによって統一以前に旧東ドイツ地区で支払われた保険料(社会法典第六編二四八条三項)や、子育て期間の一部もこれに含まれるようになった。子育て期間については、一九九二年以降の子育て期間は三年間(社会法典第六編五六条一項)、それ以前は一年間が保険料納付期間とみなされる(社会法典第六編二四九条一項)。これにかかる財源は連邦が負担することになっている(社会法典第六編一七〇条一項一号)。また、介護保険法上、介護を行っている人に介護手当を給付することで(社会法典第一一編三七条)、それを報酬とみなし、年金保険法上での被保険者とする取り扱いが行われているが(社会法典第一一編四四条一項一文二文および第六編三条一a号、一六六条二項、一七〇条一項六号)、これとの関係で、一九九二年一月から一九九五年三月三一日までの間、公的年金保険制度上での任意被保険者であった介護人が納付した任意保険料は、申請があった場合、義務的保険料納付期間として取り扱われることになっている(社会法典第六編二七九条)。

保険料免除期間には、算入期間(Anrechnungszeiten)(社会法典第六編五八条)および、補償期間(Ersatzzeiten)(社会法典第六編二五〇条以下)、加算期間(Zurechnungzeiten)(社会法典第六編五九条)がある。算入期間は一九九二年の年金修正法によって取り入れたものである。この期間が認められるのは、保険料納付義務の生じる就労を個人的ではあるが社会と関連する理由によって中断する場合、もしくは二五歳未満の者については、職業教育期間中あるいは疾病により就労を延期している場合である。なお一七歳以上二五歳未満の者に職業教育中であることを理由として認められる算入期間の上限は八年とされており、この期間中職業教育に専念することを要件に算入期間は認められる。二五歳以上の者に算入期間が認められる具体的な事由としては、例えばつぎのものがある。①疾病あるいは医学上必要なリハビリテーションによる稼得不能（社会法典第六編五八条一項）、②失業保険あるいは社会扶助の給付を根拠づける事由に基づく失業（社会法典第六編五八条一項三文）、③母性保護法の保護期間中であることにより保険料納付義務が生じる就労あるいは独立自営の活動ができない場合（社会法典第六編一項二文）である。算入期間は、これらの事由に基づく保険料納付期間の空白を埋めることで、老齢時の稼得能力低下に対する備えの不備という、老齢年金制度からすると、いわば二次的なリスクを補うものであると考えることができる。一方補償期間（社会法典第六編二五〇条）は、一九九二年一月一日以前に、満一四歳以上だった被保険者で、第一次・第二次世界大戦中、法定の兵役義務等により保険加入義務が生じなかった被保険者に対して、当該期間を保険料免除期間として承認し、年金給付を基礎づけ、増額する根拠期間とみなす補償的措置である（社会法典第六編五四条四項）。補償期間と算入期間は、いずれも実際には保険料拠出をしていないにもかかわらず、その期間が給付に反映されることから社会的調整であるとされている[26]。さらに、加算期間は、被保険者が六〇歳になる以前に死亡あるいは稼得能力を喪失した場合に、その時点から被保険者が六〇歳になるまでの間を保険料免除とする措置である（社会法典第六編五九条）。

公的年金保険法上、保険料納付期間、保険料免除期間と並んでもうひとつの類型とされている考慮期間は一〇歳までの子供を育てる被保険者に認められるものであり、子育てにより生じる年金受給権獲得への弊害を排除するために設けられている（社会法典第六編五七条、詳細は本章第三節二(四)、考慮期間の項、一四四頁参照のこと）。

最後に、公的年金保険によって保障されるリスクに関して述べる。公的年金保険によって保障されるリスクとは、老齢および稼得能力の低下と死亡である。一八八九年の「廃疾および老齢保障に関する法律（Gesetz betreffend die Invaliditäts-und Alterssicherung vom 22. 6. 1889）」では、対象となる保険事故が、老齢および廃疾に起因するものに限られていた。その後この法が一九一一年のライヒ保険法第四編の年金保険法に引き継がれた際に、新たに被保険者の死亡に基づく遺族給付が導入された[(27)]。これにより、公的年金保険法は老齢・廃疾による稼得能力の低下と並んで死亡に基づくリスクも保障する制度となった。このことは同時に、それまで被保険者のみに限られていた年金受給権者の範囲が、その妻や子供にも広がったことを意味する。なお、ここでリスクと称されるのは、個々の被保険者に発生するリスクではなく、被保険者一般に生じる典型的なリスクである。さらに、保険料の設定にあたっては被保険者の個人的な事情、例えば病弱か健康か等の事情は斟酌されない。この点に、個々人に発生するリスクに対応する私保険との決定的な違いが存在するといえる。そのうえ、被保険者の死亡後、年金給付を受給する遺族がいるかどうかも、保険料算定の際に問題とならない。このこととの関連で、被保険者が独身である場合も既婚で親族がいる場合も保険料が同額であることを、ある種の社会的調整であるとする見解がある[(28)]。この見解では、独身者と既婚者が同じ所得であれば同じ保険料を支払うにもかかわらず、保険給付が発生する可能性は一般的には既婚者の方が大きいことに着目する。その結果、両者に先に紹介した社会的調整、つまり、拠出（もしくは個人のリスク）に基づいた給付水準からの逸脱が生じていると解するのである。これに対してルーラント（Ruland）は、ある時点で独身であった被保険者も、その後婚姻し、遺族が遺族年金を受給する可能性があること、これとは逆に既婚の被保険者が先に配偶者を亡くし、これにより被保険者の死亡に基づく遺族年金が支給されない可能性があることを考えると、ある特定の時点での保険料算定を、社会的調整とみなす見解は適切でないと述べる。[29]つまり、公的年金保険制度でのリスクとは、対象となる事由の局面でも、被保険者という局面でも定型化されたものであり、その際、被保険者という局面でのリスクの定形化は、履歴や家族構成といった個人的特徴を考慮に入れないことを意味すると考えることができる。

公的年金保険では、労働者が一定の年齢に達することで稼得活動から排除され、それに伴い所得が失われるというリスク、[30]ならびに、稼得能力の減少と結びついた、部分的あるいは完全な所得の低下、および、被保険者の死亡によるリスクといった、三つの典型的リスクに対して、年金の所得補償機能が作用する。その際、被保険者の死亡に基づく遺族年金給付においてはさらに、年金による扶養義務補完機能も並存しているとされる。[31]このような定型的なリスクを対象とすることで、公的年金保険制度は被保険者の定型的なニーズを保障する。ここでは保障されるのがニーズであり、貧困ではないことに注意が必要である。[32]すなわち、家計が貧困状況に陥っていることを理由に、年金額に加算が行われることはない。それゆえ、個別的なニーズ、いわば公的扶助的なニーズは年金保険では保障の対象とならないことになるのである。

なお、被保険者が六四歳で死亡し、その者に遺産を受け取る親族がいなかった場合、原則として給付は行われないと同時に、それまで支払った保険料も返済されない（社会法典第六編二一〇条）。この意味で公的年金保険は、あくまで「保険」である。[33]逆にいえば、このような給付要件ゆえに、公的年金保険は「保険」としての機能を果たすことが可能になるといえる。同様に、公的年金保険は、支払った保険料と同額か、または、それ以上の額の将来的な支払いを被保険者に保障するものではない。この意味で年金は、将来に備えた個人的な貯蓄にはあたらない。それにもかかわらず、年金受給権の獲得および年金期待権の構築に伴い被保険者には、例えば離婚の際の配分調整に見られるような、個人資産的意義が生じる点[34]に私保険とは異なる公的年金保険制度の特色があるといえよう。

## 第三節　年金保険における子育て支援措置の類型

公的年金保険制度上での子育ての考慮に関しては、一九一一年のライヒ保険法の発効時に、すでに廃疾年金受給時の児童加算(Kinderzuschuße)がライヒ保険法一二九一条により規定されていた[35]。さらに、一九三七年には子育てをしている寡婦(夫)を対象に、遺族年金に対する付加給付が導入される[36]。一九七七年七月には、被保険者の死亡時にそれ以前に離婚した配偶者が受給要件を満たす子供を育てていた場合の保障として「養育年金(Erziehungsrente)」が規定された。養育年金の導入は、はじめて年金保険の給付事由に稼得不能・老齢・死亡と並んで「子育て」が入ったことを意味した[37]。

その後、遺族年金に関する連邦裁判所第一法廷の決定[38]を契機に、公的年金保険システムにおける子育ての考慮は大きく進展する。すなわち、この決定を受けた法修正の中で、子育てを、年金受給権との関係でどのように評価すべきかが、あらためて問われたのである。その結果、一九八五年の「遺族年金および子育て法(Hinterbliebenrenten und Erziehungsgesetz-HEZG vom 11, Juli 1985)」[39]において、子育てが被保険者資格を根拠づける事由となり、子育て期間が公的年金保険制度の中で給付を基礎づけ、かつ、増額させる事由として考慮されるようになった。公的年金保険制度におけるこのような子育ての考慮はさらに改善され、二〇〇〇年以降、子供一人につき三年間、労働者の平均賃金の一〇〇%に相当する報酬を得て就労していた場合と同様の保険料納付がされたものとして扱われている。さらに一九九二年・年金修正法では、子供を出生後の一〇年間を考慮期間(Berücksichtigungszeiten)と称して、子育てに携わる親、特に女性の年金権の獲得を補強する措置が講じられている(社会法典第六編五七条)。

このように、拡充の道をたどってきた公的年金保険制度での子育ての考慮は、その目的や手法により概ね以下の三つに分類することが可能であると思われる。すなわち、①被保険者に保険事故が発生した際に、子育てを付加的に考慮するもの、②女性自身の年金権を充実させるためのもの、③子育ての意義を積極的に評価することを目的としたもの、である。以下では公的年金保険制度上で子育てを考慮する措置を、上述の三つの指針に沿って分類し、そのうえで、具体的手法を評価・検討する。

## 一　被保険者に保険事故が発生した際の子育ての付加的な考慮

### (一)　児童加算(Kinderzuschuße)

このような給付としては、児童加算が挙げられる。児童加算は、被保険者に保険事故が発生した際に、被保険者に子供がいることを要件に支給される付加給付である。児童加算は、すでにライヒ保険法の制定時から行われていた。それゆえ、「公的年金保険システムにおける最も古い、児童と直接関連した給付である」とされている(40)。ライヒ保険法制定当時、児童加算は廃疾年金のみに付加されることになっており、廃疾年金の受給者が一五歳未満の子供を育てている場合に支給された。その額は、子供一人につき廃疾年金額の一〇%であった。また、児童加算による年金額の引き上げは、受給できる廃疾年金の半分の額を上限とされていた。それゆえ、最大で五人までの子供について加算が可能であった。当時、このような給付が支給された目的は、子供たちが不十分であると推測される父親の所得によって苦しむことがないようにするため、つまり所得補足だったとされる。(41) 児童加算にかかる財源は、被保険者と使用者が半分ずつ拠出する保険料によって賄われていた。保険料の賦課に際しては、児童加算があるにもかかわらず、家族のいる被保険者も他の被保険者と同様の保険料徴収が適用されていた。それゆえ、この時点での児童加算は、被保険者の集団内部での社会的調整だったといえる。(42)

その後、一九一八年から一九三三年に至るワイマール共和国時代、さらに修正が加えられる。すなわち、一九二二年に、廃疾年金にのみ付加されていた児童加算が、老齢を理由とした年金にも付加されるようになった。(43) 一九二六年には支給対象年齢が修正され、原則として一五歳までの児童を対象とするが、児童が就学あるいは職業教育中の場合には、二一歳まで支給が延長された。(44) この時点ではすでに保険財源の一部にライヒの補助金が投入されていたが、それは、もっぱら遺族年金の給付等に用いられ、児童加算については以前と同様に、被保険者と使用者の保険料のみによって賄われていた。(45)

これに引き続いた一九三三年から四五年までのナチス時代、人口政策的な観点が政策形成に影響を及ぼす。一九三九年からは、後続世代の青少年の福祉のためとして、原則として一八歳までの児童を対象に付加給付が支給されることになった。また、一九三七年以降、第二子以降の児童に対する児童加算が増額される。これも、ナチスの社会政策の一環としての人口政策的観点によるものだったとされる。(46) 一九四二年には児童が第何子かによる額の段階づけが廃止され、すべての子供に対して同額が支給されるとともに、その支給水準がさらに引き上げられた。(47) なお、一九三七年の児童加算額の引き上げに際して、支給にかかる財源の一部にライヒによる補助金が用いられるようになった[48]。

ところがその後、これまでの増額傾向が一変する。すなわち、一九七四年以降の修正の中で、児童に対する社会的調整措置も修正され、当該児童が公的災害保険による児童給付を受給する場合、年金保険法上での付加給付は受給できなくなった[49]。このような、社会政策上望ましくないとされる公的金庫からの重複給付の調整は、年金調整法二〇条によるものであり、同様に、遺児年金との併給調整や、すでに自己の給与において子供と関連した付加給付を受け取っている公務員あるいは労働者についても同様の調整が適用された[50]。また子供自身の所得が一定額を超える場合も、同様の目的で児童加算が不支給となった。

年金調整法二〇条では、さらに特筆すべき修正が行われた。そのひとつは給付対象となる児童の範囲の制限であり、いまひとつは給付額の固定化である。年金調整法二〇条が適用されるまでは一定の要件を満たせば、被保険者の里子・孫・兄弟もライヒ保険法一二六二条の児童概念に含まれると解されていた。しかし、年金調整法二〇条に基づいて、これらの者たちは排除されることになった[51]。その一方で、里子・孫・兄弟は、この時点でもなお遺児年金の受給権者であるとされていた。これにより、それまでの公的年金保険法上での児童概念の統一が崩れることになったという指摘がある[52]。

年金調整法二〇条によるいまひとつの修正は、給付額の固定化である。それ以前は年金支給額の一〇%が支給され、これにより年金額が増えると自動的に児童加算額も増加した。しかしながらこれ以降、給付が定額となったのである。この修正については、年金の構成要素としての児童加算の性質に変更はないとされていたにもかかわらず、実際には公的年金保険制度上で、児童加算が衰退していく結果を生み出した[53]。というのも、これに引き続く一九五七年の年金修正で、一九八四年の一月一日以降、児童加算の新たな受給権は承認されないことになったからである。[54] その理由としては、他の類似給付との併給調整により児童加算の受給権者が減少すると同時に、その役割が、児童手当によって代替されるようになったことが挙げられている。[55]

## 二　女性自身の年金権を確立するための子育ての考慮

一般に公的年金制保険制度の充実は老齢時の生活保障と、子育てとの相関関係を弱めることを意味するとされる。このことは、ドイツにおいても認められている。すなわち、ボルヒェルト(Borchert)によれば工業化以前の社会保障制度の未発達な社会では「家族内世代間契約(Die familiäre Generationenvertrag)」[56]による家族内部での相互扶養が貫徹していたとされる。それゆえ子育てをした者が年老いた場合は子供に養ってもらうことができたのに対し、子供やそれに類する親族等がいない者は、老齢時の生活保障に窮する状況が生じていた。ところが工業化の進展に伴う住職分離、ならびに大家族から核家族への移行過程で、家族が担っていた伝統的な役割、とりわけ疾病時および老齢時の家族間扶養が機能不全に陥るようになった。ドイツではこの時点で労働者の老齢時保障のための労働者年金保険制度[57]が設立されている。その結果被保険者については子育ての有無に関わりなく老齢時の生活保障が行われるようになり[58]、それまで家族の機能の中で結びつけられてきた子育てと、老齢時保障は切断されることになった。

その後、民法典上での親族扶養法の編纂がこの問題に大きく影響を与える。というのもこの法制度で核家族間での扶養が規定されたことで、社会の中に存在していた根元的な大家族間での扶養関係が法形式上、放棄されることになったからである。[59] これと並んで親から子供への扶養義務(民法一六〇三条二項)が強化される一方で、子から親に対する扶養は、子供に負担能力がない場合は免除されることになった（民法一六〇三条一項）。つまりこの時点から、児童に対しては家族内で扶養され、子供に扶養能力がない場合という前提条件つきとはいえ、老齢者については社会で扶養するという役割分担が法により明示的に行われることになったのである。とはいえここでの老齢時の生活保障の担い手を、もっぱら子供の扶養能力の有無に依拠して決定するという方法では、老齢者自身の貧困という年金受給にとって本来的な前提要件が見過ごされ、子供に扶養能力があっても現実に扶養が受けられない場合の出現等によって、老齢時保障が後退する可能性が生じる。そこで、公的年金保険制度では民法典の規定にかかわらず、児童の有無に関係なく老齢時保障が行われることになった。[60] このことは、社会保障制度の充実による私的扶養関係の切断が一層進んだことを示す。ボルヒェルトによると一九六七年時点で、老齢者の九割が何らかの社会保障制度上の給付[61]により生活を営み、残りの一割が子供に扶養されるか、もしくは、自らの所得により生計を維持していたとされる。[62] このような二分化の進展により、育児と老齢時の生活保障との相関関係はますます意識されなくなっていった。それどころか、子育てをしなかった者の方が育児による就労期間の中断等が生じず、その結果保険料納付総額が多くなり高額の年金を受給できるといったように、いままでとはまったく逆の現象すら生じるようになったのである。

子育てと老齢時の生活保障との結びつきが再び考えられるようになったきっかけは、女性の老齢時の生活保障に関する問題が議論されはじめたことだった。[63] ドイツの公的年金保険制度は、原則として被用者を対象とした制度である。それゆえ、女性が老齢時に公的年金を受給するためには、保険料納付義務のある仕事に就いて保険料を納付するか、あるいは、任意被保険者となり保険料を納めることが必要となる。ところが、ドイツの家族法上では一九七〇年代の半ばまで、年金保険制度上では一九八六年に遺族年金および養育法が制定されるまで、いわゆる主婦婚が法制度の前提とされていた。例えば一九〇〇年の民法一三五六条では、夫による決定権を別にすれば、妻は婚姻生活のすべての事柄、家族共同体の実施について権利と義務を有していた。つまり妻は何をおいてもまず、家事と子育てに専念することを、法律上義務づけられていたのである。一九五七年には同権法(Gleichberechtigungsgesetz)[64]が制定されたが、その後も、主婦婚という前提が完全に払拭されることはなかった。このような法・社会状況のもとで、とりわけ家庭を持つ女性が職業に就くことは決して多いとはいえない状況にあった。その後、社会の変化に伴い、次第に女性の就労は一般化したが、なお、子供の出産や家族介護をきっかけに職業活動を中断したり、あるいは、完全に辞めてしまうことも少なくはない。それゆえ、女性の場合、そもそも自己の年金受給権をまったく持たない者も少なからず存在し、仮に自己の年金受給権を獲得できたとしても、保険料納付期間が短く、保険料納付額も低いため、非常に僅かな年金しか受給できない場合が多い。最も深刻なのは、夫に先立たれ、かつ自己の年金受給権も持たない老齢の女性である。彼女たちは老齢時の生活保障を、扶養配偶者の遺族年金に頼るほかないことになる[65]。このような背景のもと、女性の年金権確立に関する議論は、まず、遺族という立場での年金受給権の充実という観点からはじまっている。そこで、以下では被保険者の死亡に起因する年金給付を端緒に、女性の年金権拡充の過程を見ていくことにする。

### ㈠　寡婦(夫)年金(Witwen oder Witwerrente)

公的年金保険制度のはじまりであるとされる一八八九年「廃疾および老齢保障に関する法律(Gesetz betreffend die Invaliditäts-und Alterssicherung vom 22. 6. 1889)[66]」では、対象となる保険事故が老齢、および、廃疾に起因するものに限られていた。その後一九一一年に疾病保険・災害保険・廃疾保険がライヒ保険法[67]として統合された際に、四編に廃疾・遺族年金保険法として、新たに、被保険者の死亡に基づく遺族給付が導入された。(68) もちろんそれ以前も、残された遺族の生活保障に対する要求はあったが、財源問題が解決しなかったため見送られていた。(69) ところが一九〇二年の関税率法の審理の中で財源確保の見通しがついたことで、遺族に対する補償が具体的に受け入れられたのである。

当初立法者は、遺族、中でも被保険者の遺児を育てている妻の子育てを寡婦年金で考慮することを予定していなかった。というのも、このような場合、遺族年金の支給対象となる遺児に対して、原則として遺児年金が支給されることになっていたからである。(70) それゆえ、この時点での寡婦年金は寡婦自身の最低限の生活を保障することのみを目的とするものであった。(71) 受給に際しては、寡婦の稼得能力の有無とその程度が支給の可否を決める基準となっていた。例えば、支給の前提要件として稼得能力があり、子育てをしていない寡婦はフルタイムの仕事に就かねばならず、子供のいる寡婦であっても少なくともパートタイムの仕事に就くことが強制された。(72) このような場合、寡婦に稼得能力があるか否かは、当該寡婦が能力にふさわしく、かつ、これまで受けてきた職業教育や、生活環境を考慮したうえで強制することが可能な就業によって、同等の経歴を有する健康な女性が得ている所得の三分の一を獲得できるかどうかという基準に基づき判断された(ライヒ保険法一二五八条)。寡婦の稼得能力を判断する際に育児をどの程度考慮すべきであるかについては議論があった。結論としては、この時点では子育てによる稼得能力の減少は考慮されなかった。例えばバイエルン州の保険局では、家庭で長年にわたり七人の子供を育てていた寡婦について、七人の子供を育てたという事実をもって稼得能力があることの証明であるとした。(73) つまりこの時点で子育ては、年金の充実に結びつくどころか、逆に所得保障の必要性が低いと判断される要素になる場合すらあったといえる。

その後一九三七年に、子育てが寡婦の生活保障にとって、はじめて大きな役割を果たすようになる。[74] なぜなら新たに規定されたライヒ保険法一二五六条一項四号の中で一九三八年以降、「夫が死亡した時期に四人以上の遺児年金受給権を有する児童を育てていた場合」年金請求権が認められることになったからである。[75] 一九四二年には子育てと関連した寡婦への年金支給要件がさらに拡張された。[76] すなわち寡婦が六歳以下の年金受給権を有する子供を二人以上育てているか(ライヒ保険法一二五六条一項四号)、あるいは、満五五歳以上でかつ四人以上の子供を産んでいれば(ライヒ保険法一二五六条二項)、遺族年金受給権が認められることになったのである。[77] 一九五七年には子供の数にかかわらず、その他の要件を満たせば通常の場合よりも加算された年金が受給できるようになった。すなわち、被保険者である夫を亡くした寡婦の場合、通常、被保険者が稼得不能の場合に受給する年金の六割が支給されるのに対して(ライヒ保険法一二六四条)、寡婦が遺児年金受給権を持つ子供(ライヒ保険法一二六七条)、あるいは、肉体的・精神的障害を理由として遺児年金受給権を持つ子供を育てている場合、通常よりも高額の遺族年金を受給できるようになった(ライヒ保険法一二六八条二項およびライヒ保険法一二五三条二項)。[78]

このように、寡婦年金からはじまった女性の年金権拡充に関する議論は、その後、寡婦年金と寡夫年金にかかる受給要件の違いに関する訴訟をきっかけにさらに高まりを見せることになる。すなわち、寡婦年金においては一九三七年から子育ての考慮がはじまった一方で、寡夫年金では一九五七年の年金修正まで子育てが年金額の加算事由として考慮されることはなかった。[79] 寡夫年金は寡婦年金と同様に一九一一年から規定されていたが、当時の一般的な男女性役割分担の考え方により、寡夫が遺族年金を受給するのは例外的な場合とされ、受給要件も寡婦の場合に比べると厳しくなっていた。すなわち寡夫の場合、①家計を主に担っていた被保険者である妻が死亡した場合、②当該夫が稼得不能で、③必要性がある場合に限って寡夫年金を受給することができた（ライヒ保険法一二六〇条）[80]。このうち、②と③の要件は、一九五七年三月七日の連邦社会裁判所の判決によって不必要であると判断されたことで[81]、ようやく、寡夫年金は寡婦年金と類似の要件により受給できるようになった。この意味で寡夫年金は寡婦年金とは異なる独自の歴史的経緯をたどったといえる。一方①の要件、すなわち、寡夫年金は死亡した被保険者（妻）が、家計の主たる担い手であった場合にのみ遺族年金の受給が認められるという要件は、その後もライヒ保険法一二六六条一項に残されたままであった[82]。

寡夫年金と寡婦年金の受給要件の違いについては、その後、連邦憲法裁判所で基本法との適合性が問われることになる。この問題につき一九六三年の第一法廷判決は、①配偶者の死亡により寡夫と寡婦とに生じるニーズには一般的に相違があること、および、②ニーズの一般性に着目する社会保険制度において、立法者に認められているニーズの一般化とそれに基づく規定制定の範囲を超えるものではないことを理由として、当該規定の合憲性を認めた[83]。さらに一九七五年の第一法廷判決では、以前の合憲判決時代と比べると、女性の就労率も向上し、女性を家事や育児に縛りつける風潮も少なくなってきていることを認めたが、判決時点では当該規定を違憲とまでいえないとした。しかし同時に女性の年金権獲得に対する政策的配慮の充実により、寡夫と寡婦に一般的に生じるとされる差異を減少させた後に、受給要件の性別による区別を基本法三条二項の男女同権に適合するようにあらためる必要性を指摘した[84]。この判決で女性の年金権獲得のための政策拡充の必要性が説示されたことは、後に、公的年金保険制度上で子育ての意義を考慮するきっかけとなったとされている。

一九三七年にはじめて子育てが寡婦年金給付において考慮されたことは、家族福祉的な観点による社会的な扶助というよりは、むしろ、戦前の人口政策的な考慮によるものだったとされている[85]。また、ドレーアー

(Dreher)の指摘によると、一九三〇年代当初の寡婦年金の充実には労働政策的な考慮が一定の役割を果たしていたとされる。すなわち当時、男性の失業者を減少させるために、女性の労働市場への進出を遮《さえぎ》るような風潮があり、それが寡婦年金の充実に寄与したとされる。[86] これと同時に、家族、とりわけ母親による子育てに対する関心の高まりが、寡婦年金における子育ての考慮を充実させたことも指摘されている。これは、例えばライヒ保険局が一九三七年九月に出した文書の中で、「今日では以前よりもさらに家族生活の促進および強化をより強く増長する傾向が」あるとしていることからも読みとれる。[87]

現行法上での寡婦(夫)年金制度はつぎのようになっている。すなわち、死亡した被保険者の保険料拠出に基づき、死亡した被保険者が一般的な待機期間(五年)を満たす場合、もしくはすでに年金を受給していた場合、寡婦(夫)年金が支給される(社会法典第六編四六条)。一九五七年の年金修正によって寡婦(夫)年金は寡婦(夫)の状況に応じて大きく二つに分類されることになった。ひとつは大寡婦(夫)年金(große Witwen oder Witwerrente)であり、いまひとつは小寡婦(夫)年金(kleine Witwen oder Witwerrente)である。大寡婦(夫)年金は受給権者が、一八歳未満(障害がある場合は一八歳以上の児童も対象となる(社会法典第六編四六条二項三文))の自分の子供・里子・養子・孫、もしくは死亡した被保険者の子供・里子・養子・孫を育てているか、あるいは、四五歳以上であるか、もしくは、稼得能力が減退していることを要件として支給される。支給額は、死亡した被保険者の年金額の五五%である(社会法典第六編六七条五号六号)。ただし、二〇〇二年一月一日以前に死亡した被保険者にかかる寡婦(夫)年金の場合、あるいは、二〇〇二年一月一日に以前に締結された婚姻で、かつ当該夫婦が一九六二年一月二日以前に産まれていた場合は、以前と同様に、死亡した被保険者の年金額の六割に相当する遺族年金が支給される(経過規定二五五条)。一方、小寡婦(夫)年金は、遺族が上述の要件に該当しない場合に支払われるが、支給期間は被保険者の死亡後最長二年に制限されている(社会法典第六編四六条一項二文)。小寡婦(夫)年金の額は、死亡した被保険者の年金額の二五%相当額である。これらの寡婦(夫)年金は、受給権者が再婚した場合、二四ヶ月分の遺族年金の支払いと引き替えに(社会法典第六編一〇七条一項)、廃止される(社会法典第六編四六条一項二項、一〇〇条三項)。また、被保険者の元配偶者で別の相手と再婚した者は、再婚相手との婚姻を解消しており、かつその他の受給要件を満たす場合に例外的に被保険者の死亡に基づく年金を受給する場合がある(社会法典第六編四六条三項)。一九八六年以降、寡婦(夫)に所得もしくは所得補償給付(例えば年金給付・傷病手当金・失業手当)[88]がある場合、これらが遺族年金額に算入され、年金額がその分減額されるようになった。ただし算入される額には一定額の控除が設けられている。つまり、算入される額は、寡婦(夫)の所得や所得補償給付が控除額を超えた場合に、その超えた額が算入されるが、超えた部分がすべて算入されるわけではなく、超えた額の四〇%までという上限が設けられている。控除額は、二〇〇七年七月一日時点で、旧東ドイツ地域では六〇九・五八ユーロ、旧西ドイツ地区では六九三・五三ユーロとなっている[89]。この額は一般的な所得の上昇に合わせて毎年改正される。

小寡婦(夫)年金・大寡婦(夫)年金制度の導入により、遺族年金受給要件における、子育ての有無は重要性を増した。これにとどまらず子育ては、今後さらに寡婦(夫)年金受給に際する重要な要件となっていくことが予想されている[90]。

### (二) 養育年金(Erziehungsrente)

養育年金は被保険者の死亡を給付事由とする年金である。したがって遺族年金の一類型ともいえるが、すでに離婚した元配偶者に受給権があるという点、および、死亡した被保険者でなく、受給権者自身の待機期間要件の充足を要件とし、元配偶者自身の年金受給権に基づく給付である点に独自性がある。[91] すなわち六五歳までの被保険者は、以下の要件を満たした場合に養育年金受給権を有する。①一九七七年六月三〇日以降に離婚した場合、②以前の配偶者が死亡した場合、③被保険者が再婚していない場合、④被保険者が自分の子供、あるいは離婚した配偶者の子供を育てているか障害のある子供の世話をしている場合、⑤被保険者自身が離婚した配偶者の死亡までに一般的な待機期間（五年）を満たしている場合である（社会法典第六編四七条）。[92] 子供の年齢に関しては、原則として一八歳までの子供を養育している場合に養育年金の受給が認められるが、障害を持つ子を養育している場合は、その障害が消失しない限り受給権が認められる（社会法典第六編第四六条二項）。[93]

養育年金の年金保険制度への導入は、その前身となる離婚寡婦年金[94]に端を発する。それ以前から、夫婦が離婚した場合、婚姻期間の長さにかかわらず、被保険者の死亡時点での妻のみが遺族年金を受給できることが不公平であるとの指摘がされていた。当初立法者は、離婚した前妻の遺族年金請求権は認めないとの立場をとっていたが、前妻が有する民法上の扶養請求権も考慮して、結局、一九四二年に離婚寡婦年金がライヒ保険法上に規定されたのである。[95] この規定により前妻は前夫の経済能力に関わりなく遺族保障を受け取ることが可能になった。すなわち、前夫が死亡時に財産がなかったとしても、前妻は遺族寡婦年金による給付を得ることができた。また、額に対する制限はあったものの、離婚寡婦年金の算定は、前妻が被保険者である前夫に対して有する扶養請求権に関わりなく行われた。[96] しかしながら、受給要件が厳しかったため受給できる者は僅かであると同時に、前夫が再婚していた場合は、再婚相手と年金を分けあわねばならなかったため、額も多くはなかったとされている。[97] その後、離婚寡婦年金の支給は廃止され、これに代わる新たな措置として一九七六年六月一四日の婚姻および家族法の第一次修正法[98]に基づいて養育年金が規定される。養育年金は離婚寡婦年金とその給付目的をほぼ同一にし、離婚した夫婦の一方が他方の死亡に基づいて、死亡時に子育てをしている場合に支給されるものである。すでに離婚寡婦年金が存在していたにもかかわらず、これを廃して養育年金が設立されたのは、婚姻および家族法の第一次修正法で「扶助調整（Versorgungsausgleichs）」が取り入れられたことによる。「扶助調整」とは、従来の離婚時における夫婦間の財産分与に大きな変化をもたらし、離婚の際に、とりわけ女性の生活保障を拡充するものであった。

すなわち、従来の家族法上では男性は稼得活動を行い、女性は家事をするという、いわゆる「主婦婚」が法律上の前提とされていた。しかしながら、家族法はこのような考え方を修正し、それ以降、夫婦がお互いの合意の下、同等の責任に基づき生活を営むことが法律上の基本理念となった。このような考え方は同時に、従来無償労働とされていた女性の家事労働の評価を向上させた。というのも、それまで夫のみが有償労働を行っていると考えられてきたものが、夫が得てきた賃金は、夫婦のそれぞれが家庭および外で仕事を行った結果、共同で獲得したものであるという考え方に変わったからである[99]。すでにそれ以前から、離婚の際には婚姻生活中に形成された財産を分割することが、民法上規定されていたが、分割される財産は一部にとどまり、夫婦のどちらか一方が稼得活動によって獲得した年金権は含まれていなかった。つまり、扶助調整が導入される以前の離婚では、夫婦の一方のみが稼得活動を行っていた場合、稼得活動により獲得した年金受給権は、獲得した一方のみに帰属した。ところが、扶助調整の導入によって、分割すべき財産の範囲が年金にまで大きく拡張された。それに伴い、一九七七年六月三〇日以降の離婚については、離婚後の配偶者（特に女性）の生活保障が大きく前進することになった。一方でこの規定の導入により、不利益を受ける者がいた。それは、一九七七年六月以降に離婚した夫婦に、それ以前の婚姻による配偶者がいた場合である。扶助調整の導入前は、被保険者が死亡した場合、それ以前の婚姻による配偶者も、要件を満たせば離婚寡婦年金を受給することができた。ところが、扶助調整で被保険者の年金権が離婚時に分割された場合、それ以前の婚姻による前配偶者は離婚寡婦年金が受給できなくなった(100)。そこで、このような前配偶者を対象に、年金保険制度から新たな給付、すなわち、養育年金が給付されるようになったのである。

養育年金の目的は、受給権者が子育てをしている場合に、前配偶者の死亡により扶養が履行されなくなることで生じる生活困窮を防ぐことである。つまり、以前の配偶者に対して婚姻修正法がもたらす不利益を減じることが、養育年金の目的である(101)。このようないわば、離婚後の扶養義務の履行の公的年金保険による代行は、ドイツの公的年金保険制度が遺族年金制度において、扶養代替的機能を果たすとされていることから認められると考えられている(102)。

### (三)　育児給付(Kindererziehungsleistung)

育児給付は、一九八七年一二月七日の育児給付法(103)に基づき、社会法典第六編二九四条から二九九条に規定されている。この給付の成立は一九七五年の連邦憲法裁判所第一法廷決定(104)で、裁判所が、立法者に育児を行う年金保険制度の被保険者の状況を改善しなければならないとしたことに端を発する。この決定により立法者は、育児をする被保険者に特典を与えるため、遺族年金および養育期間法を制定する(105)(決定の詳細、および養育期間法については本章第四節三(一)を参照のこと)。この法では、一九二一年一月一日以前に生まれた母親が給付の対象から除外されていたため(106)、社会的にも基本法の平等原則の観点からも批判を受けた(107)。そこで、批判された不公平を改善するために立法者は、育児給付法を制定したのである。

育児給付は年金保険法上に規定されてはいるが、年金ではなく特別な金銭給付であるとされる。[108] それゆえ、年金期待権を形成するための要件を充足する必要はない。つまり、待機期間や保険料の納付は支給要件とはなっていないため、[109] 年金保険の被保険者ではない者もこの給付を受給することが可能である。受給権を基礎づける要件は、受給権者が子育てをしたかどうかではなく、原則としてドイツ連邦域内に居住している子供を産んだことである（社会法典第六編二九四条一項）。ここから、受給権者は養母や父親ではなく、子供の生母のみとなる。また上述のように、養育期間法から排除された被保険者に対する措置であるため、養育期間法の対象とならない者、つまり一九二一年以前に産まれた母親が対象となる。給付は受給要件を満たした者の申請に基づいてはじまり、受給権者の死亡、もしくは要件の消失した月に終了する（社会法典第六編二九六条）。育児給付は年金ではないので給付額も年金の受給要件にかかわらず、子供につき一定額が支払われる。支給額は受給権者の年金算定基礎なる年金現在価値（aktueller Rentenwert）の一〇〇%相当である（社会法典第六編二九五a条）。[110] [111] なお、育児給付は母親の出産地や出産年度により適用が除外される場合がある（社会法典第六編二九四条二項三号）。このような適用者の区別に関しては訴訟が提起されているが、連邦憲法裁判所は、法の制定目的から支持できるので基本法に反しない旨判示している。[112]

## (四) 考慮期間（Berücksichtigungszeiten）

考慮期間は一九九二年の年金修正法により社会法典第六編五七条に規定されたものである。考慮期間はつぎのような内容を持つ。すなわち、少なくとも二五年の年金加入期間もしくは、免除期間・算入期間等の年金保険法上で規定された期間がある被保険者が[113]、一九九二年以降、子育てによる考慮期間中(出生から満一〇歳までの一〇年間)に保険料納付義務が生じる就労も行っていた場合、支払った保険料から算出される報酬点数に加算が行われる[114]。加算される報酬点数は支払った保険料から算出された報酬点数の半分で、最大で月々〇・〇二七八までとされている(月〇・〇二七八報酬点数を獲得すると、一年間で三分の一点の報酬点数を獲得することになる)[115]。さらに、報酬点数への加算は、支払った保険料から算出される報酬点数と、子育て期間による報酬点数加算とを合わせて月〇・〇八三三を超えることはできない(月〇・八三三の報酬点数は、一年間で一点の報酬点数となり、これは、給付の際には被保険者の平均所得を得て一年間保険料を払い続けていたのと同様の効果を生じさせる)[116]。このような加算の仕組みによって最大の利益が得られるのは、自己の就労による保険料拠出で三分の二点の報酬点数を獲得し、子育てによる考慮期間により加算上限である三分の一の報酬点数を獲得する場合である。ただし、子の出生後一〇歳までの考慮期間のうち、三歳までは、社会法典第六編五六条一項に規定された児童養育期間と重複する期間がある。この場合、児童養育期間は保険料納付期間とみなされ、その間、月〇・八三三の報酬点数があったとされる措置があることから、重複期間中は考慮期間による報酬点数の加算はない[117]。それゆえ、考慮期間による加算の利益が生じるのは、実際には子供が三歳から一〇歳までの間ということになる。

子育てと就労を両立した被保険者のみならず、二人以上の子供を同時に育てた者については、就労に基づく保険料納付がない場合でも考慮期間に基づく加算が行われる[118]。この場合も、加算されるのは最大で〇・〇二七八報酬点数までとされている。さらに、類似の加算は家庭で介護の必要な一八歳未満の児童を、私的に介護した被保険者にも行われる[119]。

立法者は考慮期間の策定にあたって二つのことを意図していた。ひとつは、育児によって一般的には女性が、就労を中断し保険料納付期間に中断が生じたり、あるいは、職場復帰してもパートタイム労働により十分な年金期待権が構築できないという問題を克服することである。[120] つまり、考慮期間の導入により、子育て開始から一〇年以内の職場復帰に対する保険料の優遇を行うことで、出産後、早期の職場復帰を促し、保険料納付期間に生じる空白期間をできるだけ小さくすると同時に、職業能力の低下を防止することが、考慮期間のひとつ目の目的である。[121] いまひとつは、通常、二人以上の子供を同時に育てている場合、就労することは困難で、したがって考慮期間の恩恵にあずかることもできないことを前提に、これを調整することである。[122] 後者の目的により、子育てのみを行った場合でも、それが同時に二人以上であれば考慮期間の利益を享受することができる。

このような考慮期間の目的は、従来の年金制度における女性、あるいは子育ての考慮から見た場合、つぎの点で特徴的である。すなわち、従来の制度では形成された保険料納付期間の空白を、政策のみにより埋めることが主な目的であったのに対し、考慮期間は、空白の形成を、政策のみならず自己の就労復帰により防止することを目的とする。つまり、従来と比較した場合考慮期間は、女性の年金権構築における被保険者自身の積極的な関与を促し、同時に、子育てと就労との両立支援という側面をいままで以上に強く打ち出しているということができる。[123]

## 三　子育ての意義を積極的に評価することを目的としたもの

### (一)　児童養育期間(Kindererziehungszeiten)

児童養育期間は、遺族年金および児童養育期間承認のための新秩序(以下、HEZG)[124]に基づいて、一九八六年一月一日より公的年金保険法上で施行された。児童養育期間は、子育て期間と年金受給権とを結びつけると同時に、子育てを年金額を増額させる要素としてはじめて承認するものであった。この規定の導入により子育てをする親、特に母親の年金権の確立がいままで以上に改善された。現行の年金保険法上、児童養育期間については、子供の出生時期に応じて二つの条文に規定されている。すなわち、一九九二年一月一日以降に産まれた子供の子育て期間については、社会法典第六編五六条で、また一九九一年一二月三一日以前の子育てについては、二四九条および、二四九条aで規定している。これはＨＥＺＧに基づく当初の規定が、一九九二年・年金修正法および一九九九年・年金修正法によりさらに拡充されたことによるものである。ただし、一九二〇年一月一日以前に産まれた親による子育ては、児童養育期間のいずれの規定においても考慮されないため、このような親については育児給付(本章第三節二㈢)が別に設けられている。

社会法典第六編五六条および二四九条では、一九九二年一月以降に産まれた子供については三年間、一九九一年一二月三一日以前に産まれた子供については一年間、両親のどちらか一方に、児童養育期間が認められると規定している。この期間、受給権者は保険料を払うことなく子育てという事実により年金保険法上の強制被保険者となる(社会法典第六編三条一項)[125]。なお、児童養育期間中、何人もの子供を育てる場合は子供の数に応じて期間が延長される。児童養育期間が認められるための要件は、子供を国内で養育し、父親あるいは母親が子供とともに暮らしていることである。受給権は養親や里親、あるいは継親にも実親と同様に認められる[126]。

児童養育期間中は、受給権者が被保険者の平均賃金を得て保険料を支払っていたのと同様に評価される。これにより、例えば一年間の児童養育期間は二〇〇三年七月時点では月二六・一三ユーロの年金の増額をもたらす(旧東ドイツ地域では二二・九七ユーロ)[127]。このための財源を負担するのは連邦である(社会法典第六編一七七条)。

児童養育期間中、受給権者が保険料納付義務のある就労により、保険料を自ら納めていた場合、納めた保険料と児童養育により得た保険料のみなし納付分が合算される。[128] さらに、児童養育期間は待機期間にも算入される。それゆえ、一九九二年以降に産まれた子供を二人以上育てた女性は、保険料納付義務の生じる仕事に一度も就かなかったとしても、子育てだけで五年間の待機期間を満たすことになり、老齢年金を受給できることになる。[129]

児童養育期間の導入理由を連邦議会はつぎのように述べる。すなわち「子育てをする女性および母親は、子育てによって社会構成員全体の利益に関連する成果をもたらしている。この成果は多くの領域で認められている。(中略)しかしながら年金保険制度では子育てと結びついた成果の承認が行われていない」[130]。それゆえ、新たに子育てが年金受給権と結びつく規定が形成されたのである。児童養育期間が承認されたことには、二つの意義があるとされる。すなわちひとつ目は「女性個人の社会保障の改善」であり、いまひとつは「家族内での活動と、家族外での就労を同等とすることへの寄与である。これにより、家事および子育ては、明らかに価値を増大させ」たとされる。[131] つまり、児童養育期間の規定は、子育てに携わる者、特に女性の年金受給権の確立に寄与するのみならず、法政策の中での家事労働、とりわけ子育ての評価を大きく変える契機であったと考えることができる。

一方で、児童養育期間を保険料納付義務期間とみなすことは、従来の社会保険の考え方との不整合を生じさせる。というのも、ドイツの年金保険制度は、原則として、保険料によって賄われる相互扶助制度であるため、年金保険の被保険者となるのは第一に労働市場において評価される労働を行う者、つまり、原則として稼得活動に従事する者である。[132] ところが、児童養育期間では、子育てという事実のみによって保険加入義務が発生し、保険料を支払うことなく保険料を支払った場合と同様の効果が生じる。いい換えれば、従来、保険料納付によってのみ認められた年金受給権が、子育てという労働市場外の貢献によっても認められることになったからである。この点に関しては、ルーラントのように、児童養育期間の導入により年金制度と労働者の賃金との強い結合が弱められたと評価する論者がいる一方で、ハーゼ(Hase)のように保険原理の崩壊につながりかねないと批判する論者もいる。[133] これらの評価が示すのは、いずれにしても児童養育期間の導入により、従来の社会保険原理に揺らぎが生じたということであろう。それゆえ、児童養育期間の導入は、保険原理という観点からも、子育ての考慮という観点からも、ドイツの年金保険制度上での子育ての考慮におけるひとつの節目であったといえる。

## 第四節　規範理念に基づく具体的手法の評価・検討

年金保険制度において子育てを考慮する際の基本理念とは、基本法三条一項と結びついた六条一項である。すでに第二章で見てきたように、基本法六条一項の家族の保護は、立法者の家族への介入を抑止するという自由権的側面[134]と同時に、価値決定規範として、立法者に婚姻および家族を保護し、促進する義務を課すという側面も有する。[135] 義務とは具体的には、家族が子育てをする際に生じる経済的負担を適切に調整するという規範的要請、つまり「不利益取り扱いの禁止」および「促進の命令」であるとされる。また、このような規範的要請の実現は、国の普遍的な義務(Allgemeine Pflicht)であると理解されている。[136] 年金保険法上での子育ての考慮は、このような普遍的義務の履行のひとつであり、履行に際しては立法者に、その方法あるいは履行の範囲に関する広い裁量が認められている。[137] とはいえ、立法者の裁量は無制限に認められるわけではなく、規範理念に基づく一定の制約が課されている。その際、政策に裁量権の逸脱がないかを判断し、政策に対する規範的統制を担うのが連邦憲法裁判所である。年金保険法上の子育ての考慮に関しても、いくつかの判決が下され、政策の規範適合性が審査されてきた。

そこで以下では、上記で行ってきた公的年金保険制度上での子育ての考慮の分類を前提に、これらの考慮が規範理念に基づいてどのように評価・検討されてきたのかを見ていくことにする。ちなみに、三つの分類とは、①被保険者に保険事故が発生した際に、子育てを付加的に考慮するもの、②女性自身の年金権を充実させるためのもの、③子育ての意義を積極的に評価することを目的としたもの、である。

## 一　被保険者に保険事故が発生した際の子育ての付加的な考慮

### (一)　児童加算

この類型に分類したのは児童加算である。上述の通り、児童加算は現に扶養を必要とする子供を育てていることを条件に、被保険者自身に給付される。つまり、給付時点で生じている子育て費用の軽減により、被保険者の経済的負担を軽くし子供の生活を充実させる、いわば児童福祉的観点に基づく給付である。このことは、制度設立当初の目的が「子供たちが不十分であると推測される父親の所得によって苦しむことがないようにするため」[138]だったことからも明らかである。

児童加算はすでに被保険者である者を対象とするという点で、年金保険制度上での他の子育て考慮類型とは異なる。というのも、他の子育て考慮類型では年金保険制度上、本来は被保険者になることが困難な者、いい換えれば子育てにより年金権確立が難しい者を主な対象にするからである。このような対象の違いは、制度の持つ意義の違いを生じさせる。すなわち、被保険者になることが困難な者を対象とする他の考慮類型では、子育てにより稼得活動に従事できないことから生じる年金制度固有の不利益を調整するのに対し、被保険者を対象とする児童加算では、稼得活動に従事し自己の年金権は確立している者の子育てによる付加的な経済的負担を、純粋に調整していると考えることができる。

そもそも子育ての考慮は、支給対象となる被保険者の付加的な保険料納付に基づかないという意味で、保険の給付・反対給付相当の原則から外れるものである。したがって、子育ての考慮は「保険外」であり、社会保険制度が行うべき責務ではないとされ[139]、子育てにより生じる親の経済的負担の調整は、むしろ、国が行うべき責務にあたると理解されている[140]。同時に、年金財源となる保険料は国の一般的な財源調達手段として認められているわけではなく、公的年金保険のためだけに調達されている。それゆえ、立法者がその資金を一般的な国の責務の履行のために用いることの正当性をみいだすことは難しい。ここから、公的年金保険制度上で、保険本来の責務から外れた子育ての考慮を行う必然性は認められないことになる[141]。しかしながらその一方で、実際には年金保険法上での子育ての考慮が行われてきた。このことは、年金本来の責務ではない子育ての考慮が、年金法上で行われる必然性を有する場合があることを示す。その場合とはすなわち、被用者年金保険制度において子育てのような、純粋に個人のみにリスクを負わせることが適切でないような事由により保険料の納付ができず、その結果、年金受給権の獲得が困難になるという、被用者年金保険制度固有の不利益が発生する場合である[142]。このような不利益は、被用者年金保険制度固有の問題であるがゆえに、その内部で是正する必然性も認められる。ところが、先に述べた通り児童加算は、年金制度固有の不利益を是正するためというよりは、むしろ、純粋に子育てによる経済的負担を調整することを目的とする。この限りで、児童加算が年金制度上に規定される必然性は、非常に弱いということができる。

このような理解は、税財源に基づく連邦児童手当法の拡充に伴い、年金保険法上での児童加算が次第に縮小され、廃止されたという歴史的経緯からも明らかである。つまり、児童加算によって担われてきた、一般的な国の責務である子育ての経済的負担を軽減するという役割が次第に児童手当に肩代わりされ、児童加算が継続することの意義が失われていったのである。[143] 連邦憲法裁判所でも児童加算の廃止を違憲にはあたらないと判断している。[144] その理由としては、児童加算は、被保険者の保険料納付に基づいて生じる法的地位でないことから、立法者の広範な裁量に委ねられていると考えられることが挙げられている。[145] この理解はそれ以前の判決[146]に適うものであり、研究者によっても支持されている。[147] ここからいえるのは、公的年金保険法上での子育ての考慮類型の中でも、児童加算のように、被保険者のニーズを純粋に保障するための給付については、保険本来の責務とは結びつかず、保険制度上で実施することの必然性が大きくないがゆえに、その実施の有無も含めて立法者の広範な裁量に委ねられることになるということである。

## 二　女性自身の年金権を充実させるための子育ての考慮

このような考慮に分類したのが、寡婦(夫)年金・養育年金・育児給付・考慮期間である。これらはいずれも、子育てに携わる女性の生活保障を充実させるための政策であるという点で共通の側面を有するが、このうち、養育年金と育児給付は、法の修正により特定の者に生じた不利益を解消することを目的とした措置である。それゆえ、本書で検討している、公的年金保険制度上での子育ての公正な考慮という論点にとっては、さほど意義を有しない。すなわち、養育年金は婚姻および家族法の第一次修正法で「扶助調整(Versorgungsausgleichs)」が取り入れられ、離婚時に分割すべき財産の範囲が年金にまで拡張されたことで、離婚寡婦年金が受給できなくなった一九七七年六月以降に離婚した前配偶者に支給される給付であるが、その第一の目的は、受給権者が子育てをしている場合に、前配偶者の死亡により扶養が履行されなくなることで生じる生活困窮を防ぐことである。つまり、前配偶者に対して婚姻修正法がもたらす不利益を減じることが、養育年金の一義的な目的である(148)。同様に、一九二〇年以前に産まれた母親が、要件該当地域で子供を出産したことに基づいて支給される育児給付も、その制定過程から見る限り、一九二〇年以前に産まれた母親が、一九八五年の遺族年金および養育期間法での考慮の対象から外されたことへの批判に対応することが一義的な目的である(149)。それゆえ、これらの政策が規範と関連づけて論じられる場合、その考慮の内容や方法が規範的要請に適合したものかどうかというよりは、むしろ、適用対象者間の公平のような具体的適用関係が問題となる場合が多い(150)。一方、寡婦(夫)年金に関わる議論は、年金保険法上で、子育ての考慮の規範適合性を論じるきっかけとなったとされる(151)。そこで、以下では、寡婦(夫)年金に関する議論を中心に、それが、公的年金保険制度の中で子供の意義を積極的に評価する制度へと結実していく過程を明らかにする。

## 三　女性の年金受給権確保から子育ての積極的評価への展開

### (一)　経緯

寡婦(夫)年金に関連する一連の判決の中で、年金保険制度における子育ての考慮が論じられるきっかけとなったのは、一九六三年七月の第一法廷判決[152]である。この判決では遺族年金の受給要件が、遺族が寡婦であるか寡夫であるかにより異なることが、基本法に基づく平等原則違反にあたるかが論じられた。すなわち、当時の遺族年金規定である官吏年金法四三条一項（被保険者が官吏の場合[153]）、ならびに、ライヒ年金規則一二六六条一項（被保険者が被用者である場合[154]）は、死亡した被保険者が男性だった場合、残された寡婦は一般的な要件を満たせば遺族年金を受給できるのに対し、死亡した被保険者が女性だった場合、寡夫が遺族年金を受給するには一般的な要件に加えて「死亡した被保険者（妻）が生前より家族の扶養を主として受け持っていた」場合であると規定していた。争点となったのは、遺族年金規定によるこのような区別が、男女同権を定めた基本法三条二項、および、人的属性や障害による差別を禁じた基本法三条三項に反するかどうかである。この問題について連邦憲法裁判所は、規定が基本法三条に反しないと判断した。というのも、法により家族を世話することが第一の義務とされ、夫の同意なしには職業活動を行うことすらできなかった、当時の既婚女性に共通する状況を鑑みると、一般的に残された遺族の生活保障の必要性が、死亡した被保険者が男性であったか女性であったかにより決定的に異なり、それゆえ寡婦に対しては寡夫よりも高度な生活保障の必要があると判断されたからである[155]。その結果、一九六三年判決では、年金による所得保障の必要性を判断する際に、性別という判断基準を用いることが容認された[156]。

その後、同一の問題が一九七五年三月一二日の第一法廷判決[157]で再び論じられた。この判決では、年金保険制度上での子育ての考慮に対して、裁判所がひとつの考え方を明らかにする。その考え方とは、子育てを稼得不能事由の一類型として、年金制度において考慮すべき事由のひとつであるとする見解である。まず、この判決では遺族年金の受給について男女の異なる取り扱いを定めた規定を、違憲とは断言しなかったものの「立法者は今後基本法三条二項ならびに三項に対する違反がなくなるように、さらに適切な解決に努力しなければならない[158]」と述べた。というのも一九六三年判決後、家事を妻の第一の義務であるとした民法の規定[159]が婚姻および家族法の第一次修正法の連邦議会草案の中で再度検討され[160]、いままで前提とされていた婚姻像、すなわち女性は家庭を守り、男性は外で働いて家族を養うというモデルが放棄された結果、性差を基準として残された遺族の生活保障の必要度を計るという、それまでの遺族年金規定に対する基本法の評価が変わったからである[161]。同時に、家庭における性役割分担という考え方の変化は、女性の就労を容易にし、遺族になった際の生活保障の必要性の男女差を完全ではないものの緩和した。とはいえ、男女の差は完全に解消されたわけではなく、世代別に見れば若い女性の就業率が高い一方で、老齢者については専業主婦も多く、依然として、女性の遺族年金による生活保障の必要性は男性よりも高かった。また、兼業主婦として働いている場合でも、家庭の事情によりパートタイム労働を選択する場合が多く、その結果、年金加入期間や年金保険料納付額は低くならざるを得ない。したがって、遺族年金による生活保障の必要性が、一概に女性について男性と同等であるとまではいえない状況だった。そこで裁判所は、立法者にこのようなことも考慮に入れたうえで、性別に代わる新たな支給要件を取り入れた遺族年金法への修正を図ることを義務づけたのである[162]。

裁判所は新たな支給要件に対する確定的な指針を示すことはなかったが、いくつかの合憲的な解決方法を示した。例えば、いままでの「主に家計を担っていた人が死亡したかどうか」という要件を、寡夫のみならず寡婦にも拡張適用する方法や、このような支給要件をすべてなくす方法である。しかし前者の場合、例えば時期により家計の主たる担い手が異なる場合もあり「主たる担い手」の判断が難しい。また、後者の場合必要となる財源を賄うことが困難であるとされた。このことから、裁判所は遺族年金の支給について、まったく新しい支給要件としてつぎの事柄を提案した[163]。それは、遺族の所得保障の必要度を、当該遺族が就業できず、したがって自己の年金権を獲得できなかった理由に基づいて判断するというものである。この際、具体的な理由のひとつとして、育児による稼得不能が示された。つまり、ここではじめて、子育てが年金保険上で考慮されるべき稼得不能の一類型であることが、裁判所によって説示されたのである。ただしここでは、子育てはいくつかの稼得不能事由のうちのひとつとして認められたにすぎず、制度における子育て固有の意義やその承認が論じられているわけではなかった。

裁判所の判断を受けて政府は、遺族年金の支給にかかる新たな受給要件の検討に入った。検討の結果、新たに規定されたのが、「遺族年金および育児期間に関する法(Hinterbliebenrenten-und Erziehungszeiten-Gesetz(HEZG)」(以下、HEZG)である。この法は、二つの大きな柱からなっていた。それは、遺族年金法の修正と、子育て期間の年金保険制度への算入である。まず、遺族年金法の修正では、新たに控除を伴う遺族年金システムが構築された。このシステムと以前の遺族年金法との大きな違いは、①寡夫年金と寡婦年金の受給要件が同等となったこと、②それまで、死亡した被保険者の年金額の六〇%が一律に支給されていたが、修正後は遺族の所得、あるいは、自己の年金受給額に応じて遺族年金の支給制限が取り入れられたことの二点である。つまり①で受給の際に性別が問われなくなった代わりに、②で遺族に収入がある場合は、それに応じて年金額を減らすという方法にあらためられたのである。ただし、この法の施行以前にすでに遺族年金を受給していた者については、従前の規定が適用され、以前と同様に遺族年金を受給することができた。

一方、子育て期間の算入は、一九八六年以降に産まれた子供を育てる母親もしくは父親に、子供一人につき一年間、被保険者の平均賃金の七五%を得て労働していた場合と同様の保険料納付があったものとみなすというものであった。この法により、子育て期間は公的年金保険法上で年金受給権を基礎づけ、同時に年金額を増額させる要素としてはじめて承認されたことになる。このような子育て期間の算入は、以下のような理由に基づいて行われた。すなわち、ドイツでは子育ての社会的な価値が、すでに、児童手当や税法上の児童扶養控除を通じて政策的にも承認されてきたにもかかわらず、公的年金保険制度が、いままで子育ての価値を承認するような給付を行ってこなかったことは、とりわけ、小さな子供がいる夫婦(主に女性)に自己の年金権の確立ができない、あるいは、僅かしか確立できないという結果を生じさせる制度上の欠陥であったとされる。[166] それゆえ、この欠陥を修正するために上述のような施策が導入されたのである。このことは同時に、子育てのような家庭でのシャドーワークを評価することに大きく貢献し、これに伴い、家庭内での活動や子育ての価値を向上させることにつながる。さらに、子育てを主に担う女性自身の生活保障を改善することにもつながるとされた。というのも、算入により子育て期間は、保険料納付義務期間として、年金請求権を根拠づけ年金額を引き上げる効果を持つことになるため、子育てに携わることが、直接、自己の年金権の獲得に結びつき、ひいては、主に子育てを行う女性の年金受給権を確立することになるからである。なお、この法の施行以前の子育てについては、つぎのようになっていた。すなわち、一九二一年以降に産まれた母親で法の施行時に六五歳未満のものについては、同様の期間・額の算入が認められた。[167] 一方でHEZGの施行時にすでに年金受給年齢である六五歳に達していた一九二〇年以前に産まれた者は、財政的理由に基づき、子育て期間が一切考慮されなかった。[168] しかし、これに対する社会的非難が強かったため、一九二〇年以前に産まれた母親に対しても、一九八七年に育児給付法が制定され、子育てに対する給付が実施された。[169]

ＨＥＺＧによる子育て期間の算入は、子育てをする者が自己の年金権を確立できないことを制度内在的な欠陥とみなし、それを補完することが目的であった。[170] その結果、このような空白が生じない場合、例えば出産後も自分で働いて保険料を納め続けた場合や、子育て期間中も任意で保険料を納めていた被保険者等は、この法の考慮の対象とはならなかった。[171]ただし、自分で納めた保険料が、子育て期間に基づくみなし保険料納付額よりも少ない場合、みなし保険料納付額と同額の保険料納付があったものとされた。つまり、子育てをしながら就労を継続した者は、この規定による利益をまったく得られないか、あるいはその一部しか得られなかったことになる。このことは、立法者がこの時点では、年金保険法上での子育ての考慮を、子育て期間中にできる年金保険料納付期間の空白の一部を埋められる程度で十分であると考えていたことを示す。

その後、一九八九年には一九九二年・年金修正法[172]が制定される。この法は、それ以降の年金保険に影響を及ぼす少子高齢化の進展・早期引退の増加・就労形態の多様化といった問題に対応するために、年金制度の抜本的な改革が必要であるとの認識に基づいて制定されたものである。[173]この法によって、それまで別々に規定された労働者を対象にするライヒ保険法、職員を対象とする職員保険法、鉱山労働者を対象とする鉱員共済保険法が、社会法典第六編に統合された。その際、個々の保険法上での特別規定あるいは経過規定は社会法典第六編五章におかれた。子育て関連施策との関連では、HEZGに基づいて認められる子育てによる年金保険への算入期間が、一九九二年以降に出生した子供については一年から三年に延長された。また、子育てに携わる者に早期の職場復帰を促す考慮期間(これについては本章第二節二(四)参照のこと)の導入も、この時点で行われた。一九九二年・年金修正法におけるこのような家族政策的措置の拡充は、社会構造の変化に対応する年金制度を再構築する中で、将来の年金保険を担う次世代の養育を支援する家族政策的な配慮が強化されたことの現れであるとされる。[174]

## (二)　一九九二年連邦憲法裁判所第一法廷判決に基づく規範的評価

一九九二年には、それまでの一連の年金保険制度上での子育ての考慮に対して、憲法規範に基づく評価が下される。[175] 前述のように、ドイツでは遺族年金および育児期間に関する法律（HEZG）によって一九八六年一月一日以降の子育てについて、労働者および官吏年金保険法上で考慮されるようになった。一方で一九八五年一二月三一日以前に行われた子育てについても同様に一年間、独自の保険期間とみなすと規定されており、その対象となりうる父母は一九二一年一月一日以降に生まれた者に限定されていた。[176] その後、一九八七年七月一二日の育児給付金法（Kindererziehungsleistungs-Gesetz（以下、KLG）[177]）に基づいて、一九二〇年一二月三一日以前に生まれた母親についても、従前の子育てに対する給付が実施された。この際給付の開始時期は、財政的な理由により対象者の出生年に応じて四段階に分けられていた。[178] HEZGに基づく子育ての考慮と、KLGによる子育ての考慮を比較した場合、年金算定上、HEZGに基づく方が利益が大きかった。[179]

裁判では、一九二一年より前に生まれ、一九八五年以前に子育てをした原告たちが、HEZGにより自らの子育てを評価されないこと、および、KLGによる子育ての考慮が不十分であることを不服として、自らの子育てのHEZG上での考慮、ならびに、子育てと保険料納付とが同価値であることの承認を求めた。

訴えに対して連邦憲法裁判所は、「HEZGおよびKLGが児童の養育期間一般について公的年金での保険料納付期間と同等であるとはしていないことは違憲ではない。しかしながら、立法者には、高齢者給付における児童の養育によって生じる不利益をいままでよりもさらに調整すべきことが義務づけられる[180]」と判示する。

子育て期間と保険料拠出の同一性に関して裁判所は、基本法三条一項と結びついた六条一項からは年金期待権を基礎づけるに際して、児童の養育と保険料の支払いを同等に扱うことまでは義務づけられておらず、同時に、年金保険の維持に対する児童の養育による貢献は、それが直ちに老齢世代への年金支給へとは結びつかないという点で、金銭的な拠出とは異なる機能を有していると考えることが可能であるとする。ここから、保険料拠出と、児童の養育を、年金制度の中で期待権の根拠として別々に取り扱うことは正当化できるとする。[181] その一方で、年金保険制度には家庭の中で子育てをする人の、稼得活動の中断から派生する年金保険料拠出の中断と、それに伴う年金額の減少という不利益があることを指摘し、[182] この点について立法者にさらなる改善を義務づけた。

判決の中で注目すべきは、①一九九二年まで一年に限定されていた子育てに基づく算入期間を、世代間契約システムとしての年金保険システムの中でさらに認めることを義務づけ、[183] 同時に、②はじめて世代間契約という議論を持ち出したこと、[184] ならびに、③子育てにより生じる被保険者期間の空白は、子育てが年金保険システムに対する存続保障という意義を有しているゆえに、それ以外の理由による空白と同じに扱うべきではないことを指摘したこと、[185] である。①の指摘は、それまでの年金保険システム上での子育ての考慮が、規範的な要請に十分に応えたものではなかったことを示す。また、②によって世代間契約という議論が持ち出されたことで、家族の保護と結びついた平等原則の実現との関係で論じられることの多かった、子供のいる者といない者との水平的公平という論点とは別に、社会の再生産に貢献するという子育ての効用を、いかに評価するかという論点が明示的に議論の中に加わることになると同時に、子育てを助長する根拠が、社会の再生産に対する子育ての貢献への報酬であることが明らかになった。[186] さらに三点目の指摘において、子育てによる被保険者期間の空白がそれ以外の事由による空白と同じではないとされたことで「子育てによる保険料の未納をその他の理由による保険料の未納と同じく取り扱うことは、基本法に反する平等取り扱い[187]」であることが認められた。つまりこれにより、基本法六条一項の家族の保護と結びついた基本法三条一項の平等原則によって、子育てを他の保険料納付とは別に、言い換えれば不平等に取り扱うことを求める規範的要請が明らかになったことになる。その結果、子育てについては他の事由と同様に保険料未納期間の空白を埋めるという程度の考慮では、規範的に求められる家族の保護として不十分であることになる。(188)

判決では、世代間契約システム上、子育てが制度存続保障という役割を果たしているゆえに、立法者には、子育て固有の意義を考慮するという規範的義務があると説示されている。しかしその一方で、存続保障という子育ての意義が保険料拠出と同様に制度にとって必要不可欠なものであるとしながら、結果的には年金保険法上での保険料拠出と子育ての作用の仕方の違い(保険料拠出は直ちに年金受給者への給付に結びつくのに対して、子育ては直接給付に結びつくわけではないという違い)から、判決が両者を年金期待権の基礎として区別して扱うことが正当化できるとしたことが、(189)矛盾であると批判されている。(190)

### (三)　一九九六年連邦憲法裁判所第一法廷決定に基づく規範的評価

一九九二年判決以前の年金保険制度上での子育ての考慮は、育児による稼得活動の中断によって保険料納付ができなくなることへの配慮であった。この場合、子育ての考慮は、疾病や失業などを理由とした保険料の減免措置と同様に、稼得活動の中断への補償的な観点から行われていたといえる。ところが一九九二年判決によって、世代間契約システム上で子育てを考慮する場合、その固有の意義を認め、それ以外の稼得中断事由とは区別して取り扱わねばならないという規範的要請があることが明らかになった。このことは、子育ての考慮を従来とは別の観点からも行うべきことが、規範的に求められているという理解を導く。つまり、いままで、もっぱら稼得活動の中断により生じる不利益に対する補償的な観点から行われていた子育ての考慮とともに、子育て独自の意義を評価し、報償を与えるような考慮が、規範的に要請されていると解することができるのである[191]。このような新たな理解が明示的に確認されたのが、一九九六年三月一二日の連邦憲法裁判所第一法廷決定[192]であった。

この決定で論じられたのは、つぎの論点である。被保険者が年金保険制度上で考慮される育児期間中に育児と平行して保険料納付義務のある稼得活動に従事し、あるいは保険料の任意納付を継続していた場合に、当該期間につき育児によるみなし保険料納付と自ら納付した保険料の全合計額が、後の年金給付に反映されない取り扱いが、育児と就労とを平行して行った者を、育児のみを行った被保険者と比較して不利益に扱うことになり、したがって基本法三条一項の平等原則に反するか否かである。すなわち当時のライヒ保険法および官吏保険法[193]によると、育児期間中に保険料のみなし納付[194]が認められるのは、その他の保険料納付が平行して行われていない場合である。仮に当該期間中、被保険者が保険料納付義務が生じる稼得活動に従事し、あるいは、任意の保険料納付を継続していた場合、自ら獲得した報酬点数が育児により獲得できる報酬点数を下回る場合にのみ、育児による報酬点数を上限として、自ら獲得した報酬点数が引き上げられることになっていた。それゆえ規定に基づくと、育児による貢献は一部のみしか評価されないか、あるいは、そもそも自分で獲得した報酬点数が育児により認められる報酬点数を上回る場合、育児による貢献部分はまったく考慮されないという結果になる。

このような規定の効力について裁判所は、規定により児童の養育期間がすべての被保険者を同程度利するわけではないという点に、基本法三条一項に反するような不公平な取り扱いが生じているとした[195]。そのうえで、年金保険制度上での児童の養育の考慮には、そもそも年金受給資格要件を満たさない者に、児童の養育に基づく考慮のみにより、あるいは付加的に任意保険料を納付することで年金受給権を獲得させる効果があり、その限りで立法者は児童の養育期間を稼得不能、あるいは、失業の場合におけるような本来の意味での保険料納付の空白期間とは定義づけていないと判断した。[196]さらに、これまで育児と被保険者の保険料納付との重複を、完全に年金額に反映させていないことについては、単に当該期間中に自らの保険料納付に基づき年金期待権を獲得した被保険者へのさらなる保障の必要性を否定しているにすぎないため、[197]このような取り扱いにより児童の養育それ自体を評価することを否定しているわけではないとする。これらを前提としたうえで、賦課方式の年金制度における児童の養育には制度の維持への貢献があることが以前の判決[198]で認められており、貢献に対する評価は、養育者が養育期間中に保険料納付を行ったからといって減じられるべきものではないとした。検討の結果、裁判所は、育児と保険料納付を同時に行った場合に関する法上での不十分な考慮を、一九九八年六月三〇日までに修正することを立法者に義務づけた。この決定に基づいて一九九八年七月一日以降、児童の養育と保険料納付とを同時に行った場合、自らの保険料納付に加えて育児による貢献が、保険料の算定の際に基礎となる所得の限度額である保険料算定限度額(Beitragsbemessungsgrenze)を限度として算入されるようになった。[199]つまり、この判決を契機に、出産後、子育てと保険料納付義務が発生する稼得活動とを両立し続けた人に対するそれまでの取り扱いがあらためられ、子育てに専念した人も、子育てと仕事を両立した人も、同等に評価されることになったのである。同時に、それまでの、被保険者の平均賃金の七五%を獲得していた場合と同様の保険料を納めていたとみなされる取り扱いが、被保険者の平均賃金の一〇〇%を獲得して保険料を納めていたとみなされる取り扱いにあらためられた。このような考慮は一九九九年・年金修正法[200]により実現した。

裁判所は決定の中で、近時、子育てを考慮する際のひとつの根拠とされる、世代間契約システム上での子育ての効用を以前よりもはっきりと示した。つまり決定が出る以前の公的年金保険法上の規定(社会法典第六編七〇条二項)では、子育ては年金の待機期間を形成し、年金額の増額につながる効果を有するとされていたものの、保険料未納期間を補充するにすぎず、実際に働いて一定額以上の保険料を納付していた場合は何の効果も有しなかった。ところが、このような取り扱いは基本法三条一項の平等原則に反するとされ、職業活動を継続した場合の子育ても、子育てに専念した場合と同等に、評価すべきであることが示された。その結果、立法者は保険料納付期間に空白が生じているか否かにかかわらず、子育てによる貢献を考慮しなければならなくなる。つまり、立法者には、基本法六条一項と結びついた三条一項の平等原則に基づいて、子育てにより生じる年金保険の空白期間を補償する規範的義務が課せられるのみならず、さらに、空白が生じていない場合であっても、子育ての年金保険制度の維持・存続という貢献を積極的に評価する規範的義務が課せられていることになる。[201] このことは同時に、子育てが公的年金保険制度上で反対給付を必要とする事由であるとされたことで、はじめて、子育てが保険料納付に匹敵するものであることを基礎づけたと評価されている。[202] これらのことから、連邦憲法裁判所が求める公的年金保険制度上での子育ての公正な考慮とは、子育てによる年金保険料納付期間の空白という不利益の補償にとどまらず、同時に、制度の存続保障という子育ての効用を積極的に評価し、給付に反映させたものであることになる。エブセン(Ebsen)はこれを、年金保険法上での「負担調整(Lastenausgleich)」から「履行調整(Leistungsausgleich)」への拡充であると位置づけている。[203]

この決定の最大の意義とは、子育ての効用の積極的な評価が社会政策的な観点からではなく、基本法の要請として示されたことであり、かつ、一般的に市場原理とは切り離されている子育てが、公的年金保険制度の枠組みの中でとはいえ、稼得労働との互換性を有することが認められたことである。[204] 他方で、公的年金保険制度で子育てを積極的に評価することは、従来の公的年金保険制度の根幹である、金銭拠出と金銭給付による構成を揺るがす可能性を生じさせる。その結果、評価の範囲や財源調達といったさらなる課題が生じることになる。

## 第五節　具体的手法をめぐる問題

世代間契約システムにおける子育ての効用を認めそれを積極的に評価する場合、つぎに、その財源を被保険者集団内部で調達し実施すべきであるのか、税財源により社会全体の責務として実施すべきであるのかが問題となる。ドイツでは年金保険制度が国民一般を広く対象とする皆年金制度ではないこと、および、次世代の育成支援は国家の責務であると理解されてきたことから、[205] 公的年金保険制度上での児童養育期間の保険料納付期間としての承認にかかる費用は、連邦が負担してきた(社会法典第六編一七〇条一項一号)。ところが、二〇〇一年四月三日の介護保険判決[206]で、裁判所が、世代間契約に基づく社会保険システムにおける子育ての貢献を認めそれを評価すべきとするのみならず、その考慮手法について被保険者集団内部で保険料算定の際に行うべきであるとし、そのうえ、類似の財源システムに基づくその他の社会保険制度にも判決の射程があるとしたことで、[207] 子育ての考慮の財源調達および手法をめぐって年金制度上でも激しい議論を招いた。そこで以下では、介護保険判決の概要を明らかにしたうえで、この判決の公的年金保険制度に対する影響を見ていくことにしよう。

## 一　二〇〇一年四月三日介護保険判決の概要

ドイツでは一九九四年五月二六日に「介護保険法(Pflege—Versicherungsgesetz vom 26. Mai 1994)[208]」が成立し、この法律に基づいて一九九五年一月一日から保険料徴収がはじまった。保険給付は、一九九五年四月一日(在宅介護)および七月一日(施設介護)から開始されている。介護保険の保険者は公的疾病保険の保険者である疾病金庫に新設された介護金庫であり(社会法典第一一編四六条一項)、公的疾病保険の被保険者ならびに給付対象となっている扶養家族[209]は自動的に介護保険の被保険者となる。その際、被保険者の扶養家族に保険料納付義務はない。介護保険の強制的な被保険者としては、被用者および有給で職業訓練を受けている者、雇用促進法による失業手当等の受給者、農業従事者、芸術家、学生・職業訓練生(扶養家族に含まれない者)、兵役あるいは社会的役務に就いている者、年金保険の受給者、社会扶助受給者等が挙げられる(社会法典第一一編二〇条一項、二一条)。また、一定の所得額を超えたことにより公的疾病保険への強制加入が免除されている者が、公的疾病保険に任意加入している場合も、公的介護保険への加入が義務づけられる(社会法典第一一編二〇条三項)。同様の理由により公的疾病保険への加入義務が免除された者、および官吏、職業軍人で公的疾病保険に任意加入していない者は、民間の疾病保険への加入が義務づけられているが、介護保険に関しても民間の介護保険によって給付を受けることになる(社会法典第一一編二三条一項二項)。被保険者の支払う保険料は、所得に法定保険料率(一九九五年一月から一九九六年六月末までは一・〇%、一九九六年七月からは一・七%)を乗じて算出された額である(社会法典第一一編五五条一項)。ただし一定額(保険料算定限度額)を超える所得を有する者に関しては、保険料算定限度額を限度として保険料が算定される。よって保険料の最高額は、二〇〇〇年時点で旧西ドイツ地区では月額一〇九・六六DM、旧東ドイツ地区では月額九〇・五二DMとなっている。[210] また介護保険では医療保険と同様に一定の所得を超える者については強制加入義務がない。加入義務を免除される所得は二〇〇三年では四万一四〇〇ユーロである。しかし、所得額を超過した場合でもそれ以前に強制被保険者であった場合、任意加入が可能となる。[211] さらに、所得が一定額に達しない者については支払い免除がある。以上に基づきドイツでは一九九五年時点で、国民全体の九割以上が公的介護保険あるいは民間の介護保険に加入しており、いずれの保険にも加入していない、いわゆる無保険者は人口の〇・五％に満たないとされる。[212]

介護保険判決の憲法訴願人となったのは一九八二年から一九九五年までの間に生まれた一〇人の子供を持つ父親であり、公的疾病保険ならびに介護保険の任意加入被保険者である。彼の妻は稼得労働に従事しておらず、子供たちとともに夫の被扶養者として保険に加入している。彼は介護保険の保険料算定に関する規定が、児童の養育を考慮していないことにより生じる不利益について以下のように主張する。すなわち、保険料算定の際に児童の養育が考慮されないことで（筆者注：本来であれば賦課方式の社会保険における児童の養育というかたちでの貢献が認められ、所得移転を受ける側にあるべき）家族も含めた所得移転の傾向がさらに強まると同時に、将来の保険料支払い人となる児童を養育している親は、保険料支払いに加えて児童の養育負担を負うことによって、子供のいない者と比較して財政的に劣後することになる。このような親の不利益は、介護保険料算定の際に児童の養育が考慮されていないために解消されない。よって介護保険法での保険料算定規定は、基本法六条二項、三項、および法治ならびに社会国家原理に反するというものである。[213] この訴えに対して裁判所は、問題を子供のいる被保険者と子供のいない被保険者の間での公平な保険料算定に関わる事項であると捉え、基本法六条一項と結びついた三条一項の平等原則に照らして、当該規定の憲法規範適合性を審査している。

判旨ではまず、賦課方式を採用する老齢時のリスク保障システムにおいては、多様な介護需要の大部分をカバーする財源として後続世代の保険料が用いられていることから、児童の養育は、システムの機能に対して重要な意義を有していることが認められた。さらに、児童を養育すると同時に保険料負担を負う者は、そのために自らの消費や資産形成を断念するという不利益を被っている一方で、子供を養育しない者はこのような不利益を負うことなく児童の養育から得られる利益を親と同等に享受していると述べる。これとともに、介護保険法が規定されている社会法典第一一編が施行された一九九四年に、立法者は児童養育者の数が今後一〇年の間に劇的に減少することを認識できたゆえに、この時点ですでに被保険者が保険料拠出とともに児童の養育というかたちで介護保険財源の安定化のために貢献するであろうという論証は可能であり、このときから子育てをしない者の増加を考慮しない制度設計をすることは許されなくなったと判断した。これらに基づき裁判所は、保険料算定の際に児童の養育を考慮しないことは、基本法六条一項と結びついた三条一項に反すると述べた。判決ではさらに、ここで指摘された児童の養育者とそれ以外の者との不利益調整を行うためには、親世代の養育・稼得期間の負担を軽減すべきであると述べる。それゆえ、給付時点ではなく保険料拠出時点での負担軽減を行うべきであり、同時に親は公的介護保険が賦課方式の財源を採用しているがゆえに憲法に反するような方法で不利益を被ることになっているため、「制度の中で」も不利益調整されるべきであると判断した。[214] この修正の実施期限は、二〇〇四年一二月三一日であった。判決を受けて立法者は法改正を行った。その結果、現行の介護保険法上では、二三歳以上の被保険者で子供のいない被保険者の保険料率が、通常の一・七%の保険料率よりも〇・二五%割増されている(社会法典第一一編五五条三項)。[215]

## 二　介護保険判決の公的年金保険制度への影響

介護保険判決において、賦課方式の財源方式を採用する社会保険制度では、子育てを行う被保険者の不利益を調整するために保険料納付の際に負担の軽減を行うべきであるとされ、この判決の射程が公的年金保険制度にも及ぶとされたことから、その波及の適否が年金保険制度に関しても論じられることになった。

介護保険判決以前から研究者によって、年金保険制度上でも被保険者集団内部で保険料財源による調整が望ましいという見解は主張されていた。このような見解を主張する者は、税財源を用いて、保険制度の外から調整を行うことをつぎのように批判する。例えば保険財源を用いた調整を主張する代表的な論者であるボルヒェルトは、税財源を用いた年金保険制度内での児童の養育の考慮は、児童の養育を行う家族自体も納税義務を負っている場合、負担を解消されるべき客体である家族が、結果的に負担解消のための財源の一端を担うことになるという矛盾を指摘する。[216] また、税財源を用いた児童養育の考慮が、自由権的基本権に反するという見解を主張するベーグマン(Wegmann)はつぎのように述べる。[217] 彼によると、子育てが年金期待権を基礎づけ年金額に反映されるようになったことで、同一世代の子供のいない被保険者と、子供のいる被保険者間での不公平は解消されたが、[218] 一方で世代間の不公平という問題は未解決のままであるとされる。ここでいう世代間の不公平とは、賦課方式を採用している年金保険制度上、保険料を負担している世代と年金を受け取る世代間の拠出と給付との差額が、後続世代に行けば行くほど少なくなること、および、年金水準が維持されるという前提の下で、後続世代になればなるほど、被保険者一人あたりに課される負担が重くなることを指す。このような世代間の不均衡は、後続世代人口の恒常的な減少に基づく人口構造の変化を前提とすることから、ベーグマンは、このような不公平を被保険者の自由と責任という観点から捉える。彼によると、一九六〇年代の半ば以降生じた恒常的な出生率の減少は、その結果生じる世代間の不公平という問題を、憲法上解決すべき問題として認識することを可能にしたとされる。[219]つまりこれ以降、子育てを行わないことを単に個人の自由の問題と捉えるべきではなく、自由権行使の結果によって社会に生じた影響について、基本法六条一項との関係ではそれを行使した者が不可避的に責任を負うべき問題と捉えることが可能になったというのである。[220]ここからベーグマンはこの問題を、被保険者の中で子供を養育しない者が負うべき責任の問題であるとみなし、本来ならば子育てをしない被保険者自身が負うべきである責任を、税財源を用いて、国が代わりに負うことの是非を論じる。[221]すなわち税財源を用いた場合、年金制度上の世代間の不公平の是正を国家が行っていることになる。しかしながら年金制度上で税財源による調整が認められるのは、それにより、子供を有する家族も有しない家族も同程度の不利益調整を享受できる場合のみであるとされる。それゆえ、ベーグマンは税財源を用いて子供のいない者の責任を軽減することは、正当化されないと主張する。彼は、このような不正は自由と責任という必要不可欠な併存関係に反し、その結果、自由権的基本権に違反すると結論づけている。[222]

介護保険判決が出されたことで、この問題に対してはさらに、さまざまな論者により賛否両論が論じられることになった。[223]議論では、介護保険判決の結論が公的年金保険にもすべて適用されうるのか、適用される場合、保険財源の中で児童の養育の考慮を行い、しかも、児童の養育を保険料拠出と同等に評価すべきであるのか、それとも、判決とは関わりなく公的年金保険では従来通り税財源により児童の養育を考慮すべきであるのか、さらには、給付時点ではなく保険料算定の際に児童の養育を考慮すべきであるかが主要な論点となった。[224]

介護保険判決の結論の年金保険への適用を認めないとする立場をとる者には、政府が招集した社会審議会(Rürup-Komission)[225]およびルーラント[226]がいる。拒否の理由としては、①公的介護保険では現物および金銭給付を保険料拠出ではなく、介護需要と関連づけて決定するのに対し、公的年金保険では年金給付と保険料拠出とが密接に関連するという制度設計上の違いが存在する。②公的年金保険制度上では一九八六年の遺族年金および養育期間法の施行以降、制度の中での児童の養育の考慮を十分に拡充しているので[227]、年金保険制度内でのこれ以上の考慮は立法者に求められていないというものである[228]。また、彼らの見解によると、子育ての考慮は国の一般的な責務であり、したがって、年金保険制度単体の中でのみ解決すべき問題ではないので、保険財源ではなく税財源に基づいた考慮が妥当であることになる[229]。このことは同時に、社会保険制度内での保険財源を用いた子育ての考慮は、保険加入者間のみでの調整になるため、それ以外の社会構成員は調整に関与しないという不公平が生じるとともに、保険財源による調整が社会保険での同一の保険料を支払った者については同一の給付が得られるという「関与の同等原理(Teilhabeäquivalenz)」に反することからも根拠づけられるとする[230]。

これとは逆に介護保険判決の結論を公的年金保険にも適用するという立場をとる者としては、従来から保険財源を用いた考慮を主張していたボルヒェルトが挙げられる。彼は公的介護保険判決によって、一九九二年・年金判決(本章第四節三(二)参照)においては否定された、保険料拠出と児童の養育の経済的同一性が認められたと理解する[231]。判決のこのような理解に基づき、彼は保険財源を用いた児童の養育の考慮の実現をさらに推奨するが、調整の時点に関しては、公的介護保険と公的年金保険の保険料と給付との関係性の違いから、年金制度では給付時点での考慮が望ましいとする[232]。ボルヒェルトの見解をさらに具体化したものとして、ヘンマンら(Henman/Voigtländer)は年金請求権の子供の数に応じた段階化を提言する。すなわち彼らの主張によれば、子供を二人以上育てた被保険者は年金財源の悪化に寄与していないので年金額の引き下げという不利益を負わないが、一人あるいはまったく育てない者は年金額が引き下げられることになる。これにより保険料と年金額との関連性が弱められることになるが、この点に関してはあくまで「中立的(Nutraler)」な施策であり、積極的な人口政策あるいは子供を持たない者への懲罰的な意義は有しないとされる。[233]同様に、年金財源に基づく不利益調整を支持するのがCSUである。CSUでは介護保険判決を受けて、公的年金保険制度においても保険財源による不利益調整を行うべきことを主張する。その具体的方法として提案しているのは保険料拠出時に二〇〇五年以降に生まれた子供一人につき月額五〇ユーロの児童ボーナスを一二歳になるまで支給し、同時に年金受給時には子供一人につき一三〇ユーロの児童年金を給付するというものである。[234]ただし、CSUの児童ボーナス案はルーラントによって「年金制度の基本原理に根本的に矛盾する」[235]と批判されている。

介護保険判決で、裁判所が子育ての考慮の方法を保険料の側で行うべきであると示したのに対して、年金保険判決では子育ての考慮に際して、立法者が予算や公的年金保険制度の財政状況を斟酌することを認めている。[236]ここから、年金保険判決では考慮の手法選択における立法者の裁量の余地が、依然として認められていると解することができる。これと同時に裁判所は考慮の方法を選択するにあたって、立法者は税財源を投入する他に、子供のいない被保険者の負担による、子供のいる被保険者への適度な調整は可能であり、このような調整は基本法一四条一項の所有権保護にも反しないとしている。[237]それゆえ、給付反対給付相当の原則に支配される年金保険であっても、その程度が適度なものであれば相当原則に反するような考慮、例えば、年金保険制度上でも被保険者に子供がいるか否かによって保険料に差を設ける、あるいは給付に差を設けることが可能であることになる。しかしながら、年金保険制度に関しては依然として被保険者集団内部で保険財源を用いて子育ての考慮を行うことに対する、否定的な見解が少なくない。その理由としては、ひとつには、子育てによる経済的負担の軽減、不利益の解消あるいは、制度に対する貢献への報償の実施は社会全体の責務であるという理解が挙げられる。この理解に基づくと、上述のような責務は部分的には社会保険システム内部あるいはシステム上の措置によって克服できるものもあるが、しかしながら、本来的には個々の社会保険システム内部の連帯に基づき財源を負担すべきリスクではないことになる。[238]それゆえ、社会保険における子育ての考慮には税財源が用いられ、社会全体がこの責務の履行に関与するべきという結論が導かれることになる。

いまひとつの、介護保険判決での保険料拠出の際に子育てを考慮すべきという考え方についても、同様に、以下の理由から年金保険制度への適用が懐疑的に論じられている。懐疑的な論者は介護保険と年金保険の給付と拠出に関する手法の違いに、その論拠をおく。すなわち、介護保険は、サービス給付の受給量が介護ニーズに基づいて決定される。つまり支払った保険料と受け取るサービス給付量に相関関係がない。それゆえ、被保険者に子供がいるかいないかによって給付に差は生じないため、この限りで年金保険におけるような不利益は生じない。[239]ここから、介護保険で子育てを考慮する場合、保険料拠出において差を設けることが望ましい手法となる。一方、年金保険の場合、支払った保険料額と年金受給額とが密接に関連しているため、子育てによる保険料未納期間が生じた場合、年金額が減るという不利益が生じる。それゆえ、このような不利益を減じるように給付の際の調整が従来から実施されてきた。さらに、裁判所では前述の通り適度な調整であれば被保険者間の調整も可能であるとしたが、この点に関してはやはり給付反対給付相当の原則を外れることへの疑念をぬぐい去ることができない。ここから年金保険においては、従来行われてきたのと同様に、年金給付における考慮が望ましいという結論が導かれることになる。[240]

これらの議論が示すのは、同じ賦課方式の財源システムに基づく年金保険と介護保険であっても、制度構造の違いを鑑みることなく一様に子育ての考慮を論じることは難しいということである。すなわち家族にとって公正な社会保険制度のあり方は、各制度の特質に応じたさまざまな形態をとることになる。

## 第六節　年金保険制度での公正な子育て支援のあり方

ドイツ家族法上では一九七〇年代の半ばまで、また、年金保険法上では一九八六年にHEZGが制定されるまで、いわゆる、主婦婚モデルが法制度の前提とされていた。年金保険法上でも、例えば一九一一年にライヒ保険法上に取り入れられた遺族年金法[241]においては主婦婚を前提として遺族の生活保障が規定されていた。すなわち、夫が稼得活動をし、妻は家庭で家事や子育てに専念するという家族モデルを前提に、被保険者である夫が死亡した場合、寡婦は一般的な要件を満たせば寡婦年金が受給できるのに対し、これとは逆に死亡した被保険者が妻であった場合、夫は、もっぱら死亡した妻の所得により生計を維持していた場合にのみ寡夫年金を受給できた(これに関しては本章第四節三(一)を参照のこと)。

ところが、法制度の前提とされていた主婦婚モデルは、時代の流れとともに次第に実態に合わなくなっていく。例えば家庭を持つ女性の就労割合は一九五〇年には僅か七・五%であったのが一九三七年までに三七・七%になり、一九九一年には既婚女性のおよそ半分が就労していたとされる。[242]このような時代の変化に合わせるかのように一九七六年の第一次婚姻法[243]では主婦婚モデルが、いわば公式に家族法上から姿を消した。公的年金保険法上では遺族年金に関する連邦憲法裁判所決定で、寡夫と寡婦の年金受給要件を同等とすることが求められたことをきっかけに、主婦婚モデルが放棄される。[244] その後、決定の修正要求に応えて制定された遺族年金・子育て期間法[245]以降、性役割分担を前提とする家族モデルを法制度の念頭におくことは控えられるようになった。ＨＥＺＧによる遺族年金法の改正は、社会関係の変化に社会法が適応したことの表れであると解されている。[246] 同時に、この改正を規範原理から見た場合、男女の平等という平等原則の貫徹からの要求に応えるとともに、婚姻および家族の保護を求める基本法六条一項の要求に応えたものであったとされる。すなわち、法改正は、六条一項の自由権的側面に基づく、特定の家族像（ここでは主婦婚）を法制度の前提とすることの禁止に、立法者が応えたものであると理解されている。[247]

このように社会変化に適応するための修正があったとはいえ、遺族年金の本来の性質、つまり主として家事や子育てを担う女性は被保険者にならないという前提のもと、被保険者が死亡した場合に家族構成員に保険給付を拡張適用するという性質が根底から変化したわけではない。それゆえ遺族年金の支給とは、被保険の稼得活動に基づく保険料納付を前提とする収支相当原則に適った給付の一類型と理解することも可能であり、[248] 社会保険の機能のひとつであるとされる扶養代替機能が作用したものであるといえる。この意味で、遺族年金給付による寡婦（夫）の子育ての考慮は、社会保険の連帯原理に基づいて行われる社会保険本来の責務の履行であり、ここからこれらの給付は原則として保険財源で賄われることになる。[249]

ＨＥＺＧの制定は、遺族年金法の社会環境の変化への適合と同時に、子育て期間を年金保険料納付期間に算入することも実現した。ここでの子育て期間の年金保険料納付期間への算入は、男性のみならず女性も被保険者となることを前提に、主に子育てを担う女性が子育て期間中稼得活動ができず、したがって年金保険料を納付できないという不利益を補償するという観点に基づくものである。このように家庭内で報酬が発生しない「仕事」に就くことで社会保険から排除される人に対して、国が社会法的な観点から稼得労働と同様の状態を認め社会保険の被保険者にするという手法は、HEZGによってはじめて取り入れられた手法である。[250] したがってそれ以前に公的年金保険制度上で行われていた、被保険者の稼得活動に基づく保険料納付を前提とするリスク保障が被保険者による生活保障の欠如の際に妻や子供にも拡張される場合と、HEZG制定以降の子育ての考慮は、社会保険制度における位置づけを異にすることになる。[251]

その後、一九九二年の連邦憲法裁判所判決は、年金保険制度には家庭の中で子育てをする人の稼得活動の中断から派生する年金保険料拠出の中断とそれに伴う年金額の減少という不利益があることを指摘し、[252] 立法者にさらなる改善を義務づけた。その結果、立法者は公的年金保険制度での子育ての考慮の一層の改善を図ってきた。すなわち、一九九二年以降に産まれた子供については、それまで一年だった保険料のみなし納付を三年に延長し、みなし納付期間中被保険者の平均賃金の七五%を得て労働していたのと同様に評価していたのを、一〇〇%得て労働していたのと同様に評価する措置を講じた。さらに、当該期間中子育てと平行して働き続けた被保険者については、みなし納付保険料に付加して、獲得した賃金に基づく保険料納付による上乗せを全額認めた。ここでは、子育てにより被保険者に生じる不利益の補償のみならず、賦課方式の財源方式を採用する公的年金保険制度での次世代育成の意義が積極的に評価されている。これに伴い、それまで市場原理的な価値を有していないとされてきた子育てが、公的年金保険制度の中ではあるが、稼得所得に相当する価値を有することが認められるようになった。[253] 年金保険制度での子育ての考慮の拡充はこれにとどまらず、二〇〇一年の年金改正法においては、さらに、考慮期間の導入により子育て期間中の保険料納付を実際の納付額よりも高く評価する措置が講じられている。このように、年金保険法は家族構造の変遷に適合するような修正を重ねてきた。子育ての考慮についても、裁判所の要請に応えて柔軟な対応を行ってきている。これらをまとめると、つぎのような理解が可能である。

すなわち、基本法六条一項と結びついた三条一項により、立法者は年金保険制度上でも子供を育てる被保険者の不利益を是正することが求められる。(254) この場合の不利益とは、子育て期間中就労できないことで、親自身の年金受給権の構築ができないという不利益である。(255) このような不利益は、子育てによる保険加入期間の空白を、保険料のみなし納付によって埋めることで取り除かれる。その際、三年間という現行法上での不利益是正の範囲は、他施策との連動により、十分な不利益是正措置という評価を獲得する。ここでいう他施策とは、親時間と称される育児休業規定、あるいはその間の所得補償を担う養育手当および親手当である。年金保険制度上で子育てにより認められる保険料のみなし納付期間は三年間である。三年という期間は、ドイツの被用者が親時間（Elternzeit）と称される育児休暇を取得することができる期間と重なる（連邦育児休暇法一五条三項）。(256) 親時間は、原則として共働きの被用者が出産後、どちらか一方が（場合によっては同時に）家庭で育児のみに専念する場合、もしくは週三〇時間以内の就労しか行わない場合、子供が三歳になるまでの間取得することができる。この間使用者による賃金の支払いはないが、養育手当によって一定の所得保障が行われる（二〇〇二年で三〇七ユーロ、ただし親の所得に応じた制限あり）。これに加えて、二〇〇七年一月以降は新たに創設された親手当（Elterngeld）が手取り所得の六七％（最低で三〇〇ユーロから最高で一八〇〇ユーロまで）支給される。つまり公的年金保険法上で保障される機会費用の損失補償は、親時間や養育手当といった休暇の取得保障と、その間の所得保障と連動して、子育てにより生じうる親の損失を総合的にカバーしていることになる。

これにとどまらず、連邦憲法裁判所は立法者に世代間契約システムを前提とした公的年金保険制度上で、子育ての効用を積極的に評価することを義務づけた。[257] 子育ての効用を評価するという規範的要請は、子供を育てる被保険者に生じうる負担を代償的に考慮する不利益取り扱いの禁止とは異なり、家族固有の性質を認め評価することで家族を促進するものである。促進の実現に際して立法者には、不利益の是正の場合よりも広い裁量が認められるというのが連邦憲法裁判所の見解である。[258] それゆえその範囲や手法は原則として立法者に委ねられているが、一方で制度本来の目的や固有の原理を排除することは許されない。[259] 本来、社会保険システムは被保険者に生じうる典型的なリスクに対して、被保険者が受給要件を充足している場合に保障を行うシステムである。同時に給付反対給付相当をその基礎におく。この限りで、社会保険制度は社会一般に生じうる不利益や社会的な問題を解決するための手段ではない。[260] 同時に連邦憲法裁判所が公的年金保険制度上で子育ての効用を承認する論拠とした「制度の存続保障という子育ての意義」の承認、いい換えれば「世代間契約」は、公的年金保険制度のみならず社会全体にとっても存続保障という意義を有する。[261] この意味で、子育ての効用の承認は個別のシステム内部ではなく、社会全体で、つまり税財源で行われるべきものであるとされる。[262] これらのことから、公的年金保険制度上で子育てをする被保険者に生じる不利益の是正を超えて、さらにその効用を評価する場合、社会保険の特質との調整が不利益調整以上に求められることになる。[263]

現行法上での子育ての考慮に対しては、すでに年金保険法は子育て支援の拡充により「解決不能な矛盾により身動きがとれなくなっている」[264] という見方もある。また、育児支援を拡充することが結果的に女性のフルタイム就労に対するインセンティブを弱める可能性も指摘されている。[265] これらの理解は公的年金保険制度上での子育ての考慮が、社会保険としての制度の整合性を喪失させかねないほどに拡充されていることを示すものである。現実の政策効果を見ても非常に手厚い保障が行われている。例えば子供を一人育てた場合、月々一九〇ユーロの年金給付額につながるとされる。これは、四万三〇〇ユーロの保険料拠出をした場合に相当する。同様に、第二子以降の子育てについても月々一五四ユーロの年金給付額につながるとされる。これは、三万一七〇〇ユーロの保険料拠出に基づく年金給付額である[266]。このような具体的効果、ならびに、上述の見解を前提とすれば、この間の積極的な拡充政策によって、ドイツでは少なくとも公的年金保険制度上で、家族が「子育て期間中、必要不可欠な配慮によって負担を軽減され[267]」ており、この限りでドイツの公的年金保険制度上では、すでに効果的な子育て負担の軽減が実現していることになる[268]。

家族にとって公正な社会保険制度のあり方は、制度構造に応じて多種多様である。それゆえ何をもって公平の実現といえるのかは非常に難しい問題がある。しかし、これまでの考察に基づく限り、子育てにより生じる制度上の損失を補償し、制度の維持・存続に対する子育ての効用を積極的に評価することを試みるドイツの公的年金保険制度を、家族の公正という理念が顕在化している一類型として捉えることは、決して誤りではないだろう。

(1)　西村健一郎『社会保障法』(有斐閣、二〇〇三年)二六頁以下。
(2)　岩村正彦『社会保障法Ⅰ』(弘文堂、二〇〇一年)四〇頁以下。
(3)　Walter Bogs, "Grundfragen des Rechts der sozialen Sicherheit und seiner Reform" (Duncker & Humblot, 1955), S. 24ff.　社会的調整の基本的特徴として、Bogsは、ある特定集団の内部に恵まれた者と貧しい者がいた場合、これらを中庸に導くことを挙げる。その際、社会的調整によって均質化された集団構成員が「連帯」に基づいてその集団への加入を、正当化できることが重要であると説く。しかしながら同時に、彼は、今日の社会の中にこのように強く結束した社会集団、ひいては、社会調整が存在しうるかについては疑問視している。Bogs, a.a.O. (s. Anm. 3), S. 27, 111.
(4)　Dieter Schewe, "Über den sozialen Ausgleich in der Rentenversicherung", in: Kurt Jantz, Horst Neumann-Duesberg, Dieter Schewe (hrsg.), Sozialreform und Sozialrecht (Duncker & Humblot, 1959), S. 334.

(5) Schewe, a.a.O. (s. Anm. 4), S. 334.

(6) Schewe, a.a.O. (s. Anm. 4), S. 334.

(7) Franz Ruland, "Rentenversicherung", in: Bernd Baron von Maydell/Franz Ruland (hrsg.), Sozialrechtshandbuch 3. Auflage (Nomos Verlagsgesellschaft, 2003), S. 974.

(8) Franz Ruland, "Das Retenversicherungsrecht", in: Franz Ruland (hrsg.), Handbuch der Gesetzlichen Rentenversicherung (Luchterhand, 1990), S. 497. 具体的に保険外とされるものを挙げると、例えば公的年金保険では、①算入期間(Anrechnungszeiten)(§58 SGB VI, (BGBl. I 2014)、②補償期間(Ersatzzeiten)(§250 ff SGB VI (BGBl. IS. 1038)、③支払った保険料よりも多い保険給付が正当化される場合などを挙げることができる(Ruland, a.a.O. (s. Anm. 8), S. 497)。ドイツの「Fremdlast」概念に関しては津田小百合「ドイツ社会保険法制における財政負担に関する法的課題」社会システム研究四号(二〇〇一年)二四七頁。

(9) Ruland, a.a.O. (s. Anm. 7), S. 1016.

(10) ただし介護保険においては二〇〇一年の連邦憲法裁判所判決を受け、二〇〇六年より子供を育てた人については保険料負担を軽減するという措置を講じている。それゆえ、現行法上での介護保険においても子育てが保険外といえるのかは議論の余地がある。

(11) Franz Ruland, "Versicherungsfremde Leistungen in der gesetzlichen Rentenversicherung" (Deutsche Rentenversicherung, 1/95), S. 33ff.

(12) Friedhelm Hase, "Versicherungs Prinzip und sozialer Ausgleich" (Mohr Siebeck, 2000), S. 300ff. ハーゼによると、保険者間で「社会的調整」すべき事柄とは、疾病や失業により稼得活動を中断した場合や、自ら稼得活動に参加できず、被保険者になれない家族を給付の対象とすることであるとしている。しかしこれらが子育てによる稼得活動の中断とどのように違うのかは明らかではない。

(13) Wannagat Georg, "Lehrbuch des Sozialversicherungsrechts Bd. I" (Mohr, 1965), S. 108ff.

(14) RGBl. IS. 97. この法律に関して詳しくは、木下秀雄『ビスマルク労働者保険法成立史』(有斐閣、一九九七年)参照。その他のドイツの公的年金保険制度に関する歴史研究として下和田功『ドイツ年金保険論』(千倉書房、一九九五年)、本澤巳代子「西ドイツにおける女性の年金」季刊労働法一四〇号(一九八六年)一四三頁以下がある。

（15）Gehard Wolff, "Der Versicherte Personenkreis", in: Franz Ruland (hrsg.), Handbuch der Gesetzlichen Rentenversicherung (Luchterhand, 1990), S. 527.
（16）Wolff, a.a.O. (s. Anm. 15), S. 527.
（17）Ruland, a.a.O. (s. Anm. 7), S. 968.
（18）Ruland, a.a.O. (s. Anm. 7), S. 960.
（19）一九五七年の年金改正を検討する邦語文献として戸原四郎「西ドイツにおける社会保障整備の一齣・一九五七年改革への道」社会科学研究三二巻五号（一九八一年）五九頁。
（20）これに関する邦語文献として緒方桂子「社会保険非適用限度内就業と社会保険財政の問題　一・二完」賃金と社会保障一二七五号（二〇〇〇年）五二頁以下・賃金と社会保障一二七六号（二〇〇〇年）四四頁以下。
（21）Ruland, a.a.O. (s. Anm. 7), S. 965.
（22）Ruland, a.a.O. (s. Anm. 7), S. 968.
（23）Art8 des Beitragssicherungsgesetzes vom 23. 12. 2002, BGBl. I. IS. 4637.
（24）BSGE 75, (61).
（25）Ruland, a.a.O. (s. Anm. 7), S. 1013.
（26）Ruland, a.a.O. (s. Anm. 7), S. 975.
（27）Ursula Rust, "Familienlastenausgleich in der gesetzlichen Kranken-, Unfall-und Rentenversicherung" (Erich Schmidt Verlag, 1990), S. 97;　松本勝明『ドイツ社会保障論II　年金保険』（信山社、二〇〇四年）二八頁。
（28）Wolfgang Gitter Fortgef/Jochem Schmitt, "Sozialrecht 5Aufl" (Beck, 2001), S. 51; BVerfGE 17, 1(20); 21, 329(352).
（29）Ruland, a.a.O. (s. Anm. 7), S. 970.
（30）Ernst-Jürgen Borchert, "Rentenstrukturreform — Operation ohne Diagnose? — ohne Kinder?" (Zeitschrift für Sozialreform, 1988), S. 321, 334.
（31）このことを述べる判例として、BVerfGE 17, 1(10) が挙げられる。
（32）このことを述べる判例として、BSGE 53, 242(244) が挙げられる。
（33）Franz Ruland, "Anmerkungen zur Verfassungsmäßigkeit der Rückabwicklung des Versorgungsausgleiches"

SozVers, 1989, S. 183.

(34) Ruland, a.a.O. (s. Anm. 7), S. 969.

(35) なおここでの年金保険制度とは、ライヒ保険法上での被用者に対する年金保険制度のみを指す。ドイツではライヒ保険法が成立した同じ年に官吏を対象とする官吏保険法が制定されている。Kurt Brackmann, "Handbuch der Sozialversicherung Bund3" (Bonn BadGodesberg, 1979), S. 707ff.

(36) Gesetz über den Ausbau der Rentenversicherung vom 21. Dezember 1937, RGBl. IS. 1394.

(37) Ernst-Jürgen Borchert, "Die Berücksichtigung familiärer Kindererziehung im Recht der gesetzlichen Rentenversicherung" (Duncker & Humblot, 1981), S. 65.

(38) BVerfGE 39, 169.

(39) BGBl. IS. 1450.

(40) Borchert, a.a.O. (s. Anm. 37), S. 99.

(41) Kommissionsbericht zum IV. Buch der RVO, RT-Drucks. 1909/11, Nr246, S. 103.

(42) Rust, a.a.O. (s. Anm. 27), S. 119.

(43) Hanow Hugo/Lehmann Richard, "Die invaliden-und Hinterbliebenversicherung", in: Hugo Hanow (hrsg.), Kommentar zur Reichsversicherungsordnung 4. aufl. (Heymann, 1925), §1291 RVO 1916, Anm7.

(44) Rust, a.a.O. (s. Anm. 27), S. 213. その後二五歳までに延長されている。vgl. Wolfgang Pelikan, "Rentenversicherung 6. auflage" (C.H. Beck, 1986), S. 309.

(45) Rust, a.a.O. (s. Anm. 27), S. 220.

(46) Rust, a.a.O. (s. Anm. 27), S. 261; Borchert, a.a.O. (s. Anm. 37), S. 99.

(47) Gesetz vom 19. Juni 1942, BGBl. IS. 311.

(48) Rust, a.a.O. (s. Anm. 27), S. 267.

(49) Pelikan, a.a.O. (s. Anm. 44), S. 308.

(50) Pelikan, a.a.O. (s. Anm. 44), S. 309.

(51) Borchert, a.a.O. (s. Anm. 37), S. 100. しかしながらその後、里子については一定の要件の下、再び考慮されるようになった。Pelikan, a.a.O. (s. Anm. 44), S. 310.

(52) Franz Ruland, "Kindergeldrecht", in: Hans Friedrich Zacher (hrsg.), Sozialrechtsprechung. Verantwortung für den sozialen Rechtsstaat, Festschrift zum 25Järigen Bestehen des Bundessozialgerichts Bd. 1 (Heymann, 1979), S. 462ff.

(53) ここでの児童付加給付の性質とは、児童付加給付のみ、独立して申請しなくても、年金受給権本体の申請によって児童付加給付の支給も認められること、すなわち権利としての一体的な性質を指すとされる。BSGE 10, 131.

(54) Pelikan, a.a.O. (s. Anm. 44), S. 309.

(55) Rust, a.a.O. (s. Anm. 27), S. 409.

(56) Borchert, a.a.O. (s. Anm. 37), S. 144.

(57) Die Invaliditäts-und Altersversicherung vom 22. Juni 1889, RGBl. S. 97.

(58) Borchert, a.a.O. (s. Anm. 37), S. 145.

(59) Borchert, a.a.O. (s. Anm. 37), S. 145.

(60) Borchert, a.a.O. (s. Anm. 37), S. 146.

(61) ここでの制度とはすなわち、年金保険制度・災害保険制度・戦争犠牲者扶助制度・および官吏扶助を指す。Borchert, a.a.O. (s. Anm. 37), S. 146.

(62) Borchert, a.a.O. (s. Anm. 37), S. 146.

(63) Borchert, a.a.O. (s. Anm. 37), S. 179.

(64) Gesetz vom 18. Juli 1957, BGBl. IS. 609.

(65) 松本・前掲注(27)一七二頁以下参照。

(66) RGBl. S. 97.

(67) Reichesversicherungsordnung (RVO) vom 19. Juli 1911, RGBl. S. 509.

(68) Rust, a.a.O. (s. Anm. 27), S. 97; Michael Nitsche, "Die Geschichte des Leistungs-und Beitragsrechts der gesetzlichen Rentenversicherung von 1889 bis zum Beginn der Rentenreform" (Peter Lang, 1986), S. 78; 松本・前掲注(27)二八頁。

(69) Wolfgang Dreher, "Die Entstehung der Arbeiterwitwenversicherung in Deutschland" (Duncker & Humblot, 1978), S. 31.

(70) Nitsche, a.a.O. (s. Anm. 68), S. 78.
(71) RT-Drucks. 12/II/340, S. 366.
(72) Dreher, a.a.O. (s. Anm. 69), S. 34; 57.
(73) Dreher, a.a.O. (s. Anm. 69), S. 59.
(74) Marlene Ellerkamp, “Die Frage der Witwen und Waisen”, in: Stefen Fisch /Ulrike Haerendel (hrsg.), Geschichte und Gegenwart der Rentenversicherung in Deutschland (Duncker &Humblot, 2000), S. 207.
(75) §1256 Abs. 1 Nr. 4 RVO, Gesetz über den Ausbau der Rentenversicherung vom 21. 12. 1937, RGBl. IS. 1397.
(76) §2 Abs. 1 des Gesetzes vom 19. Juni 1942, RGBl. IS. 407, 411.
(77) §1256 Abs. 2 RVO, Zweites Gesetz über die Verbesserung der Leistungen in der Rentenversicherung vom 19, 6, 1942, RGBl. IS. 411; Nitsche, a.a.O. (s. Anm. 68), S. 245.
(78) 同様に、寡婦が満四五歳に達している場合あるいは稼得不能である場合も、通常よりも高額の遺族年金を受給することが可能であった。§1268 Abs. 2Nr. 1Nr. 2 RVO.
(79) Borchert, a.a.O. (s. Anm. 37), S. 60.
(80) Dreher, a.a.O. (s. Anm. 69), S. 99.
(81) BSGE 5, 17.
(82) Der Reichsversicherungsordhung in der Fassung des Artikel 1 des Gesetzes zur Neuregelung des Rechts der Rentenversicherung der Arbeiter vom23. 2. 1957, BGBl. IS. 45.
(83) BVerfGE 17, 1(17ff.).
(84) BVerfGE 39, 169(194ff.).
(85) BSGE 32, 117.
(86) Dreher, a.a.O. (s. Anm. 69), S. 81.
(87) Borchert, a.a.O. (s. Anm. 37), S. 60.
(88) 二〇〇二年からは、私的な災害、生命保険給付、資産収入等にも算入の対象が拡大された。Ruland, a.a.O. (s. Anm. 7), S. 1032. その理由としては公的な保険料のみを算入する「従来の方式では、年金保険のために保険料を負担した者が、私的年金に加入した者よりも不利な取り扱いになってしまうなど、公平性の面で問題があったからである」とされる。松本・前掲注(27)二〇一頁。また、算入から除外される所得補償給付としては、公的扶助給付や失業手当がある。

(89) 遺族年金も被保険者の保険料拠出に基づくものであることを考えると、このような減額には違憲の可能性も生じうるが、連邦憲法裁判所は違憲でないと判断している。判決では、遺族年金が受給権者自身の待機期間の満了や保険事故の発生によるものでなく、むしろ被保険者の死亡時に配偶者であったことによるものであること、遺族年金給付が給付を受ける遺族自身の保険料に基づくものでないこと、死亡した被保険者が遺族年金給付のために付加的な保険料を支払っていたわけではないことから、基本法一四条で保護されるべき受給権者の所有財産に該当しないと述べる。BVerfGE 97, 271(283ff.). この問題に関する論文として、Wolfgang Heine, "Die Neuregelung der Witwen-und Witwerrenten in der gesetzlichen Rentenversicherung", FamRZ, 1986, S. 113 が挙げられる。判決と反対の見解を示すものとして Ruland, a.a.O. (s. Anm. 7), S. 983 がある。

(90) Ellerkamp, a.a.O. (s. Anm. 74), S. 208.

(91) Rust, a.a.O. (s. Anm. 27), S. 425; Pelikan, a.a.O. (s. Anm. 44), S. 344. この点を指摘する邦語文献として本沢巳代子「離婚給付の研究」(一粒社、一九九八年)一九〇頁。なお、この本では、一九七六年の婚姻および家族法の第一次修正法導入の社会的背景や立法過程が詳述されている。

(92) Wolfgang Pelikan, "Rentenversicherung 10Auflage" (C.H. Beck, 2002), S. 14ff.

(93) Pelikan, a.a.O. (s. Anm. 92), S. 175.

(94) §1256 IV RVO, vom 22. 6. 1942, RGBl. IS. 1421.

(95) Dreher, a.a.O. (s. Anm. 69), S. 97ff. 前妻の遺族年金受給と同時に、死亡時の妻も遺族年金の受給が可能であった。この場合、前妻への遺族年金は死亡時の妻が受給する遺族年金額を超えないように規定されていた。§1272IV RVO vom 22. 6. 1942, RGBl. IS. 411.

(96) Dreher, a.a.O. (s. Anm. 69), S. 98.

(97) 本沢・前掲注(91)一八六頁。

(98) Erste Gesetz zur Reform des Ehe-und Familienrechts vom 14. Juni 1976, BGBl. IS. 1421ff.

(99) 夫婦の共同生活における双方の貢献を考慮するという考え方はその後も法修正の際の議論の対象であり続け、最終的には社会法典第六編一二〇条以下に規定された年金分割に至る。Ursula Köbl, "Familienleistungen in der Alterssicherung",

DRV, 2000, S. 687.

（100） Ehrentraud Seiedel, “Die gesicherten Risken”, in: Franz Ruland (hrsg.), Handbuch der Gesetzlichen Rentenversicherung (Luchterhand, 1990), S. 598.　なお、離婚寡婦（夫）年金はその後も、一九七七年七月一日以前の離婚については存続した。

（101） BT-Drucks. 7/650, S. 39, 185, 225.

（102） BVerfGE 17, 1(10).

（103） BGBl. IS. 1585.

（104） BVerfGE 39, 169.

（105） Hinterbliebenrenten-und Erziehhungszeiten-Gesetz (HEZG) vom 11. 7. 1985, BGBl. IS. 1450.

（106） これは、もっぱら財源的な理由によるものである。vgl. BT-Drucks. 10/2677, S. 30.

（107） Helmut Reinhardt (hrsg.), “SozialgesetzbuchVI” (Nomos, 2006), S. 896.

（108） Wolfgang Schmidt, “Die Kindererziehungsleistung”, in: Franz Ruland (hrsg.), Handbuch der Gesetzlichen Rentenversicherung (Luchterhand, 1990), S. 908.

（109） Reinhardt, a.a.O. (s. Anm. 107), S. 896; Schmidt, a.a.O. (s. Anm. 108), S. 908.

（110） 年金現在価値とは、年金算定基礎のひとつとなるもので「一暦年において平均報酬に相当する労働報酬を得て就労した被保険者（つまり個人報酬点数一・〇の者）が受給することのできる通常の老齢年金の月額に相当する」ものである。松本・前掲注（27）一二頁。

（111） 具体的な額は、二〇〇三年七月一日時点で二六・一三もしくは二二・九七ユーロである。Ruland, a.a.O. (s. Anm. 7), S. 1047.

（112） BVerfG Beschluß vom 11, 03, 1994 1 BvR 1304/88.　この判決ではドイツから迫害され一九四九年一二月三一日までに外国で出産した母親が要件を満たす場合、育児給付を受給できるのに対して、それ以降の出産については育児給付が受給できないことが、平等原則と照らし合わせて問題となった。Reinhardt, a.a.O. (s. Anm. 107), S. 900.

（113） 社会法典第六編七〇条三ａ一文。なお、二五年の年金保険法上の期間に関しては約八割の女性がこれを達成しているとされる。Helmut Stahl, “Aufwertung der Kindererziehung”, DRV, 2001, S. 321.

（114） §70 Abs. 3a SGB VI.

(115) §70 Abs. 3a SGB VI.

(116) §70 Abs. 3a Satz3 SGB VI.

(117) Reinhardt, a.a.O. (s. Anm. 107), S. 236.

(118) §70Abs. 3a, b SGB VI.

(119) §70Abs. 3a, b SGB VI.

(120) BT-Drucks. 14/4595, S. 37, 41.

(121) BT-Drucks. 14/4595, S. 41.

(122) BT-Drucks. 14/4595, S. 41.

(123) Reinhardt, a.a.O. (s. Anm. 107), S. 235.　ただし、考慮期間の規定は、加算上限の設定等により、子育てをする者すべてに適用されるわけではない。これにつき、このような区別が、女性の就労復帰を支援する、あるいは子育てによる不利益を軽減するという法目的から正当化されえない区別であるとして、規定の基本法三条一項適合性を疑問視する見解がある。Stefan Roller, "Die Kindbezogene Höherbewertung von Beitragzeiten bei der Rentenberechnung", NZS, Heft8/2001, S. 409ff.

(124) Gesetz zur Neuordnung der Hinterbliebenenrenten sowie zur Anerkennung von Kindererziehungszeiten (HEZG) vom 11, 07, 1985, BGBl. IS. 1450.

(125) Ruland, a.a.O. (s. Anm. 7), S. 994.

(126) この他に祖母に認めた判例もある。BSGE 67, 211.

(127) Ruland, a.a.O. (s. Anm. 7), S. 995.

(128) このような方法は一九八五年のＨＥＺＧによってはじめて児童養育期間が制定された当初は認められていなかった。その後、連邦憲法裁判所の判決(BVerfGE 87, 1ff.　および94, 241ff.)を通じて子育てと就労を両立した場合の年金保険法上での評価が改善されることになった。

(129) Ruland, a.a.O. (s. Anm. 7), S. 995.

(130) BT-Drucks. 10/2677, S. 28.

(131) BT-Drucks. 10/2677, S. 28.

(132) Ruland, a.a.O. (s. Anm. 7), S. 967.

(133) Franz Ruland, Grundprinzipen des Rentenversicherungsrechts, in: Franz Ruland (hrsg.), Handbuch der Gesetzlichen Rentenversicherung (Luchterhand, 1990), S. 486; Hase, a.a.O. (S. Anm. 12), S. 194.

(134) Vgl. BVerfGE 6, 55(76); 80, 81(92).

(135) Vgl. BVerfGE 6, 55(76); 82, 60(81).

(136) Franz Ruland, "Kinderlastenausgleich ist eine Aufgabe des Stattes", FuR, 1992/2, S. 98; Peter Krause, "Ein neues Modell für den Familienlastenausgleich?", FamRZ Heft, 12/1969, S. 621.

(137) 立法者の広範な裁量に言及する判例として、BVerfGE 11, 105(126); 39, 316(326); 55, 114(127); 82, 60(81).

(138) Kommissionsbericht zum IV. Buch der RVO, RT-drucks. 1909/11, Nr246, S. 103.

(139) Borchert, a.a.O. (s. Anm. 37), S. 101.

(140) Ruland, a.a.O. (s. Anm. 136), S. 100; Ruland, a.a.O. (s. Anm. 7), S. 976.

(141) Ruland, a.a.O. (s. Anm. 136), S. 99ff.

(142) Ursla Rust, "Mögliche Auswirkungen der Beiden Urteile des BverfG zum Beitragrecht der Pflegeversicherung für die gesetzliche Rentenversicherung", VSSR, 1/2004, S. 81.

(143) Rust, a.a.O. (s. Anm. 27), S. 409; BT-Drucks. 10/335, S. 60.

(144) Rust, a.a.O. (s. Anm. 27), S. 409.

(145) Rust, a.a.O. (s. Anm. 27), S. 409.

(146) BVerfGE 39, 316(326).

(147) Rust, a.a.O. (s. Anm. 27), S. 409; Borchert, a.a.O. (s. Anm. 37), S. 104.

(148) BT-Drucks. 7/650, S. 39, 185, 225.

(149) Reinhardt, a.a.O. (s. Anm. 107), S. 896.

(150) 例えば、養育年金で適用対象者の規範適合性が論じられた事例として BVerfG-Beschluß vom 11, 03, 1994 1 BvR 1304/88 がある。この判決ではドイツで迫害され一九四九年一二月三一日までに外国で出産した母親が要件を満たす場合、育児給付を受給できるのに対して、それ以降の出産については育児給付が受給できないことが、平等原則と照らし合わせて問題となった。Reinhardt, a.a.O. (s. Anm. 107), S. 900.

(151) Borchert, a.a.O. (s. Anm. 37), S. 179.
(152) BVerfGE 17, 1.
(153) 43 Abs. 1 des Angestelltenversicherungsgesetzes in der Fassung des Art. 1 des Angestelltenversicherungs-Neuregelungsgesetzes vom 23. Februar 1957, BGBl. IS. 88.
(154) 1266 Abs. 1 der Reichsversicherungsordnung in der Fassung des Art. 1 des Arbeiterrentenversicherungs-Neuregelungsgesetzes vom 23. Februar 1957, BGBl. IS. 45.
(155) BVerfGE 17, 1(20).
(156) Borchert, a.a.O. (s. Anm. 37), S. 181.
(157) BVerfGE 39, 169(185).
(158) BVerfGE 39, 169(169).
(159) 1356 Abs. 1 BGB. なお、この規定では、「女性は自らの責任において家事を行う。女性は婚姻と家族に関する彼女の義務と調和する限り、就労する権利を有する」と規定し、女性の家事専念義務を明示している。
(160) BR-Drucks. 260/73.
(161) BVerfGE 39, 169 (183ff.).
(162) BVerfGE 39, 169 (193).
(163) BVerfGE 39, 169 (193).
(164) Gesetz zur Neuordnung der Hinterbliebenenrenten sowie zur Anerkennung von Kindererziehungszeiten (HEZG)vom 11, 07, 1985, BGBl. IS. 1450. なお、ＨＥＺＧ以降の子育ての考慮の拡充過程を論じる邦語文献として田中耕太郎「第七章家族手当」古瀬徹・塩野谷祐一編『先進国の社会保障四ドイツ』(東京大学出版会、一九九九年)一四六頁以下。ＨＥＺＧを一九五七年年金改正で唱えられた世代間契約概念が育児支援の観点から三世代の契約を導入しその対象を拡大したものであることを指摘する邦語文献として、田中秀一郎「ドイツ年金保険における世代間契約」九大法学八六号(二〇〇三年)三一一頁以下。
(165) 新たに導入された遺族自身の所得や年金受給額に応じた遺族年金の減額は、遺族年金が死亡した被保険者の家族に対する扶養義務の肩代わりをする機能、すなわち扶養代替機能を有していることから(このような機能を認める判決として、BVerfGE 39, 169ff.; 48, 346ff. がある)正当化された(BT-Drucks. 10/2677, S. 23. BVerfGE 97, 271(273))。ドイツ民法一三六〇条は、夫婦に、家族を適切に扶養する義務を課している。遺族年金は、死亡した被保険者が家族に対してその義務を履行していた範囲で、被保険者に代わって扶養義務を履行するものであるとされる。したがって、被保険者の死亡した時点で、夫婦の他方に所得があり、家計の一部が賄われていた場合、その限りにおいて、遺族年金が死亡した被保険者に代わって補償すべき扶養の範囲は縮小されることになるのである(遺族年金にかかるこのような給付制限を合憲であると判断した判決として、BVerfGE 97, 271 (283ff.))。同時に、支給制限は財政的な観点からも不可欠であったとされる(BT-Drucks. 10/2677, S. 24)。このような遺族年金の受給権者の所得に応じた減額は、所得補償給付としての老齢時の年金や稼得不能時の年金と、扶養義務の代替としての遺族年金の性格の違いをより明確に示しているといえる。

(166) Entwurf eines Gesetzes zur Neuordnung der Hinterbliebenenrenten sowie zur Anerkennung von Kindererziehungszeiten in der gesetzlichen Rentenversicherung, BT-Drucks. 10/2677, S. 28.

(167) ただし、一九八六年以降の子育て期間が保険料納付義務期間とされたのに対して、それ以前の子育て期間は、特別の保険期間(Versicherungszeit eigener Art)であるとされている。いずれも待機間として算入され、大きな違いはないが、保険料納付義務期間においては子育ての開始により被保険者としてみなされるのに対し、特別の保険期間においてはそのようなことがない等の違いがある。BT-Drucks. 10/2677, S. 31.

(168) BT-Drucks. 10/2677, S. 30.

(169) Kindererziehungsleistungs-Gesetz (KLG) vom 12. Juli 1987, BGBl. IS. 1585.

(170) BT-Drucks. 10/2677, S. 28.

(171) BT-Drucks. 10/2677, S. 30; 松本・前掲注(27)一七六頁。

(172) Rentenreformgesetz vom 18. 12. 1989, BGBl. IS. 2261.

(173) 松本・前掲注(27)四五頁以下参照。

(174) 松本・前掲注(27)五〇頁。

(175) BVerfGE 87, 1ff.

(176) §1251a RVO; §28a AVG.

(177) BGBl. IS. 1585.

(178) すなわち、一九〇七年より前に生まれた母親に対しては一九八七年一〇月一日から給付が開始され、一九〇七年から一九一一年までの間に生まれた母親に対しては一九八八年一〇月一日から給付が開始される。また、一九一二年から一九一六年までに生まれた母親に対しては一九八九年一〇月一日からで、一九一七年から一九二〇年までに生まれた母親に対しては一九九〇年一〇月一日から給付が開始されることになっていた。官吏保険新法(Angestelltenversicherungs-Neuregelungsgesetz (AnVNG))六一条二項、および労働者年金保険新法(Arbeiterrentenversicherungs-Neuregelungsgesetz (ArVNG))六二条二項。

(179) BVerfGE 87, 1(9).
(180) BVerfGE 87, 1(35).
(181) BVerfGE 87, 1(40).
(182) BVerfGE 87, 1(37).
(183) BVerfGE 87, 1(35).
(184) BVerfGE 87, 1(37).
(185) BVerfGE 87, 1(37).
(186) Ingwer Ebsen, Familienlastenausgleich und die Finanzierung der Sozialversicherung, VSSR, 1/2004, S. 7.
(187) Ebsen, a.a.O. (s. Anm. 186), S. 7.
(188) なお、このような、子育てを他の事由と別に取り扱うべきだという要請は、基本法六条一項の解釈から導き出される「区別の要請」すなわち、経済・子育て共同体としての家族の独自性を考慮すべきであるという規範適的要請にあたるという見解がある(Margit Tünnemann, "Der Verfassungsrechtliche Schutz der Familie und die Förderung der Kindererziehung im Rahmen des staatlichen Kinderleistungsausgleichs" (Duncker & Humblot, 2002), S. 126ff.)。この見解を主張する者は、年金保険は給付要件において家族かそうでないかによる区別をしていないので、法形式上は家族中立的であるにもかかわらず、裁判所が子育てをする者に不利益があるとしたのは、裁判所が、年金保険制度の家族固有の性質を顧みない点に事実上の不利益性を認めた、つまり、年金保険制度が子育てをする家族を、他の被保険者と区別して取り扱うという規範的要請に応えていないことを認めたからに他ならないからであると述べる。vgl. Matthias Pechstein, "Familiengerechtigkeit als Gestaltungsgebot für die staatliche Ordnung" (Nomos Verlagsgesellschaft, 1994), S. 367.
(189) BVerfGE 87, 1(40).

(190) Tünnemann, a.a.O. (s. Anm. 188), S. 131; Bernd Wegmann, "Transferverfassungsrechtliche Probleme der Sozialversicherung" (Peter Lang, 1987), S. 131; Ebsen, a.a.O. (s. Anm. 186), S. 7.

(191) Ebsen, a.a.O. (s. Anm. 186), S. 12ff.

(192) BVerfGE 94, 241. なお、この決定に言及する邦語文献として田中・前掲注(164)一四七頁以下参照。また、連邦憲法裁判所による判決と決定の違いに関しては判決が口頭弁論に基づいて下されたものであるのに対し、決定は書面手続きに基づいて下されたものという違いがある。ただしその違いは形式的なものであり、既判力やその他の法的効果に関しては違いがないとされる。工藤達朗編『ドイツの憲法裁判』(中央大学出版部、二〇〇二年)一五八頁。

(193) 一九八六年一月一日以降の育児期間については§1255 Abs. 6a RVOならびに§32a Abs. 6a AVG、一九八五年一二月三一日以前の育児期間に関しては、§1255a Abs. 5 Sätze 1und 2 RVOならびに§32a Abs. 5 Sätze 1 und 2 AVG参照。

(194) 育児期間中の保険料のみなし納付から生じる効果としては、年金の給付算定基礎となる報酬点数(Entgeltpunkten)が月〇・〇六二五認められることである。報酬点数(Entgeltpunkt)とは、年金給付額の算定基礎となるものである。点数は一年間に獲得した被保険者の所得総額を、全被保険者の平均所得(二〇〇四年度では二九四二八ユーロ)で割ることで算出される。つまり二〇〇四年度において二九四二八ユーロの所得を得た被保険者の報酬点数は一となる。

(195) BVerfG 94, 241(260).

(196) BVerfG 94, 241(262).

(197) vgl. BT-Drucks. 10/2677, S. 30.

(198) BVerfGE 87, 1(40).

(199) これにより例えば二人の子供を養育しながら稼得活動を継続した母親が一九九三年以降月額五〇〇ユーロの年金を受給していた場合、一九九八年七月一日以降の年金額は約四一・四一ユーロ増額されることになる。また、両親が共働きである場合どちらの側で児童の養育を評価するのかという問題が生じる可能性があるが、これに関しては児童の養育の評価は両親のどちらか一方のみが受けることになる旨規定されている。しかしながら双方の明示の合意に基づき他方に後の評価を譲渡することが可能であり、これにより例えば一九九二以降に生まれた児童に認められる三六ヶ月の考慮期間を両親が任意に分割することもできる。また、多胎児が生まれた場合、あるいは考慮期間中につぎの子供が生まれた場合、考慮期間は延長される。Landesversicherungsanstalten der Bahnversicherungsanstalt und der Seekasse zur Aufklärung der Versicherten und Rent-

ner, "Meine Rente -die informationsreihe Rentenversicherung, wdv Gesellschaft für Medien und Kommunikation" (MbH & Co, 2004), S. 19ff.

(200) Gesetz zur Reform der gesetzlichen Rentenversicherung vom 16. 12. 1997 (Rentenreformgesetz 1999 (RRG1999), BGBl. IS. 2998.

(201) Ebsen, a.a.O. (s. Anm. 186), S. 8.

(202) Ebsen, a.a.O. (s. Anm. 186), S. 14.

(203) Ingwer Ebsen, Verfassungsanforderungen an den Familienleistungsausgleich in den Alterssicherungssystem, DRV, 12/2002, S. 700.

(204) Ebsen, a.a.O. (s. Anm. 186), S. 15.

(205) Ruland, a.a.O. (s. Anm. 7), S. 977; BR-Drucks. 500/84, S. 30.

(206) BVerfGE 103, 242.

(207) BVerfGE 103, 242ff.

(208) BGBl. IS. 1014.

(209) ただし、被保険者の家族として保険料免除により給付を受けるためには、以下の要件がある。すなわち子供に関しては原則として一八歳未満、学生の場合は二五歳未満の場合。子供に障害のある場合は年齢制限はない。また、配偶者に関しても子供に関しても所得月額が給付月額の七分の一以下であることも要件である（社会法典第一一編二五条、五六条一項）。

(210) BVerfGE 103, 242(244).

(211) Ruland, a.a.O. (s. Anm. 7), S. 979.

(212) 本沢巳代子『公的介護保険　ドイツの先例に学ぶ』（日本評論社、一九九六年）四八頁以下参照。その他ドイツの介護保険を紹介した邦語文献としてクラウス・メークス／アンドレア・シュミット（榎木真吉訳）『ドイツ介護保険のすべて』（筒井書房、一九九五年）、河畠修偏『ドイツ介護保険の現場』（労働旬報社、一九九七年）がある。

(213) BVerfGE 103, 242(246ff.).

(214) BVerfGE 103, 242(263ff.).

(215) なお、ドイツの介護保険制度では、所得が一定額を超える人については加入義務が免除される（それ以前に加入義務があった被保険者は任意で公的介護保険に加入し続けることが可能である）。ここから、公的介護保険法上で子供のいる被保険者の保険料を軽減し、子供のいない被保険者の保険料負担を増額することで、子供のいる人は負担が軽減されるので公的介護保険にとどまり、子供のいない人は負担が増えるので私的な介護保険へと移行することが考えられる。その結果、公的介護保険では相対的に所得の低い子供のいない被保険者のみが、子供のいる人の負担を軽減することになるので、基本法三条一項および二〇条一項から導かれる社会的公平の原則に反する帰結を生じさせるゆえに、介護保険判決が示した修正策は誤りであるという批判がされている。Ruland, a.a.O. (s. Anm. 7), S. 979.

(216) Borchert, a.a.O. (s. Anm. 37), S. 87.

(217) Wegmann, a.a.O. (s. Anm. 190), S. 336ff.

(218) 同様の指摘をしているものとして Borchert, a.a.O. (s. Anm. 37), S. 88.

(219) 同様の指摘をするものとして、Pechstein, a.a.O. (s. Anm. 188), S. 368. ちなみに二〇〇〇年度の統計に基づくとドイツ全体で単身世帯が三六・一％、複数の構成員により形成される世帯が六三・九％、そのうち子供のいない世帯が三〇・一％、未成年の児童がいる世帯が三三・一％となっている。Bundesministerium für Familie, Senioren, Frauen und Jugend, Die Familie im Spiegel der amtlichen Statistik, Bonn 2003, http://www.sozialpolitik-aktuell.de, TabelleV II. 12.

(220) すなわち、ウェグマンは、「六条は自由に関しては、家族に反するような決定する場合、それによる結果についても責任を負わねばならない」ことを規定していると解釈している。Wegmann, a.a.O. (s. Anm. 190), S. 331ff.

(221) Wegmann, a.a.O. (s. Anm. 190), S. 337.

(222) Wegmann, a.a.O. (s. Anm. 190), S. 337.

(223) なお、年金保険をめぐる議論が活発であることの背景にはいうまでもなく、出生率の低下と平均寿命の伸長に伴う保険料の担い手の減少と年金受給者の増大によって、現在の老齢時保障水準を今後も維持し続けることが難しいという状況のもと、制度の根本的な改革の必要性が生じていることが挙げられる。vgl. Barbara Henman/Michael Voigtländer, “Unzureichenden Berücksichtigung der Kindererziehung als Ursache der Rentenkreise”, Otto-Wolff-Institut Discussion Paper 4/2003 (September 2003). S. 2. http://www.otto-wolff-institut.de.

(224) この論点を論じる論文として、上述のものの他 Jürgen Bochert, “Familienpolitische Strukturreform auch bei der Rentenversicherung unausweichlich”, Wirtshaftdienst, 05/2001, S. 256; Friedhelm Hase, “Die rechtlichen Rahmenbedin-

gungen zum Spannungsfeld zwischen Beruf, Familie und Altersicherung aus Verfassungsrechtlicer Sicht", Jahrestagung 2002 des Forschungsnetzwerkes Alterssicherung, Dresden 6. Dezember 2002, http://vdr.de; Roman Herzog (Herzog Kommission), Bericht der Kommission "Soziale Sicherheit" zur Reform der sozialen Sicherungssysteme, berlin 29. september 2003, http://.cdu.de; Bundesministerium für Gesundheit und Soziale Sicherung (Rürup Kommission), "Nachhaltigkeit in der Finanzierung der Sozialen Sicherungssysteme", Bundesministerium für Gesundheit und Soziale Sicherung, http://www.soziale-sicherungssysteme.de; Franz Ruland, "Famile und Rentenversicherung", VDR Akutuelles Presseseminar 2003, am 3. 4 November 2003, http://www.sozialpolitik-aktuell.de; CSU, "Die Rente der Zukunft familienfreundlich, generationengerecht und solidarisch" am17. November 2003, http://www.sozialpolitik-aktuell.de; がある。

(225) Stellungnahme des Sozialbeirats zu Urteilen des BverfG zur Pflegeversicherung vom 03, 04. 2001 hinsichtlich ihrer Bedeutung für die gesetzliche Rentenversicherung, BT-Drucks. 14/6099, S. 8 がある。

(226) Franz Ruland, "Das BverfG und der Familienlastenausgleich in der Pflegeversicherung", NJW, 2001, S. 1673-1678.

(227) 一九八六年以降の公的年金保険制度上での児童の養育の考慮の拡充に関しては Rürup Kommission, a.a.O. (s. Anm. 224), S. 117の囲み三一一三および、Sozialbeirat, a.a.O. (s. Anm. 225), S. 5ff. 参照。

(228) Bundesministerium für Gesundheit und Soziale Sicherung (Rürup Kommission), a.a.O. (s. Anm. 224), S. 116; Ruland, a.a.O. (s. Anm. 224), S. 8.

(229) Ruland, a.a.O. (s. Anm. 224), S. 12; Bundesministerium für Gesundheit und Soziale Sicherung (Rürup Kommission), a.a.O. (s. Anm. 224), S. 115; Herzog (Herzog Kommission), a.a.O. (s. Anm. 224), S. 40.

(230) Ruland, a.a.O. (s. Anm. 224), S. 12; Bundesministerium für Gesundheit und Soziale Sicherung (Rürup Kommission), a.a.O. (s. Anm. 224), S. 115.

(231) Bochert, a.a.O. (s. Anm. 224), S. 256.

(232) Bochert, a.a.O. (s. Anm. 224), S. 258.

(233) Henman/Voigtländer, a.a.O. (s. Anm. 223), S. 5ff.

(234) CSU, a.a.O. (s. Anm. 224), S. 3ff.

(235) Ruland, a.a.O. (s. Anm. 224), S. 8.

(236) Ursla Rust, Mögliche Auswirkungen der beiden Urteile des BVerfG zum Beitragrecht der Pflegeversicherung für die gesetzliche Rentenversicherung, VSSR, 1/2004, S. 87.

(237) BVerfGE 87, 1(41); Rust, a.a.O. (s. Anm. 236), S. 87.

(238) Ebsen, a.a.O. (s. Anm. 186), S. 17; Ruland, a.a.O. (s. Anm. 7), S. 978ff.

(239) Rust, a.a.O. (s. Anm. 236), S. 89.

(240) Rust, a.a.O. (s. Anm. 236), S. 91; Ruland, a.a.O. (s. Anm. 7), S. 978ff.

(241) Reichsversicherungssordnung vom 19. Juli 1911, RGBl. S. 509, Angestellten-Versicherungsgesetz vom 20. Dezember 1911, RGBl. S. 989.　遺族年金の歴史に関しては、Dreher, a.a.O. (s. Anm. 69), S. 57ff 参照。

(242) BVerfGE 39, 169(184).

(243) Ersten Eherechtsgesetz vom 14. Juni 1976, BGBl. IS. 1421.

(244) BVerfGE 39, 169(185ff.).

(245) Gesetz vom 11. Juli 1985, BGBl. IS. 1450.

(246) Friedhelm Hase, “Die rechtlichen Rahmenbedingungen zum Spannungsfeld zwischen Beruf, Familie und Alterssicherung aus verfassungsrechtlichter Sicht”, in: Arbeitsmarkt und Alterssicherung (DRV-Schriften Bd. 42, 2003), S. 91ff.

(247) Hase, a.a.O. (s. Anm. 246), S. 91ff.

(248) Ruland, a.a.O. (s. Anm. 7), S. 976.

(249) Hase, a.a.O. (s. Anm. 12), S. 289ff.; 309ff.

(250) この手法は一九九五年に規定された介護保険法にも取り入れられている。すなわち、介護保険法上、自宅で介護を行っている人に介護手当を給付することで(§37 SGBXI)、それを報酬とみなし、年金保険法や(§44 Abs. 1 satz und 2 SGBXI; §3, §166 Abs. 2 und 170 Abs. 1 Nr. 6 SGB VI)災害保険法(§44 Abs. 1 Satz 6 SGB XI; §2 Abs. 1 Nr. 17; §129 Abs. 1 Nr. 7; §185 Abs. 2 SGB VII)の被保険者としている。

(251) Hase, a.a.O. (s. Anm. 12), S. 300ff.

(252) BVerfGE 87, 1(37).

(253) Ebsen, a.a.O. (s. Anm. 186), S. 15.

(254) BVerfGE 87, 1.
(255) BVerfGE 87, 1(37).
(256) これについて詳しくは拙稿「ドイツの育児支援政策に見る低出生率からの脱却の試み」週刊社会保障二四四三号（二〇〇七年）五〇頁以下ならびに、丸山亜子「ドイツにおける育児休業制度」労働法律旬報一五五八号（二〇〇三年）一五頁以下および、齋藤純子「「育児手当」から「親手当」へ――家族政策のパラダイム転換」外国の立法二二九（二〇〇六年）一六四頁以下参照。
(257) Ebsen, a.a.O. (s. Anm. 186), S. 14.
(258) BVerfGE 23, 258(264); 28, 104(113); 39, 316(326); 43, 108(121); 55, 114(127); 82, 60(81).
(259) Friedhelm Hase, "familienlastenausgleich und die Finanzierung der Gezetzlichen Kranken-und Pflegeversicherung", VSSR, 1/2004, S. 72.
(260) Hase, a.a.O. (s. Anm. 259), S. 72.
(261) Ruland, a.a.O. (s. Anm. 7), S. 977.
(262) Ebsen, a.a.O. (s. Anm. 186), S. 17; Ruland, a.a.O. (s. Anm. 7), S. 977.
(263) Hase, a.a.O. (s. Anm. 259), S. 72ff; Ebsen, a.a.O. (s. Anm. 186), S. 16ff.
(264) Hase, a.a.O. (s. Anm. 246), S. 96.　公的年金保険制度上での子育ての考慮に対しては、同様に、規範的な限界を迎えているという見解もある。すなわち基本法六条一項の家族の保護は、家族に対する不利益な取り扱いを禁じ、促進を命じる価値決定的な性質と、家族に対する介入を禁じる自由権的な性質を併せ持つ規範であると理解されている。この二つの性質は相反する作用を生じさせるがゆえに、場合によっては一方が他方を制限することになる。年金保険法上での子育ての考慮との関連では、価値決定的側面の推進による子育ての考慮のこれ以上の拡充に対しては、自由権的側面からの制限が生じるという指摘がなされている。すなわち、ここ一〇年ほどの子育ての考慮の推進には、夫婦共稼ぎという家族像を擁護し、あるいは、家族的な形成から逸脱することに対する過小評価をするというような、明らかに規範から突出した傾向がみいだされるとされる。このような傾向は、例えば二〇〇一年の年金修正によって取り入れられた考慮期間に見られるとされている。この規定による優遇はすべての養育者が享受できるものではなく、子育てと平行して保険料納付義務のある就労を行っている者だけに利益が生じるものである。つまり、保険料納付義務が生じる稼得活動を行っていない場合は、子供を二人以上育てない限り、利益を得ることがない。同様に、子供を一人しか育てておらず、稼得活動にも従事していない者は、この規定による利益は皆無である。このような養育者間の不公平は、立法に際して、年金保険料の空白期間を少なくするために、子育てをする者ができるだけ早く就労に復帰するようなモチベーションを高めることが大切であるという考え方によって正当化されている。このような正当化は、国民を操縦する受け入れ難い傾向であるとされる。つまり、考慮期間の正当化からは、子供のいない女性はできる限り就労し、子供が一人であればパートタイムの仕事に就くことが望ましい、子供を二人育てることではじめて、考慮期間によって得られる社会的な報酬を通じて稼得活動からの離脱が承認されるというような、政策誘導的な傾向がみいだせるとされるのである。つまり、行き過ぎた考慮の推進は六条一項の自由権的側面に抵触するおそれが生じることが指摘されている。Hase, a.a.O. (s. Anm. 246), S. 91ff.

(265) Ursula Köbl, “Familienleistungen in der Alterssicherung”, DRV, 12/2002, S. 689.

(266) Ruland, a.a.O. (s. Anm. 7), S. 980.

(267) Ruland, a.a.O. (s. Anm. 7), S. 980.

(268) Ruland, a.a.O. (s. Anm. 7), S. 980; Michael Stegmann, “Höherbewertung von Pflichtbeiträgen während Zeiten der Kindererziehung. Abschätzung der Auswirkungen auf Basis der AVID 1996” DRV, 12/2001, S. 753 ff.; Ebsen, a.a.O. (s. Anm. 186), S. 9.

# 第四章　所得税法上での子育ての考慮

## 第一節　応能負担原則

ドイツの所得税法上、租税の納付主体である個人の所得に対する租税の賦課・徴収は、法的秩序によって整備された市場システムや労働力を利用して稼得を得ている者は、その利益に応じてシステムの整備や維持にかかる費用負担に参加すべきであるという考え方に基づく。[1]課税客体は原則として納税義務者個人であるが(所得税法一条)、夫婦および家族についてはそれぞれの集団を課税単位と捉えることがある。その場合、夫婦は稼得共同体(Erwerbsgemeinschaft)と称され、家族は扶養共同体(Unterhaltsgemeinschaft)と称される。このように、夫婦あるいは家族をひとつの課税客体とする根拠としては、夫婦については民法上の相互扶助義務、家族については同様に民法に規定されている親子間の扶養義務(民法一六〇二条以下)が挙げられている。[2]これにより例えば夫婦については、所得税法上、夫婦分割課税(Ehegatten-splitting, 所得税法二六条以下)を選択することが可能となる。[3]この方法を選択した場合、夫婦二人の課税対象所得を一体とみなして合算し、二で割ったものに税率をかけて納税額が算出される。その際、累進税率を採用していることにより租税負担の軽減効果は夫婦のうちどちらか一方のみに所得があり他方には所得がない場合に最大となる。一九九八年時点では夫婦のおよそ九九%が夫婦分割課税を選択していたとされるが、[4]他方で、納税義務者の多くがこの方法を選択することで生じる租税収入の減少が問題視されており、廃止を念頭に入れた議論も行われている。[5]一方家族については、これをひとつの課税単位と捉えることにより、稼得者の所得から育児費も含めた家族構成員の最低生活にかかる経費の控除が可能になる。なぜなら、納税義務者の所得によって生活している家族共同体はある種の需要共同体を構成していると考えられることから、立法者が租税の算定に際してこれらの者を一体とみなし、すべての構成員に要する最低生活費用を考慮したうえで租税額を算定しない場合、立法者は租税算定の際に考慮しなかった家族構成員の最低生活費を、公的給付によって別途補う必要が生じると考えられているからである(6)。このことは、とりわけ児童については親による扶養が法によって義務づけられていることからも正当化される。

このような法の状況を前提として、ドイツの所得税法において、家族に対する公正な課税、特に子育てと関連した租税のあり方との関係で議論が集中しているのは、子供の扶養にかかる経費を租税算定基礎からどの程度、または、どのような方法を用いて控除するのが望ましいかという問題についてである(7)。この問題は、基本的には「応能負担原則(Prinzip der Leistungsfähigkeit)」に絡めて議論される(8)。応能負担原則とは、納税義務者の負担能力に応じた課税を求める原則であり、家族課税との関係では、子育てによる家族固有の負担に基づく納税義務者の税負担能力の低減を、どの程度認めるかが問題となる。この原則はドイツ憲法の歴史の中では、ワイマール憲法一三四条で言及されたことがあるが(9)、それ以外の憲法規範の中で明文で規定されたことはない。それゆえ、現行の基本法上で認められているか否かについては定かではない(10)。

応能負担原則をめぐってはさまざまな見解がある。例えば、応能負担原則を一般的な課税基準としても、納税義務者に対する租税の賦課徴収という具体的な適応の局面においても、一貫性と法的な保障をもたらす源泉であると捉えるキルヒホフ(Kirchhof)(11)は、その根拠を基本法三条の平等原則と一四条の所有権保護に求める(12)。彼の理解によると、応能負担原則はすべての人に同等に課税せよという平等原則が所有権保護という特別規範により修正され、個々の事情に応じた租税算定をせよという規範からの委任が立法者に課されることになるとされる。

一方でティプケ(Tipke)をはじめとする何人かの研究者たちは、応能負担原則を公正な課税の基本原理であるとみなし、これを基本法三条一項の平等原則から導く(13)。この見解によると納税義務者の租税負担能力の審査にあたっては、所有権で保護された私的な利益と租税徴収という公の利益が比較考量されることになる(14)。その際、応能負担原則は比較の基準として用いられ、負担能力に応じた課税という基準にそぐわない基準を打ち立てるといった立法者の形成裁量を制限することで自らの有用性を獲得するとされている(15)。

さらにヴィルク(Birk)は、応能負担原則を基本法三条一項から導かれる課税負担の配分原則であると解する(16)。彼によれば、租税負担能力という概念は平等取り扱いに関する重要な判断基準であり、応能負担原則は、立法者がこの原則よりも規範的に優先されるような法目的を追求するような場合を除いて破られることはないものであるとされる(17)。

これらの学説に基づくと、応能負担原則とは、納税義務者の負担能力に応じた公平な課税を実現するための基準として用いられると同時に、これに反するような立法者の決定を制限する効力を有することから、憲法規範に明文の規定がないにもかかわらず課税統制規範的な効力を有する原則である、という理解が導かれているといえる(18)。

一方、連邦憲法裁判所判決では応能負担原則に適った課税がなされない場合、基本法三条一項の平等原則が損なわれていると判断する(19)。すなわち三条一項の一般的な平等原則から演繹される租税公平から、納税義務者に課す租税負担は、納税者の経済的な負担能力に応じて分配されねばならないという原則を引き出す(20)。さらに、納税義務者に家族がいる場合、この原則は、婚姻および家族に配慮しなければならいという基本法六条一項の価値決定規範の影響も受けることになるとされている(21)。

とはいえ、この原則それ自体が、子育て費用によって親の租税負担能力がどの程度減少するか、あるいは、いかなる方法でこれを考慮するかを明示しているわけではない。それゆえ原則の具体化は、もっぱら連邦憲法裁判所判決に基づく法解釈、あるいは、立法者による具体的な政策形成に委ねられていることになる。

応能負担原則というかたちで明確に論じられる以前より、ドイツ租税法上では、子育てに対する積極的な考慮が実施されていた。(22)そこで本書では、まずはじめにドイツの所得税法上での家族課税史、中でも、子育てによる租税負担能力の減少の考慮の歴史を概略する。なぜなら、現在の税法上での子育ての考慮を、ドイツの租税システム全体の流れの中で位置づけ、評価するためには、家族課税の長期的な形成過程を知ることが重要であると考えるからである。そのうえで、応能負担原則が憲法規範に基づいて、子育てとの関係上どのように解釈され、具体的な政策にどのように具現されているかを考察し、ドイツでの家族に対する公平な課税という考え方と、それに基づく政策内容を明らかにする。

## 第二節　家族課税の歴史的概略

### (一)　プロイセン

ドイツの家族課税史はプロイセン時代にはじまったとされる。(23)プロイセンでは財務大臣により一八九一年に所得税法が制定された。(24)この法に基づいてドイツ所得税法の基礎が確立される。この大規模な法修正に際して、立法者は以下の目的を導き出した。すなわち直接的な課税の賦課は公正で納税義務者の現実の生活状況に適合したものでなければならず、かつ、納税義務者の租税負担能力と厳密に適合しなければならないという目的である[25]。この目的によって累進的な所得税というコンセプトと、経済的な負担能力に応じた課税という原理が所得税規則の中に確立されたとされている[26]。

その他に新たに取り入れられたものとしては、申告義務(Deklarationspflicht)の導入がある[27]。申告義務の導入は、効果的で公正な課税を確立するという目的によるものであった[28]。同様に社会政策上、および税政策上の要請に対応するために、納税義務者の所得に対する「極度な負担(Außergewöhnlichen Belastungen)」についてより広く認められることになった。ここでいう「極度な負担」とは、特別な事情により納税義務者の租税負担能力を根本的に低下させる事柄を指し、租税法上、低減税率を用いて考慮された[29]。同様に、世帯の家長にはプロイセン所得税法一八条に基づいて低減税率が適用された。これは、逆進的な効果を有するとされる消費税による子供の多い家計への圧迫を、所得税率の低減を用いて、部分的に埋め合わせるものであった[30]。一八九一年プロイセン所得税法一八条によると、納税義務者の家族構成員の中でも、一四歳以下で独立していない家族構成員については、納税義務者である家長の所得が三〇〇〇マルクを超えない場合に、一人につき五〇マルクの控除が規定されていた[31]。

プロイセン所得税法は、原則として家族構成員全員をひとつの課税客体と捉える世帯課税原則に基づいていた。これは、現行法上での家族構成員一人一人を納税義務者として扱う個人課税原則とは異なる点である。世帯課税原則によって、租税額の算定の際は家族構成員の代表である家長の所得に、原則として家族構成員の所得が算入され税額が算定される取り扱いとなっていた(プロイセン所得税法一一条I)。課税最低所得額は九〇〇マルクで、税率は最低税率一・一三%から最高税率三・九五%に設定されていた[32]。

ここでいま一度確認しておきたいのは、すでに一八九一年のプロイセン所得税法制定時に、「租税負担能力」という概念があったということである。[33]

## (二) ワイマール共和国

一九一九年八月一一日に制定されたワイマール共和国憲法の下、一九二〇年三月二九日に第一次ライヒ所得税法[34]が制定された。ワイマール共和国憲法にはドイツの憲法史上唯一、応能負担原則に関する規定が見られる。[35]すなわちワイマール憲法一三四条は「すべて国民は同等に、その資産状況に応じて法の基準に基づく公的な負担に寄与する」と規定していた。さらに、一九二五年八月一〇日に規定されたライヒ所得税法[36]では、原則として今日でもなお有効な所得類型が導入されている。[37]

第一次ライヒ所得税法でも、以前と同様に世帯課税原則が用いられていた。[38]税率は累進的に形成され、一〇%から六〇%までとされた。課税最低所得は一五〇〇マルクであった。第一次ライヒ所得税法では、納税義務者一人につき一五〇〇マルクの控除があった。[39]さらに、家族構成員数に応じて控除の増額が予定されていた(二〇条)。その一年後には、子育てを理由とする控除が導入される。[40]さらに、一九二五年八月から施行された所得税法では、[41]控除額の上限と下限が設定され、同時にその範囲内で課税所得の一定割合を控除とする取り扱いとなったので、控除額は以前よりもさらに所得比例的なものとなった。

## (三) ナチス期

ナチスは家族を非常に特別な地位におく一方で、婚姻を繁殖共同体に格下げしたとされる。[42]一九三四年に規定された所得税法[43]により、ようやく現行法と類似の所得税法が形成され、税率が八％から四〇％となり、課税最低所得は著しく引き上げられた[44]。ナチス期に実施された所得税法上での子育ての考慮としては、少なくとも四人以上の遺伝的疾患を有しない子供を育てている貧しい家族に手当を支給するというものであり、この手当は、子供を要件とする公的サービスの受給権者証を支給対象者が有している場合に支給された[45]。

一九三四年の租税適合法(Steueranpassungsgesetz von 1934)[46]は、一条一項で「税法はナチズム的な世界観により解釈されねばならない」[47]と規定していた。このような規定により、この時期の税法には人種差別的な考え方が混入していたとされる[48]。ただし、このような考え方の混入は、この時期のみに見られる特有のものである。これらのことにより、ナチスの税法はその他の時代とは完全に別の責務を担っていたことになる。このことは同時に、ナチスに歓迎されていない特定の人的集団は、集中的に不利益を課されるという帰結を導くことになった[49]。その結果、一九三四年から三九年にかけても所得税法上で子育ての考慮が行われていたが、ユダヤ人、ポーランド人、ロマは考慮の対象から排除されていた[50]。

### (四) 第二次世界大戦以降

戦後、連合国の制定した一九四六年一一月の共同管理委員会法[51]に基づき、四〇〇ＤＭの児童扶養控除が規定される。この児童扶養控除規定は、一九四九年から所得税法三二条四項におかれるようになった[52]。その後、一九五三年六月の修正法に基づいて、児童扶養控除額は第三子以降の子供について八三〇ＤＭに増額された[53]。児童扶養控除の引き上げはその後も続き、一九五八年には第一子につき九〇〇ＤＭ、第二子に一六八〇ＤＭ、第三子以降一人につき一八〇〇ＤＭとなった[54]。児童扶養控除の引き上げは一九七四年に廃止されるまで行われ、一九七〇年の第一子に対する一二〇〇ＤＭの引き上げがこの時点での児童扶養控除の最後の引き上げとなった。[55]

このように所得税法上で子育ての考慮を行う一方で、一九五五年には児童手当法が制定される。[56]この時点での児童手当は、社会手当として、子育てにより養育者に生じる費用の一部を調整することを目的とするものであった。[57]一方、所得税法上の児童扶養控除は、従来と同様にもっぱら親の子育てによる経済的負担を、所得税法上での租税負担能力の低下とみなし考慮していた。つまりこの時点では、児童手当と、児童扶養控除は子育てによる親の経済的負担を低減するという共通の政策目的を有していたが、別々の法制度の下で運用されていた。児童手当法制定当時の児童手当は、第三子以降の子供につき定額（五〇ＤＭ）を支給するものだった。[58]一九六一年からは、第二子以降の児童について、親の所得に応じた手当が支給されるようになった。それゆえここで、児童手当に受給権者のニーズに対応するという要素が取り入れられたことになる。[59]一九六四年には、それまで事業者の拠出金を原資として、家族調整金庫によって児童手当の徴収・支給事務が行われていたものが、連邦財源を原資として、連邦機関である児童手当金庫によって運用されるものへと変わった。[60]

その後一九七四年に、社会民主党（以下、ＳＰＤ）と自由民主党（以下、ＦＤＰ）からなる連立政権のもとで、第一子から親の所得にかかわらず支給される統一的な児童手当が導入されたことで、児童扶養控除が廃止された。[61]当時立法者はこのような変更について、これによりさらなる租税の公平が実現されるとしていた。[62]というのも、子育てによる親の経済的負担を社会手当のみで考慮することは、課税最低限以下の所得の親にも同等の利益をもたらすと同時に、児童扶養控除による所得控除の際に、所得の高い人の方が軽減額が多くなるという税率の累進制により生じる負担軽減額の逆進的な影響を排除するものだったからである。これ以降、それまで異なる法制度の中で運用されてきた児童手当と所得税法上の児童扶養控除が、子育てよる家族の負担を調整するという共通の目的により「家族負担調整(Familienlastenausgleichs)[63]」という概念のもとに、統一的に把握されるようになった[64]。この際、それまで社会手当として、もっぱら子育ての経済的負担を部分的に調整する機能しか有していなかった児童手当に、所得税法上の児童扶養控除による両親の租税負担能力の考慮がないか、あるいは、不十分な場合に、児童扶養控除による子育ての費用の考慮を代替もしくは補完する機能が付加的に生じたとされる[65]。

一方、ここでの定額の児童手当のみによる考慮は、納税義務を負わない親にも利益が生じると同時に、累進税率の影響を受けないため、すべての親に同等の利益をもたらすことになる。この点について、租税法上での応能負担原則とは、親の所得に着目し所得に基づく負担能力に応じた課税を行うための原則であることから、所得にかかわらず子供に同等な支援を行う児童手当のみで親の租税負担能力の軽減を考慮することは、租税に対する不当な干渉であるという見解[66]や、所得にかかわらず子育て費用を同等に考慮するという、いわば水平的公平の実現という観点の下、税法上では所得が高く、したがって児童扶養控除により高額の軽減を得るはずだったものが、低額の児童手当しか受給できなくなることは、ある種の差別待遇にあたるというような、租税法上の応能負担原則の貫徹に反する結論への批判があった[67]。

その後、連邦政府は一九八一年に児童基礎控除の導入を計画する。ここで計画された児童基礎控除は、所得が低く納税義務が生じない家庭には効果がないことに配慮して、このような家庭に対する、付随的な調整手当の支払いを組み入れたものであった[68]。しかしこの案は、連邦参議院の反対により実現しなかった[69]。一九八二年にはそれまでのSPDとFDPからなる連立政権から、キリスト教民主同盟・社会同盟(以下、CDU/CSU)およびFDPからなる連立政権へと政権が交代する。これを契機に、政府は再び児童扶養控除を所得税法上に復活させた[70]。すなわち児童扶養控除は、子供一人につき四三二DM、児童手当に関しては第一子には一律五〇DM、第二子以降は両親の所得に応じて支給されるという制度が形成された。ここでの児童扶養控除の再導入は、子育ての考慮における租税法上での負担軽減と社会手当による社会国家的な家族に対する促進の、相互補完関係が再び取り入れられたことを意味する。(71)

一九九六年にはＣＤＵ／ＣＳＵとＦＤＰからなる連立政権下で、それまで別の法に規定されていた児童手当が所得税法に組み入れられる。(72)その結果、納税義務を負う者は原則として所得税法上に規定された児童手当か児童扶養控除を選択し、納税義務を負わない者、あるいは外国に居住する児童手当受給権者、および孤児が自ら児童手当を受給するような場合に限って、連邦児童手当法に基づく児童手当が支給されることになった。この修正のきっかけは、一九九〇年五月二九日の連邦憲法裁判所決定(73)であった。決定の中で裁判所ははじめて、それまで納税義務者のみについて認められるとされてきた、租税算定基礎からの最低生活費額非課税を、納税義務者のみならず、当該納税義務者の所得によって生計を立てる家族構成員についても認めることが、規範的な義務であることを明らかにした。(74)この決定を受けて立法者は、一九九六年所得税法において、児童の最低生活費非課税という規範的な要請を実現すべく、児童手当の所得税法への組み入れを行ったのである。これにより従来の連邦児童手当法による児童手当は一九九五年一二月三一日で廃止され、新たな連邦児童手当法が規定された。(75)新たに規定された連邦児童手当法による児童手当は、前述の通りその対象が限定されていたため、この修正以降連邦児童手当法に基づく児童手当が果たす役割は、非常に僅かなものとなった。(76)これに対して大多数の児童手当受給権者は所得税法上で新たに規定された児童手当を受給することになる。つまりここでの児童手当法の所得税法への移転は、形式的なものにとどまらず、社会手当としての従来の児童手当にまったく新しい輪郭が付与されたことを意味する。(77)

一九九六年所得税法に基づいて新たに所得税法上で規定された児童手当、ならびに児童扶養控除は、以下のようになっていた。すなわち所得税法三一条は家族給付調整(Familienleistungsausgleich)という表題のもと、家族給付調整が所得税法三二条に規定された児童扶養控除、および、所得税法六二条以下に規定された児童手当により、二者択一的に構成されていると規定する。(78) 受給権者は児童手当および児童扶養控除のどちらか有利な方を選択することになる。具体的にはあらかじめ月ごとに「戻し税(Steuervergütung)」としての児童手当が支給され、年度末の課税額算定の際に、所得に基づく児童扶養控除による租税軽減額が、受給した児童手当額よりも多かった場合、差額が支払われる。この場合受給権者は児童扶養控除を選択したことになる。一方、所得が低く、受給した児童手当が、所得に基づく児童扶養控除による租税軽減額よりも多い受給権者には、本来得られる租税軽減額を超える利益が生じる。この利益は、最低生活費額の考慮を超えた、家族に対する政策的な促進にあたると解される。(79) 例えば子供一人と夫婦で構成される家族を例にとると、受給した児童手当が二二〇ＤＭである一方、課税所得に対する税率が二六％であった場合、児童扶養控除による租税軽減額は一五〇ＤＭとなる。この場合夫婦は児童手当を選択し、租税軽減額との差額七〇ＤＭが、家族に対する政策的な促進部分に該当すると解される。(80) このように、児童手当から租税軽減額を差し引いて利益が生じる、すなわち家族に対する促進が生じるのは、税率三五％までの納税義務者であるとされている。(81) それ以上に高い税率が適用される納税義務者、つまり所得が高い者については、児童手当よりもむしろ控除による租税軽減額の方が高い場合が多くなる。したがって児童扶養控除が選択される。この場合、上述のような政策的な促進部分はないことになる。

ここで導入された手法は、一九七四年に児童扶養控除が一旦廃止されて以降、児童手当が有するようになった付加的な機能、すなわち、所得税法上の児童扶養控除による両親の租税負担能力の考慮がないか、あるいは、不十分な場合に、児童扶養控除による子育ての費用の考慮を代替もしくは補完する機能を認め、児童扶養控除とともに親の租税負担能力の低下を相互補完的に考慮するという考え方を、いわば制度化したものであるとされる。(82)この手法は、児童手当単体での考慮に対する、応能負担原則に反するという批判に応えるとともに児童扶養控除単体の考慮による累進税率に基づいて生じる逆進的な効果を緩和する、妥協的な解決であるとされている。(83)というのも、所得の高い者については、児童扶養控除により所得に見合った控除による税額軽減を提供することで、応能負担原則に見合った租税負担能力の考慮を行うと同時に、所得の低い者については戻し税としての児童手当の支給により、児童扶養控除により本来得られる軽減額よりも多い額を支給することで、児童扶養控除の逆進的な効果を緩和することになるからである。いい換えれば、この手法では応能負担原則に基づく負担の軽減の公平の実現と、その逆進的な効果を緩和するための児童手当による軽減額の公平の実現が混在していることになる。

このような現行法上のシステムに対しては、家族に対する社会法上の促進をわかりにくい方法を用いて税法に導入したことへの批判(84)がある一方で、家族の促進という社会的な観点に基づいて正当化されるという肯定的な評価もある。(85)

一九九九年にはSPDと緑の党の連立政権の下、第一子および第二子に対する児童手当が増額される。(86)二〇〇〇年にも引き続き、第一子および第二子に対して児童手当の増額が行われた。同時に満一六歳までの子供を対象に、児童扶養控除に「保育(Betreungs)」費の考慮が加えられている。保育費の考慮の導入は、一九九八年一一月一〇日の連邦憲法裁判所決定(87)に基づいて制定された一九九九年家族促進法(88)によるものであった。さらに二〇〇二年からは「教育(Erziehung)」もしくは「職業教育(Ausbildung)」費の考慮が児童扶養控除額に加わっている。(89)これらも同様に、一九九八年一一月の連邦憲法裁判所決定に応えたものである。これにより、児童扶養控除という名目で考慮される費用の中には、児童の最低生活費額を保障する額、および、保育費ならびに教育費が含まれることになった(90)。これらの額を合算した児童扶養控除額は、二〇〇二年以降二九〇四ユーロである(夫婦合算課税の場合は二倍の五八〇八ユーロ)である(91)。

このように、租税法の手法と社会法上の手法を複合的に用いるという独自の構成を有する現行のドイツ租税法上での子育ての考慮は、連邦憲法裁判所が示す法解釈により規範的要請に応えるかたちで次第に拡充されている。

## 第三節　応能負担原則に基づく子育ての考慮

これまで見てきたドイツ所得税法上での子育ての考慮は、基本法三条一項に基づく租税公平の主要な命題であるとされる応能負担原則、つまり、租税は納税義務者の租税負担能力に応じて賦課しなければならないという原則(92)を前提とした、以下のような理解に基づくものである。すなわち、納税義務者の所得のうち子育てのために費やす出費部分を、納税義務者が自由に費消することのできない部分とし、この部分により納税義務者の租税負担能力が減少するとみなす。その結果、子育てをしている納税義務者に対しては、同じ所得の子供のいない納税義務者よりも租税負担額を低くしなければならない、という理解が生まれる(93)。そこでここではまず、所得税法上での子育ての考慮を支えるこのような理解が導かれる過程を明らかにする。

ドイツの所得税法上で所得税の対象となる所得は、二つの段階を経て確定される。はじめに、所得総額を把握し(所得税法二条一項二項三項)、そのうえで納税義務者が所得を得るために要した経費を差し引く。つまり課税対象となる所得とは、総所得(Brutto-Einnahmen)ではなく、手取り所得(Netto-Einkünfute)である。[94] この額が、納税義務者の客観的租税負担能力(objektiver Leistungsfähigkeit)を示す。客観的租税負担能力は、納税義務者が個人的な生活、ならびに、納税のために自由に費消できる部分からなる。[95] ここからさらに、納税義務者の私的な事情に基づく必要不可欠な費用、すなわち、納税義務者およびその家族構成員が生活するために不可欠な費用を差し引いた残りが、当該納税義務者の属人的租税負担能力(subjektiver Leistungsfähigkeit)であるとされ、この二つは区別されている。[96]

これらのうち、家族課税と関係するのは後者の属人的租税負担能力である。属人的租税負担能力とは、納税義務者の可処分所得のうち、納税義務者およびその家族の生存に不可欠な需要のために用いられ、その結果、税の支払いに用いることができない部分を、課税算定基礎から切り離した残りの租税負担能力を指すというのが租税学説上の多数説である。[97] このことは、一九八八年のドイツ法曹家大会でもつぎのように述べられている。すなわち、「所得税は納税義務者が自由に処分できる稼得所得のうちの一部分のみに課される。それゆえ、納税義務者自身、およびその家族構成員の生存のために不可欠な費用は、課税から控除しなければならない。それらを除いた後の所得に対してはじめて、税率が適用できる。(税率の累進制のもとで：筆者補足)租税額を減少させる控除に伴う逆進的な効果は、租税法上での優遇ではなく、累進税率により必然的に生じるマイナスの側面である」。[98] 法律家によるこのような理解は、一九九〇年五月二五日の連邦憲法裁判所決定[99]でもはっきりと確認されている。この決定では、基本法二〇条一項の社会国家原理と結びついた基本法一条一項から「国家は納税義務者の所得を、人たるに値する生存の最低条件を形成するために不可欠な額につき控除しなければならない[100]」という規範的な命題を導いている。つまり、立法者は納税義務者の課税算定基礎を算出する際に、納税義務者の所得から納税義務者自身の生存のための最低生活費額を非課税とすることが、規範的に義務づけられていることになる。これにとどまらず、納税義務者の所得から家族構成員の最低生活費を非課税とすることが義務づけられるのは、さらに家族手取り所得原則(Familien-Nettoprinzip)[101]の作用によるものであるとされる。すなわち、この原則によれば、納税義務者に扶養義務者がいる場合、その者の最低生活費額を負担するために当該納税義務者の租税負担能力は低下するとされる[102]。それゆえ課税にあたって立法者は、家族構成員も含めた最低生活費額を非課税としなければならないのである。このような原則が認められるのは、仮に立法者が親に民法上で扶養義務を課す一方で、所得税法に基づく課税の際に扶養義務に基づいて生じた支出を考慮しないとすれば「法秩序が大きな内部矛盾という厄介な欠陥を抱え込むことになる」[103]からであるとされる。つまり、扶養義務者が被扶養者に支払うべきものを、国家に支払うことはできないとされているのである。これに加えて扶養の履行に基づく出費は、その他の自由な消費支出と同視することはできないとされる[104]。連邦憲法裁判所でも「子供に対する扶養義務に基づく経済的な負担は、特別に、親の租税負担能力を損なう事情であ」り、「このような避けられない特別な負担を立法者が考慮しないことは税の公平に反する」[105]と述べている。このような理解に基づき子育ては、租税法上、納税義務者の租税負担能力の低下をもたらす要因とされ、非課税とされるべき事由であると考えられているのである。

## 第四節　連邦憲法裁判所判決に基づく応能負担原則の実質化

ドイツでは、子育てによる納税義務者の租税負担能力の低下を考慮するという命題は、租税立法の際の指針にとどまらず、連邦憲法裁判所の判決を通じて実質化され、立法者の課税算定における裁量権を、基本法適合性という見地から判断するという機能を果たしていると考えることができる。[106] それゆえ、この命題は連邦憲法裁判所判決の中で用いられることにより、租税立法に対する効果を発揮することになる。そこで以下では、さらに連邦憲法裁判所による家族課税に対する応能負担原則の実質化を見ていくことにする。

## ㈠　租税法上での最低生活費額の考慮と公的扶助水準との連動

以前より連邦憲法裁判所は、基本法六条一項の家族の保護に基づき、所得税法上でも家族は適切な手法によって支援されねばならないと述べていた。[107] しかしながら当初裁判所は、一九七六年一一月の第一部決定で、子育てによって家族に生じる特別な負担を考慮しないことは租税公平に反すると述べる一方で、その具体的範囲や手法に関しては立法者の広い裁量があるとして、当時行われていた児童手当のみによる考慮を承認した。[108] 同時に裁判所は、基本法六条一項の規範的命令は「個々の家族に生じる経済的負担を調整しなければならない、あるいは、各々の扶養義務を軽減しなければならないというような」広いものではないと解していた。さらに、基本法六条二項一文の「子供の育成および教育は、両親の自然的権利であり、かつ、何よりもまず両親に課せられた義務である」という規定からは、子供の養育責任は経済的なものも含めて、第一義的には親が背負うべきものであると解釈できるので、親の子育て費用を全額税法上で考慮することは、憲法上命じられていないと述べた。[109]

この決定を変更したと理解されているのが[110]一九九〇年五月二九日の連邦憲法裁判所第一部決定である。[111] 決定では主として、一九八三年予算付随法[112]によってそれまで廃止されていた所得税法上の児童扶養控除が復活し、児童手当と児童扶養控除による二元的な育児負担の考慮が再導入されたことに伴い、両親の所得にかかわらず定額支給であった児童手当が、第二子以降につき両親の所得に応じて減額されることが、子供のいる納税義務者を子供のいない納税義務者との比較において不利益に取り扱うことにあたるか否か、つまり基本法六条一項と結びついた三条一項が禁じる家族に対する不利益取り扱いに反するかが論じられた。[113]

この決定で注目すべきは、ひとつは、裁判所が子育てによって低減する租税負担能力の考慮の手法選択に、立法者の裁量を認めたことである。すなわち立法者は、親の子育てによる租税負担能力の低下の考慮を租税法上で児童扶養控除によって行うか、あるいは、社会法上で児童手当を通じて行うか、もしくは両方を組み合わせて行うかにつき裁量を有するとされた。[114] いまひとつは、子供を含めた家族構成員の最低生活費額を非課税としない場合、子供のいる納税義務者の子育てによる租税負担能力の低減を考慮しておらず、したがって同じ所得を有する子供のいない納税義務者との比較において、子供のいる納税義務者を不利益に取り扱うことになると判断した点である。とりわけ後者の判断は、従来からの法学者たちによる属人的租税負担能力(Subjektiven Leistungsfähigkeit)に基づく控除という理解を、明確にしたものと評価されている。[115]

このような結論に至る過程で、裁判所は以下のように論じる。「規範的な評価の出発点は、国は納税義務者の所得のうち、人たるに値するような生活のために不可欠な費用を控除しなければならないということである。この規範的要請は、基本法二〇条一項の社会国家原理[116]と結びついた基本法一条一項[117]から生じる。同様に、国家はこの憲法規範から資力のない国民にこのような最低生活条件を、場合によっては社会手当で保障しなければならない。上述の憲法規範に付加して六条一項からも、さらに家族課税に際してはすべての家族構成員の最低生活費を控除しなければならないという(規範的要請が：筆者補足)生じる」[118]。つまり裁判所は、子育てによる租税負担能力の低減が規範適合的に実施されているかどうかの指標として、家族構成員の最低生活費額が非課税とされているかどうか、という基準を示したといえる。[119] 同時に、このような規範的要請が示されたことによって、その限りで立法者の裁量は制限される。つまりここでは、子育てによる納税義務者の租税負担能力の考慮の下限に関する立法裁量に、規範的な制限が課されたと理解することができるのである。これ以降、連邦憲法裁での議論は「下限」の具体化に収斂されることになる。

一九九〇年の決定で示された最低生活費額非課税という「下限」は、一九九二年九月二五日の第二部決定[120]で、さらに、社会扶助法上で承認されている最低生活費額というように具体化された。[121] 裁判所は「租税法上免除すべき最低生活費額は一般的な経済状況および法共同体の中で認められた最低需要に左右される」ので「それを判断するのは立法者の責務である」としながら、「しかし、立法者が資力のない国民に対して社会国家的な扶助の領域で社会給付によって保護するために、社会扶助法で最低需要[122]を確定している限りで、所得税法上で控除すべき最低生活費額が、いかなる場合においてもこの額を下回ることは許されない」と述べた。[123] ここから裁判所は社会扶助法上での最低需要が、所得税法上で非課税とすべき最低生活費額の基準であるとするが、この二つはすべてにおいて同じというわけではない。というのも、社会扶助法上の給付は個々人の生活需要に合わせて個別的に支給されるのに対して、租税法上で考慮すべき最低生活費額について裁判所は「すべての納税義務者について同一額」としたからである。この違いについて裁判所は、算定計算の負担を軽減するための控除の定額化は「負担の軽減により憲法に反しない[124]」ので認められるとしている。その一方で裁判所は、最低生活費額には地域差などがあることも配慮して「このような定額化された最低生活費額においては、所得課税の結果納税義務者の最低生活費額が社会手当によって保障される者がいないように、原則として『できる限り多くの者について』最低生活に不可欠な需要を保障できる額を算定すべきである[125]」とした。この基準に基づく場合、連邦全体の平均的な最低生活水準を上回る最低生活水準となっている地域に住む納税義務者の中には、所得税法上で最低生活需要が保障されない納税義務者が出ることも予想される。この場合、裁判所は「住宅手当のような個別事情に適う社会給付を用いて、需要を補足的に充足することにつき、立法者は禁じられていない」[126]とする。つまりここでは、連邦の平均的な最低生活水準によっては最低生活水準を満たすことができない事例に対しては、規範的要請を充足させるために、付加的に、社会手当によって補うことが認められることが示唆されている。その結果、最低生活需要の保障における立法者の手法選択の自由が、以前の決定と同様に認められていることになる。

裁判所の判断に対しては、さらに、仮に所得税法上で最低生活需要が保障されない納税義務者が出た場合、住宅手当のような社会給付によって補足的に最低生活需要を充足しようとしても、この種の社会手当は、受給できる者の範囲が限られていることが多いことから、手当を受給できず、その結果、違憲状態が生じうるほど多くの納税義務者が、最低生活費以下の控除しか受けられない状況が生じることが指摘されている。この場合、連邦の平均的な最低生活費という基準は、基本法の要請を満たすとはいえなくなるという批判がある。[127]

上述の二つの決定では、応能負担原則を納税義務者および、その家族構成員について貫徹すべきこと、ならびに、応能負担原則が実現していると規範的にも認められるような具体的指標が、裁判所によって示された。これらのうち、後者の具体的な指標として裁判所は、社会扶助法の最低生活水準を基準とすることを示した。それではここで示された、所得税法上の応能負担原則の実現、つまり、決定によれば児童扶養控除を用いた最低生活費額非課税と、社会扶助法の最低生活水準との連動は、いかなる理解に基づくものなのであろうか。

二つの連動は、基本法に基づき、租税法上での控除を用いた最低生活費保障は、必然的に社会扶助的な支援に優位すべきであるという考え方により生じるものであるとされている。[128]例えば、立法者が一人の国民に、自らの最低生活需要を充足できないほど重い税負担を賦課する一方で、その結果、最低生活が送れない状況に陥った国民に、社会法上の給付で最低生活を再度保障することは、「無意味な所得循環」であり、「愚行」であるのみならず、基本法一条一項での規定「人間の尊厳は不可侵である。これを尊重し、かつこれを保護することが、すべての国家権力に義務づけられている」に反して、納税義務者に対して国が尊厳を剝奪することになると理解されている。(129)

同時にこのような理解は単純法上での、社会扶助の前提に自助をおくという、いわゆる「補足性の原則」とも調和するものであるとされる。(130) ここでの、自ら獲得した所得と社会法上での給付との関係は、ドイツ法上、連邦社会扶助法二条一項での「後順位原則(Nachranggrundsatz)」を基準として規定される。(131) この原則によれば、社会扶助を求める者はまず第一に自己の稼得所得による自己需要の充足を要求される。租税法の立法者はこのような社会扶助法の目的に反しないことが義務づけられる。それゆえ、一義的には所得税法上で、社会扶助法の受給要件を満たさない程度の最低生活費額非課税を実現し、最低生活水準を満たさない者が出た場合にのみ、補足的に社会扶助による手当が支給されることになる。両者の連動により、単に社会給付に相応する額を所得税法上非課税にせよという要請が形成されるにとどまらず、所得税による納税義務者の財産や権利に対する侵害が許される範囲が、確定されることになるのである。(132)

上述の二つの決定により、児童扶養控除を用いた納税義務者およびその家族構成員の最低生活費額非課税が、社会扶助法の基準に基づいて確定されるべきであることが明らかになった。しかし、いずれの決定も両者が厳密に同一であることまでは求めなかった。(133) これに対して両者が同一であるべきことをさらに求めたのが、一九九八年一一月一〇日の第二法廷決定である。(134) この決定では先の決定を受けて規定された一九八五年租税削減法に基づく児童扶養控除と、児童扶養控除に換算された児童手当からなる租税法上での負担軽減額が、納税義務者の適用税率によっては、社会扶助法上での最低生活費額よりも少なくなる場合があることが問題となった。[135] 決定の中で裁判所は「基本法六条一項は、家族に対する課税の際に、すべての家族構成員の最低生活費額を非課税とすべきことを命じている。その際社会扶助法上で定義された最低生活費額が、それを下回ることは許されない租税法上の最低生活費額を形成する」[136]として両者の一致を求める。同時に裁判所は、基本法三条一項に基づく平等原則の貫徹、すなわち水平的租税公平の実現のため「納税義務者の個人的な限界税率にかかわらず、すべての納税義務者の子供の生存に不可欠な最低生活費の、完全な租税法上での考慮を求める」[137]とする。つまり、相対的に所得が高く、したがって、子育てによる「租税負担能力の低減による打撃が少ない」[138]からといって、所得が高い納税義務者に、その他の所得階層に属する親と同程度の租税負担軽減を行わないことは、許されないとする。この点は、以前の決定で、高額所得者については児童扶養控除と児童扶養控除に換算された児童手当からなる租税法上での負担軽減額が、社会扶助法上での最低生活費額よりも少なくなる場合があったとしても「不利益取り扱いが少数の者についてのみ生じ、平等原則の侵害がかなり強度なものでない場合は甘受しなければならない」[139]としていたのと比較した場合、裁判所が以前よりも水平的租税公平の要請を、厳格に解したことの表れであるといえる。[140] このような理解に立つ限り、規範的要請に適う租税法上での子育ての考慮の下限とは「子育て」という要件事実のみに着目し、すべての所得階層に属する親に保障すべきものであることが明確に示されたことになる。

### (二) 連邦憲法裁判所判決に基づく最低生活費額のさらなる拡充

上述の経緯から、家族課税に際して立法者は、子育てによる納税義務者の租税負担能力の低下を、家族構成員の最低生活費額非課税という方法で、しかも社会扶助法の最低生活水準に見合う程度軽減することを、規範的に義務づけられていることが明らかになった。ところが、その後の決定で、家族に対する公正な課税という規範的要請に応えるためには、立法者はさらに、保育費用ならびに教育費用も非課税とすべきことを義務づけられているという判断が示される。以下ではさらに、規範的要請に応えた非課税の拡充過程をたどり、現行法上での家族課税措置が、どのように家族に対する公正な課税という命題を実現しているのかを明らかにする。

最低生活費額拡充のきっかけとなったのは、一九八二年一一月三日の連邦憲法裁判所第一部判決(141)である。この判決で裁判所は、未婚の親の租税負担能力が子供の保育費用によって低下することを認めた。しかし、このような判断に際して裁判所は、未婚の親とは対照的に夫婦の場合、通常は親のどちらか一方が家庭で子育てをするため、保育費用は生じないか、仮に共働きであったとしても夫婦は相対的に一人親よりも所得が高いため、保育費用を賄うことは難しくないので考慮の必要がない、というように、時代遅れともいえる理解を念頭においていた(142)。同時に夫婦は、原則として夫婦のみに適用される夫婦分割課税(143)による租税軽減によって、相応の負担軽減を受けていることから、保育費用を考慮しなくても正当化できるとされた(144)。この判決を受けて立法者は所得税法三三条cに、新たに一人親を対象とする保育費用控除を規定した(145)。この規定により、申請者の証明に基づいて第一子には四〇〇〇ＤＭまで、それ以降の子供一人ごとに二〇〇〇ＤＭまでの控除が年度ごとに例外的な負担と称して認められることになった。控除の適用対象となるのは、原則として未婚者、ならびに、既婚者でも配偶者と常に別々に生活している者である。つまり、保育控除は未婚の親のみならず、法的には婚姻締結していても事実上婚姻共同体を形成していない既婚者についても認められたのである。同様に、一人親については困難な生活状況を考慮して、住居費および生活費の高負担を軽減するための特別な控除として、これ以前から家計控除が認められていた。これらの、婚姻共同体を形成しているか否かに応じた異なる取り扱いは一九九八年一一月一〇日の連邦裁判所第二部の決定[146]で、婚姻に対する違憲な差別取り扱いであり、基本法六条一項に反するとされることになる。
すなわち、一人親家庭のみに保育控除、ならびに家計控除を適用することの基本法適合性が問われた一九九八年一一月一〇日の連邦裁判所第二部の決定で、裁判所はつぎのような判断をした。はじめに裁判所は基本法六条二項一文での「子供の育成および教育は、両親の自然的権利であり、かつ、何よりもまず両親に課せられた義務である」という規定に基づいて、親の子供に対する養育・扶養義務を確認し、さらにこの義務の具体的な履行に際して、基本法六条一項の自由権的側面に基づいて、親の自由な決定が認められていることを確認する。[147]そのうえで、親の租税負担能力は「生存のための実際の需要、稼得活動を前提とした子供の保育需要を超えて、一般的な保育需要によっても低下」すると述べ、租税法上で考慮すべき、子育てを前提とした親の負担能力を低下させる要因として、親が子育てをすること自体が含まれると解する。[148]その理由として裁判所は、これを認めない場合「どのような方法によって(保育)需要を満たしたかに応じて区別が許されることになる」[149]からであると述べる。つまり、裁判所は、親が子供の世話を自分で行っても、あるいは幼稚園やその他の保育施設を利用した場合でも、いずれも所得税法上控除すべき、家族の最低生活費額非課税の必然的な構成要素としての世話にあたり、それを認めないことは基本法の要請に反することになると理解したのである。これらを理由として裁判所は、争点となっていた一人親家庭のみに保育控除を適用するという規定の基本法適合性を、結婚している養育共同体をその他の養育共同体に対して不利益に取り扱うものであり、基本法六条一項および二項の差別の禁止に反すると判断した。[150]
また、家計控除について裁判所は、その実質的な役割として従来子供の人格の発展や、自立自己責任の発展を可能とするような親の支出(教育需要＝Erzieheungsbedarf)を、子供を前提とした付加的な需要として保障していたとする。しかしながら従前の規定では、このような需要をすべての親について考慮しなければならないということが鑑みられていなかったとして、あらためて、立法者に教育需要を家族の状況にかかわらず考慮することを義務づけた。[151] その具体化にあたって裁判所は、従来の考慮額では不十分であるとし、子供が社会の中で責任ある生活を送ることができるような成長をするための両親の支出として、従来の額に加算してさらに、コミュニケーション技能を習得するための費用や、語学能力の向上のための費用等を含めるべきであるとした。[152]

これらの決定を受けて立法者は、まず保育控除をすべての家族に適用するために、一九九九年家族促進法[153]を制定し、二〇〇〇年一月より施行した。引き続き二〇〇一年に第二次家族促進法が制定され、二〇〇二年一月からは「教育(Erziehung)」もしくは「職業教育(Ausbildung)」費の考慮が児童扶養控除額において包括的に行われるようになった。[154] これにより、所得税法三一条により児童扶養控除という名目で考慮される費用の中には、児童の最低生活費額を保障する額、および、保育費ならびに教育費が含まれることになった。[155] 第二次家族促進法以降、原則として一八歳以上の児童を養育する世帯に対して(所得税法三二条三項)三六四八ユーロの最低生活保費用を保障するための費用と、二一六〇ユーロの保育・教育・職業教育費用が控除されている(所得税法三二条六項)。[156]

## 第五節　現行法システムへの評価

現行所得税法上での子育ての考慮に対する批判は、大きく分けて二つある。ひとつは租税法システムの中に、本来社会法上の給付であるとされている児童手当を組み入れたことであり、[157] いまひとつは、児童扶養控除の構成要素であるとされる保育控除において、実際には金銭支出を伴わない、親による家庭保育の場合でも控除を認めるとしたことである。[158]

ひとつ目の、租税法上システムの中への社会法給付の組み入れは、一九九六年以降、所得税法三一条に規定された、いわゆる「家族履行調整(Familienleistungsausgleich)」規定に基づくものである。この規定に基づいて児童の最低限度の生活費保障は、月々支払われる戻し税としての児童手当か、もしくは児童扶養控除によって保障される。このようなシステムの構築は連邦憲法裁判所の一九九〇年決定[159]での、立法者の形成裁量の承認、すなわち、子育てによる納税義務者の経済的負担を、児童扶養控除もしくは児童手当一方で、あるいは双方を混合して考慮することを認めたことに遡る。このような連邦憲法裁判所の承認が立法者に「財政目的規範である児童扶養控除という侵害行政と、社会目的規範としての児童手当という給付行政を相互に混合する道を開いた」とされる。[160] しかしながらこの混合に対しては、そもそも、給付行政と侵害行政とでは念頭においている適用対象者が異なるので、理論的に、児童扶養控除による租税負担軽減を児童手当によって代替できないのは自明のことであるという批判がある。[161] 同様に、はじめに戻し税としての児童手当をすべての親に支給し、後の税額査定の際に所得が高く、したがって、児童扶養控除による租税負担の軽減を選択した方が有利な者については児童扶養控除を選択したとして差額調整するという「行政手法上の狡猾さ」[162] を用いて、本来であれば給付行政による助成が不要な高額所得者についても、児童手当を受給した時点で一見給付行政による恩恵を授かっているかのような「悪い印象(bösen Schein)」[163] をあおり立てていることについても問題とされている。このことは同時に、本来であれば明確に分離しているはずの給付行政と侵害行政との法制度上での境界をぼやけさせることにつながり、その結果、このような手法を用いることで、助成の明確化という要請に反することになっているという批判もある。[164]さらに、児童手当と児童扶養控除を用いた二元システムは、児童扶養控除による所得控除の逆進的な効果を、児童手当により緩和するシステムであるとされていることを踏まえて、[165]このような緩和は、負担の公平という問題を飛び越えて、拙速に軽減額の公平を用いてこの問題をぼかしていることになるという批判もされている。[166]

二元システムは、子供を持つ納税義務者と持たない納税義務者の水平的公平の実現と同時に、子供を有する者どうしの垂直的公平にも配慮して構築されたものである。つまり、戻し税としての児童手当、もしくは、児童扶養控除により、子供を持つすべての納税義務者について所得の高低にかかわらず家族構成員の最低生活費額の軽減を行い、規範的に要請されている水平的な公平を実現したうえで、所得控除と累進税率により生じる逆進的な効果ができるだけ小さくなるように、戻し税としての児童手当の一部が所得の低い者には社会手当として、しかも、家族促進的な意味合いを持つように行われるという制度設計がなされている。[167]見方を変えればこれは、応能負担原則の貫徹から派生する逆進的効果に対する、基本法六条一項から導かれる家族の促進という要請を用いた修正であるともいえよう。[168]それゆえ、二元システムに対する上述の批判は、応能負担原則の貫徹を指向する租税システムの中で、同時に、家族促進的な目的を有する政策が実施されることの是非を問うものであるという理解が可能である。

二つ目の批判は、一九九八年一一月の連邦憲法裁判所第二法廷決定[169]で、親の保育需要を家族の最低生活の不可欠な構成要素として認めると同時に、保育需要は、親が子供をどのような方法で保育していたかにかかわらず、すべての親に一律に認めるべきであるとしたことに端を発する。そもそも子育て費用の課税算定基礎からの控除は、納税義務者にとって不可避的な支出を租税算定基礎から取り除くという理解に基づくものである。[170]それゆえ控除の前提として、不可避的な支出に伴う納税義務者の可処分所得の低下が存在しなければならない。ところが、新たに創設された保育控除では自ら家庭で子供を世話した場合にも控除が認められる。しかし、この場合保育料の支払いは現実には生じていないので、控除の前提となる可処分所得の低下は生じていないことになる。この点に関しては、親の一方が自らの就労を断念して世話をしたという前提に立ち、いわゆる、機会費用を実際の保育費用支出と仮定することで控除は可能となるという見解もあるが[171]、このような機会費用は、租税システム上の可処分所得低下との相関関係を有しないため、実際に発生した損失と同視することはできないという反論がある[172]。他方で、応能負担原則により調整されるべき負担には、不可避的な経済的負担と同時に、国民の公益的な責任の履行による負担も含まれるとし、親は社会的にも有用な子育ての履行により、公益的責任を履行していることから、金銭支出を伴わない子育てによる負担も、応能負担原則において考慮すべきであるとする見解もある[173]。この見解に立った場合、従来の金銭支出を伴う保育による負担とはまったく別の新たな負担能力概念が定立したことになる[174]。このような新たな負担能力概念は、税の基盤を所得から切り離すと同時に、納税義務者にとって必要不可欠な費用を租税算定基礎から取り除くという従来の考え方に矛盾するのみならず、平等原則という観点から、老人介護等のその他の世話への拡張適用という新たな論点を生じさせることの問題点が指摘されている[175]。

規範的な観点からすると、裁判所が金銭支出を伴わない保育を租税法上の控除の対象に含めたことは、経済的損失の生じていない納税義務者を、いわば、優遇することであり、この限りで家族に対する促進という社会目的規範の租税法へのさらなる混入を示すものと理解できる[176]。それゆえ、ここでも、裁判所が租税法への社会目的規範の混入を促し、基本原理である応能負担原則をなおざりにしていることが批判の対象となっていることになる。

これらの批判は、結局、租税という侵害行政を応能負担原則を用いて公平に構築する際に、公正な家族課税の構築という規範的要請による本来の公平基準の修正(ここでは、子育てをする納税義務者の租税負担のみを軽減することを指す)がどこまで許されるのかという問題、あるいは、これを超えて、子育てをする納税義務者を促進(ここでは、児童手当と児童扶養控除から構成される二元システムにおいて、児童手当を選択した納税義務者のうち、自らの所得に応じて得られる児童扶養控除に基づく租税軽減額よりも受給した児童手当額の方が多く、規範で要請される家族構成員の最低生活費額の軽減以上の利益を所得税により得ている場合、および、非金銭的な保育を控除の対象とすることを指す)することが許されるのか否かという問題に帰着する。

そもそも、応能負担原則も基本法六条一項もいずれも基本法三条一項の平等原則との密接な関連を有し、租税法上では実質的課税公平の実現に寄与する。その限りで両者は方向性を同じくしているといえる。それゆえ、公正な家族課税の構築を目的とした子育てをする納税義務者の租税負担の考慮は、一定の範囲内であれば租税の根源的な原理である応能負担原則とのゆがみを生じさせることはない。ところが、連邦憲法裁判所による一連の子育て親和的な決定により、もともと応能負担原則では予定されていなかったような非金銭的要素の承認や、控除額の想定外の増大、もしくは、社会法上の児童手当の混入による家族への促進が所得税法に入り込んだことで、公平な家族課税の構築と応能負担原則との関係にひずみが生じることになる。その結果、いま見てきたような、主に租税法研究者からの批判が噴出することになるのであろう。

今後、ドイツ所得税法が公正な家族課税の構築という要請にさらに応じて、本来の原則を修正していくことになるのか、あるいは、これらを廃して元来の姿に立ち返るのかは現在のところ不透明であり、今後の動向を見守る必要がある。しかしながらここで見たドイツ所得税法上での子育ての考慮の拡充過程は、昨今の少子化の進展とも相まって、公正な家族課税の構築という要請が租税法本来の原理に修正を迫るほど強固で、かつ、迅速な対応を迫られている事柄であることを、はっきりと示すものである。

（1） Paul Kirchhof, “Ehe-und Familiegerechte Gestaltung der Einkommensteuer”, NJW, 2000, S. 2792.

（2） Kirchhof, a.a.O. (s. Anm. 1), S. 2792.

（3） 夫婦が個人課税を選択した場合、通常の納税義務者と同様に夫婦一人一人の所得に対して別々の租税算定が行われる。なおこのような選択を認めることが基本法に抵触する問題であると論じる論文として、Dieter Birk, “Besteuerung nach Wahl als Verfassungsrechtliches Problem”, NJW, 1984, S. 1325–1329がある。

（4） Flanziska Vollmer, “Das Ehegattensplitting” (Nomos-Vertlag-Gesellshaft, 1998), S. 34, Fn. 82.

（5） Christine Mauer, “Verfassungsrechtliche Anforderungen an die Besteuerung von Ehegatten und Familien” (Peter Lang, 2004), S. 22.

（6） Kirchhof, a.a.O. (s. Anm. 1), S. 2793.

（7） Matthias Pechstein, “Familiengerechtigkeit als Gestaltungsgebot für die staatliche Ordnung” (Nomos Verlagsgesellschaft, 1994), S. 271.

（8） Pechstein, a.a.O. (s. Anm. 7), S. 271.

（9） ワイマール憲法一三四条は「すべて国民は同等に、彼の資産状況に応じて法の基準に基づく公的な負担に寄与する」と規定している。

（10） 例えば認められているとするものに、Yvonne Renner, “Familienlasten-oder Familienleistungsausgleich?” (Duncker& Humblot, 2000), S. 18がある。

（11） Paul Kirchhof, “Der Verfassungsrechtliche Auftrag zur Besteuerung nach der finanziellen Leistungsfähigkeit”, StuW, 1985, S. 322.

（12） Kirchhof, a.a.O. (s. Anm. 11), S. 324.

（13） Klaus Tipke/Joachim Lang, “Steuerrecht 15. Auflage” (Dr. Otto Schmidt, 1996), S. 27ff.; Karl Heinrich Friauf, “Systemgerechtigkeit und Dispositionssicherheit als Prämissen einer rechtsstaatlichen Einkommensbesteuerung”, StuW,

1985, S. 313.

(14) Rudolf Wendt, "Familienbesteuerung und Grundgesetz", in: Joachim Lang (hrsg.), Die Steuerrechts Ordnung in der Diskussion (Dr. Otto Schmidt, 1995), S. 51.

(15) Pechstein, a.a.O. (s. Anm. 7), S. 275ff.

(16) Dieter Birk, "Das Leistungsfähigkeitsprinzip als Maßstab der Steuernorm" (Deubner, 1983), S. 156ff.

(17) Birk, a.a.O. (s. Anm. 16), S. 224ff.

(18) わが国の税法学説上でも、応能負担原則を「憲法論のレベルにおいては法解釈学上の原則をも構成する」と理解する者がある。すなわち、北野によれば、「憲法一三条は租税の在り方についても「個人の尊重」を行うことを要請する。一四条の「法の下の平等」は、租税面では能力に応じて平等であることを意味する。（中略）二五条は租税面でも健康で文化的な最低限度の生活を保障することを要求する。そして二九条は一定の生存権的財産権のみを基本的人権として保障するものであって、そのことは租税面にも妥当する。このように、日本国憲法では法原則として応能負担原則が抽出される」とし、「日本国憲法のもとでは、応能負担原則は、もはや単に財政学における租税法論上の原則ではなく実定憲法上の原則」であるとしている。北野弘久『租税法原論（第四版）』（青林書院、一九九八年）一二六頁以下参照。

(19) BVerfGE 6, 55(57); 8, 51(68f.)など。

(20) Klaus Tipke/Joachim Lang, "Steuerrecht 18. Auflage" (Dr. Otto Schmidt KG, 2005), S. 83. 同様にここではドイツでは、ワイマール憲法を除いて、上位規範に応能負担原則を定めた規定がないため、この原則は一般的平等原則に基づいて導出されることになることが指摘されている。

(21) BVerfGE 43, 108(118f.); 47, 1(29); 61, 319(343f.); 66, 214(222f.); 67, 290(297); 68, 143(152); 82, 60(86).

(22) Adolph Heinrich Gotthilf Wagner, "Steuergeschichte vom Altertum bis zur Gegenwart, 2. Aufl" (Winter, 1910), S. 368ff.

(23) Wagner, a.a.O. (s. Anm. 22), S. 368ff.

(24) "Gesetz-Sammlung für die Königlichen Preußischen Staaten" (Decker, 1891), S. 175.

(25) Begründung zum Entwurf eines Einkommensteuergesetzes von. 3. 11. 1980, in: FinArch Bd. VII, 1890, 2. Halbbd, S. 264.

(26) Tipke/Lang, a.a.O. (s. Anm. 20), S. 218.
(27) Wagner, a.a.O. (s. Anm. 22), S. 368.
(28) FinArch, a.a.O. (s. Anm. 25), S. 265.
(29) §18, 19 PrEStG, PrGS 1981, S. 175.
(30) Wagner, a.a.O. (s. Anm. 22), S. 369.
(31) Wiebke Goebbels, "Die Familiengerechte Besteuerung" (Peter Lang, 2000), S. 22.
(32) Schremmer Eckart, "Steuern und Staatsfinanzen wärend der Industrialisierung Europas" (Springer, 1994), S. 153.
(33) Bredt Johann Victor, "Die Besteuerung nach der Leistungsfähigkeit" (Deichert, 1912), S. 47ff.
(34) RGBl. 1920, IS. 359.
(35) Pechstein, a.a.O. (s. Anm. 7), S. 271.
(36) RGBl. 1925, IS. 189.
(37) Tipke/Lang, a.a.O. (s. Anm. 20), S. 218.
(38) Hans Meuschel, "Die Einkommensteuer" (Spaeth & Linde, 1939), S. 112f.
(39) RGBl. 1920, IS. 359.
(40) RGBl. 1921, IIS. 1580.
(41) RGBl. 1925, IS. 189f.
(42) Viola Schmid, "Die Familie in Artikel 6 des Grundgesetzes" (Duncker & Humblot, 1989), S. 62ff.
(43) RGBl. 1934, IS. 1005.
(44) Goebbels, a.a.O. (s. Anm. 31), S. 21.
(45) Wolff Wilfried, "Die Rechtsgestaltung des Kinderlastenausgleichs" (Lang, 1995), S. 25.
(46) RGBl. 1934, IS. 925.
(47) 原文は「Die Steuergesetze sind nach nationalsozialistischer Weltanschauung auszulegen」となっている。
(48) Felix Günther, "Scheinlegalität und Rechtsbeugung-Finanzverwaltung, Steuergerichtsbarkeit und Judenverfolgung im Dritten Reich", SteuerStud, 1995, S. 200.

（49） Goebbels, a.a.O. (s. Anm. 31), S. 21.
（50） Voß Reimer, “Steuern im Dritten Reich” (Beck, 1995), S. 107, 153ff.
（51） Amtsblatt des Kontrollrats in Deutschland, Nr. 4 vom. 28. 02. 1946, S. 60.
（52） BGBl. 1951, IS. 13.
（53） BGBl. 1953, IS. 413.
（54） Steueränderungsgesetz vom. 18. 07. 1958, BGBl. IS. 473.
（55） Steueränderungsgesetz vom. 13. 07. 1961, BGBl. IS. 982.
（56） Kindergeldgesetz vom. 13. Novenber 1954, BGBl. IS. 333.
（57） BVerfGE 11, 105(115); 23, 258(263); 82, 60(78).
（58） 田中耕太郎「第七章　家族手当」古瀬徹・塩野谷祐一編『先進国の社会保障四　ドイツ』（東京大学出版会、一九九九年）一三三頁。
（59） Florian Tennstedt, “Geschichte des Sozialrechts”, in: Bernd Baron von Maydell/Franz Ruland (hrsg.), Sozialrechtshandbuch 3Auflage (Nomos Verlagegesellschaft, 2003), S. 63.
（60） 田中・前掲注（58）一三四頁。
（61） Durch das Gesetz zur Reform der Einkommensteuer, des Familienlastenausgleichs und der Sparförderung von 5, 8, 1974, BGBl. IS. 1769.
（62） BT-Drucks. 7/1470, S. 63.
（63） 連邦憲法裁判所判決、および研究者の論文では「家族負担調整」という概念を、「家族の存在と結合し、とりわけ、子供に関連した費用に対する調整を行う国の所得移転給付である」と定義している。Dagmar Felix, “Familienlastenausgleichsrecht”, in: Bernd Baron von Maydell/Franz Ruland (hrsg.), Sozialrechtshandbuch 3. Auflage (Nomos Verlagsgesellschaft, 2003), S. 1518.
（64） Goebbels, a.a.O. (s. Anm. 31), S. 27.
（65） BVerfGE 82, 60(78).
（66） Margit Tünnemann, “Die Verfassungsrechtliche Schutz der Familie und die Förderung der Kindererziehiehung im

Rahmen des staatlichen Kinderleistungsausgleichs" (Duncker & Humblot, 2002), S. 39.

(67) Pechstein, a.a.O. (s. Anm. 7), S. 291.

(68) BT-Drucks. 8/3901, S. 4, 13, 69, 75.

(69) Goebbels, a.a.O. (s. Anm. 31), S. 28.

(70) Gesetz zur Wiederbelebung der Wirtschaft und Beschäftigung und zur Entlastung des Bundeshaushalts vom 20. 12. 1982, BGBl. IS. 1857; BT-Drucks. 9/2074.

(71) Goebbels, a.a.O. (s. Anm. 31), S. 29.

(72) BGBl. 1995, IS. 1250.

(73) BVerfGE 82, 60.

(74) BVerfGE 82, 60.

(75) 一九九六年所得税法四一条八項ならびに一二項参照(BGBl. 1995, IS. 1250ff.)。

(76) Felix, a.a.O. (s. Anm. 63), S. 1522.

(77) Felix, a.a.O. (s. Anm. 63), S. 1522.

(78) §31 Abs. 1, S. 1 EstG., BGBl. 1995, IS. 1250.

(79) Felix, a.a.O. (s. Anm. 63), S. 1522.

(80) Tünnemann, a.a.O. (s. Anm. 66), S. 47.

(81) Max Wingen, "Familienpolitik" (Lucius & Lucius, 1997), S. 232f.

(82) Felix, a.a.O. (s. Anm. 63), S. 1522.

(83) Felix, a.a.O. (s. Anm. 63), S. 1522.

(84) Felix, a.a.O. (s. Anm. 63), S. 1523. この他にも、累進税率による逆進的な結果を児童手当を用いて緩和することは、負担の公平という問題を飛び越えて、拙速に軽減額の公平を用いてこの問題をぼかすことであるという批判がある。Paul Kirchhof, "Ehe-und Familiengerechte Gestaltung der Einkommensteuer", NJW, 2000, Heft 38, S. 2794.

(85) Tünnemann, a.a.O. (s. Anm. 66), S. 40.

(86) Steuerentlastungsgesetz 1999 vom 19. Dezember 1998, BGBl. IS. 3779.

(87) BVerfGE 99, 246.　この判例に関する邦語文献として、甲斐素直「ドイツにおける児童にかかる課税最低限」日本大学法学紀要四八号（二〇〇六年）二二七頁以下。

(88) Gesetz zur Familienförderung vom 22. Dezember 1999, BGBl. IS. 2552.

(89) Zweites Gesetz zur Familienförderung vom 16. 8. 2001, BGBl. IS. 2074.

(90) Paul Kirchhof, “EStG Kompaktkommentar 6 Auflage” (C. F Müller, 2006), S. 1201.

(91) Tipke/Lang, a.a.O. (s. Anm. 20), S. 245.

(92) ドイツにおいてこのような原則は「租税立法者を拘束する憲法上の法原理として認められている」とされる。伊藤嘉規「租税法の違憲審査基準」六甲台論集四五巻一号（一九九八年）六六頁。

(93) Kirchhof, a.a.O. (s. Anm. 84), S. 2795.

(94) Tipke/Lang, a.a.O. (s. Anm. 20), S. 246.　ドイツ法の控除概念に関する邦語文献として奥谷健「市場所得における控除概念——基因原則による必要経費」島大法学四五巻二号（二〇〇一年）二三頁以下。

(95) Renner, a.a.O. (s. Anm. 10), S. 23.

(96) Renner, a.a.O. (s. Anm. 10), S. 23.

(97) Tipke/Lang, a.a.O. (s. Anm. 20), S. 236.　これに対して応能負担原則の有用性を認めないものとして例えば、Joachim Martens, “Grundrecht auf Steuergerechtigkeit?”, KritV, 1987, S. 39ff. がある。

(98) Marcus Lutter (mitarb.), “Ansprachen anläßlich der Eröffnungssitzung des 57. Deutschen Juristentages” (Beck, 1988), S. 214.

(99) BVerfGE 82, 60ff.

(100) BVerfGE 82, 60(85).

(101) Tipke/Lang, a.a.O. (s. Anm. 20), S. 238.

(102) Klaus Tipke, “Die Steuerrechtordnung Band. II 2. Auflage” (Schmidt, 2003), S. 807.

(103) Wolfgang Zeidler, “Ehe und Familie”, in: Ernst Benda/Werner Maihofer/Hans Jochen (hrsg.), Handbuch des Verfassungsrechts der Bundesrepublik Deutschland (de Gruyter, 1995), S. 604.

(104) Ernst-Wolfgang Böckenförde, “Steuergerechtigkeit und Familienlastenausgleich”, StuW, 1986, S. 336.

(105) BVerfGE 61, 319(344). この判決に関する邦語文献として、谷口勢津夫「扶養支出の控除に関する西ドイツ連邦憲法裁判所の判例の検討——担税力原則の憲法原則への発展の一断面」甲南法学二六巻二・三号（一九八六年）一四五頁がある。

(106) これに対してわが国では、学説上「担税力（応能負担原則）が租税法の基本原則であること」は「ほぼ認めており、それは平等原則の課税の分野における現れであり、直接には憲法一四条一項の命ずるところであると」されているものの、「あくまで立法者にたいする指導原理であって、裁判、とりわけ憲法適合性審査においてどのように展開するかは不明である」とされる。伊藤・前掲注(92)六四頁。

(107) BVerfGE 43, 108(121).

(108) BVerfGE 43, 108(120).

(109) BVerfGE 43, 108(121).

(110) このような指摘をするものとして、Dr. Roman Seer/Dipl. Finanzwirt Volker Wendt, "Die Familienbesteuerung nach dem so genannten Gesetz zur Familienförderung, vom. 22, 12, 1999", NJW, 2000, Heft 27, S. 1904 がある。また邦語文献としては、伊藤嘉規「憲法論から見た課税最低限の再構成（一）」六甲台論集四七巻二号（二〇〇〇年）二五頁。

(111) BVerfGE 82, 60.

(112) BGBl. IS. 1857.

(113) この判決につき論じる邦語文献として、拙稿「ドイツ家族負担調整の一断面」北大法学研究科ジュニア・リサーチ・ジャーナル六号（一九九九年）一三八頁以下、清水敬次「独憲法裁判所の最近の租税判例」宮田豊古稀記念『国法学の諸問題』（嵯峨野書院、一九九六年）二四一頁以下、岩間昭道「所得に応じた児童手当の削減と最低生活費非課税の原則」ドイツ憲法判例研究会編『ドイツの最新憲法判例』（信山社、一九九九年）一七九頁以下、伊藤・前掲注(110)二〇頁以下参照のこと。

(114) BVerfGE 82, 60(84).

(115) Tipke/Lang, a.a.O. (s. Anm. 20), S. 236.

(116) 基本法二〇条一項は「ドイツ連邦共和国は民主的かつ社会的な連邦国家である」と規定する。

(117) 基本法一条一項は「人間の尊厳は不可侵である。これを尊重し、かつ、これを保護することが、すべての国家権力に義務づけられている」と規定する。

(118) BVerfGE 82, 60(85).

(119)　伊藤・前掲注(110)二五頁以下では、立法者は課税の際に扶養義務を考慮する際に、現実離れした限界を設定すると憲法違反になる(BVerfGE 66, 214(222-223))という前提に基づき、ここで立法者に課された担税力の考慮義務の実質的な中身とは「扶養支出の現実適合的な考慮である」とする。そのうえで、ここで裁判所が示した最低生活費額という基準は「現実適合的な課税の下限」であり、このような下限を規範に基づいて具体的に示した点にこの判決の意義を認める。一方でこの判決の意義を「最低生活非課税の原則の憲法上の根拠を、基本的には、(基本法)二〇条一項と一条一項に基づいて生じる『最低限度の生活』に対する国の保護義務に求めていることである。このことをわが国の解釈論に置きかえていうと、右判決(E82, 60)が、わが国で生存権の自由的側面とよばれているものは、『自由権としての生存権』に由来する効力でなく、社会権としての生存権に由来する効力にほかならない、とする立場に立っていることを意味しており、注目されよう」と捉えるものもある(岩間昭道「生存権訴訟における「厳格な審査」」芦部古稀記念『現代立憲主義の展開(上)』(有斐閣、一九九三年)七六〇頁)。後者に対しては前者から、最低生活水準非課税があたかも生存権保障に由来するものであるかのように理解するのは「ミス・リーディングであ」り、最低生活水準の非課税は、生存権を持ち出すまでもなく「担税力原理から最低生活費額非課税の原則は論理必然に生じる」ものであるという批判が行われている。伊藤・前掲注(110)二六頁以下。

(120)　BVerfGE 87, 153, NJW, 1992, Heft49, S. 3153ff.　この判決に関する邦語文献として、伊藤嘉規「憲法論から見た課税最低限の再構成(二)完」六甲台論集四八巻一号(二〇〇一年)二頁以下、清水・前掲注(113)二二九―二三九頁、三木義一「課税最低限と社会給付の統一」税四八巻三号(一九九三年)四頁以下がある。

(121)　Seer/Wendt, a.a.O. (s. Anm. 110), S. 1905.

(122)　ここで述べられている社会扶助法上の最低需要として裁判所は、日々の生活に不可欠な基礎需要を保障するための生活扶助(vgl. §11I BSHG)とは、担当の州官庁あるいは地域の社会扶助の担当者が決めた法規定(vgl. §22 III BSHG)と並んで家賃・暖房費(§3 I, II RegelsatzVO)ならびに、基礎需要に付加して考慮される継続的な給付によってはカバーされない一回だけの給付であるとする。社会扶助法上での最低需要では同様に稼得活動のための超過需要(§23. BSHG)も支給されている、超過需要とは(受給権者の)自立を促すような稼得活動と結びついた費用をさすとされる。NJW, 1992, Heft49, S. 3154.

(123)　NJW, 1992, Heft49, S. 3153.

(124)　NJW, 1992, Heft49, S. 3154.

(125)　NJW, 1992, Heft49, S. 3154.

(126) NJW, 1992, Heft49, S. 3154.

(127) Tipke/Lang, a.a.O. (s. Anm. 20), S. 241. なお、違憲になりうるような最低生活需要が高い事例としてここでは、ミュンヘン・ハンブルク・シュトゥットゥガルドで独居している納税義務者が挙げられている。

(128) Wendt, a.a.O. (s. Anm. 14), S. 47, 59ff.

(129) Renner, a.a.O. (s. Anm. 10), S. 43. ちなみに、わが国でも同様に、公正な課税を構築するという観点から、課税最低限と生活保護法上での給付額の連動を強く主張する学説が唱えられている。三木義一「課税最低限」日本租税理論学会編『課税最低限』(谷沢書房、一九九四年)三八頁。わが国における課税最低限に関わる議論を詳述したものとして伊藤・前掲注(120)三六頁以下参照のこと。

(130) Renner, a.a.O. (s. Anm. 10), S. 42.

(131) Lehner Moris, "Einkommensteuerrecht und Soaialhilfrecht-Bausteine zu einem Verfassungsrecht des sozialen Steuerstaates" (Mohr, 1993), S. 57f, 82ff.

(132) BVerfGE 87, 153(169); Renner, a.a.O. (s. Anm. 10), S. 43.

(133) BVerfGE 99, 246. この判決を検討する邦語文献として伊藤嘉規「社会扶助と税の一致」富大経済論集四九巻一号(二〇〇三年)三七頁以下。

なお同日にはこの決定も含めて四つの子育てと所得税をめぐる決定が出されている。そのうち、この決定を含めた三つは課税対象年度と子供の数という違いがあるものの、いずれも所得税法上考慮すべき最低生活費額に関わる決定である(本書で取り上げたものの他、BverfGE 99, 268(一九八五年における一人の子供の最低生活費)、BVerfGE 99, 273(一九八七年および八八年の二人の子供の最低生活費額))。一方もうひとつは、児童扶養控除の拡充に関わる決定(BVerfGE 99, 216)であり、こちらについては、本章第四節(二)で詳しく取り上げる。

(134) Steuersenkungsgesetzes 1986/1988 vom 26. Juni 1985, BGBl. IS. 1153.

(135) この点につき裁判所の認定に基づくと、一九八七年度の子供一人の納税義務者の場合、税率が三〇%までは、児童扶養控除と児童扶養控除に換算された児童手当による租税負担軽減額が社会扶助法上の最低生活水準を上回るが、それ以上の税率が課される納税義務者の場合、下回ることになり、税率五六%では八六一DMもの差が生じることになるとされる。BVerfGE 99, 246(266).

(136) BVerfGE 99, 246(246).
(137) BVerfGE 99, 246(263).
(138) BVerfGE 99, 246(264).
(139) BVerfGE 91, 93(115ff.).
(140) 同様の理解をするものとして伊藤・前掲注(133)五二頁以下。
(141) BVerfGE 61, 319; NJW, 1983, S. 271.
(142) BVerfGE 61, 319(348); NJW, 1983, S. 271; BT-Drucks. 10/2884, S. 96f.
(143) 夫婦分割課税は、いわゆる二分二乗方式と称される課税方式で、ドイツでは一九五八年七月の租税修正法(BGBl. 1958, IS. 158(437))により実施されている。この方式では夫婦の所得がすべて合算され、その半分ずつがそれぞれの所得とみなされる。この所得に対して夫婦分割課税率が適用される。この方式をとると、夫が外で働き妻が家事をするという、いわゆる主婦婚モデルの婚姻形態においてメリットが大きいとされる。ここからこのような特定の婚姻形態を優遇する課税システムには疑問の声も多く出ており(Ute Sacksofsky, "Steuerung der Familiedruch Steuern", NJW, 2000, S. 1896ff.; Paul Kirchhof, "Ehe -und familiengerechte Gestaltung der Einkommensteuer", NJW, 2000, Heft 38, S. 93ff.)ドイツでもフランスなどですでに実施されている家族構成員を対象とする分割課税の採用を求める声も出ている(vgl. Tünnemann, a.a.O. (s. Anm. 66), S. 40)。

また、この判決でのいまひとつの論点として、夫婦分割課税の未婚の親に対する適用の可否がある。この点に関して裁判所は、基本法から夫婦分割課税を一人親にも適用することは義務づけられないと判断している。同時に裁判所は稼得共同体という婚姻への評価から導き出される推論として、夫婦分割課税を「任意に変更できるような租税の優遇ではなく」、「立法者の細部にわたる形成裁量とは無関係に基本法六条一項の保護の要請および夫婦の租税負担能力から導き出される公正な課税である」とする(BVerfGE 61, 319(347))。

なお、家族に対する公正な課税システムの構築の考察のためには、本来はこの分割課税システムも視野に入れた検討が必要なことはいうまでもないが、本書においてはこの点も含めた考察を行うことはできなかった。

(144) BVerfGE 61, 319(350). なお、このような裁判所の理解に対しては、夫婦分割課税と保育控除との間には事実上何の相関関係も認められず、夫婦分割課税は保育費用とはまったく無関係に規定されているものであることから、夫婦分割課税の存在により夫婦に保育控除が認められないことが正当化できるという裁判所の論理は破綻しているという批判がある。Seer/Wendt, a.a.O. (s. Anm. 110), S. 1904.

(145) Steuerbereinigungsgesetz 1985 vom 14, 12, 1984, BGBl. 1985, IS. 1493.

(146) BVerfGE 99, 216, NJW, 1999, 557. この判決に関する邦語文献として、手塚和彰「ドイツ連邦裁判所「児童扶養控除」違憲決定の波紋」ジュリスト一一七三号(二〇〇〇年)一一一頁以下。斉藤純子「子育て控除の拡大を求める連邦憲法裁判所判決」ジュリスト一一五四号(一九九九年)四頁。

(147) BVerfGE 99, 216(231).

(148) BVerfGE 99, 216(233). このような理解を示すものとして Tipke/Lang, a.a.O. (s. Anm. 20), S. 244.

(149) BVerfGE 99, 216(217).

(150) BVerfGE 99, 216(235).

(151) BVerfGE 99, 216(241).

(152) BVerfGE 99, 216(242). これらの費用は子育てをする際に生じる必要不可欠な費用とはいえないので、最低生活費額の中に含めるべきではないとする批判するものとして、Seer/Wendt, a.a.O. (s. Anm. 110), S. 1909.

(153) Gesetz zur Familienförderung vom 22. Dezember 1999, BGBl. IS. 2552.

(154) Zweites Gesetz zur Familienörderung vom 16. 8. 2001, BGBl. IS. 2074.

(155) Paul Kirchhof, "EStG Kompaktkommentar 6 Auflage" (C. F Müller, 2006), S. 1201.

(156) なお、児童扶養控除の中で職業教育費用が考慮されるようになったことで、それまでも所得税法上に規定されていた職業教育控除(所得税法三三a条II)が大幅に制限されることになった。すなわち従前は児童の年齢に応じて一八歳未満であれば九二四ユーロ、一八歳以上で自宅に住んでいれば一二三六ユーロ、自宅以外に住んでいる場合は二三六ユーロであった(Kirchhof, a.a.O. (s. Anm. 90), S. 1263)。一方、第二次家族促進法制定以降はこの規定の職業教育控除を受けるのは、一八歳以上で家庭以外に居住する児童の、職業教育に伴う特別な需要である。この児童が、所得税法三二条四項の一八歳以上の児童に控除が認められる場合の要件に該当するか児童手当受給権を有する場合に、納税義務者は付加的に年間九二四ユーロの職業教育控除を受けることが可能である。Dagmar Felix, "Das Zweite Gesetz zur Familienförderung", NJW, 2001, Heft 42, S. 3074.

(157) Felix, a.a.O. (s. Anm. 63), S. 1523; Schlid-Hans Herrmann, "Kindergeld ist nicht gleich Kindergeld", NJW, 1996, S.

2414; Kanzler Hans Joachim, “Sechs Entscheidungen zum Begriff “Berufsausbildung”-oder”, FR, 1999, S. 1133 など。

(158) Seer/Wendt, a.a.O. (s. Anm. 110), S. 1907; Schön Wolfgang, “Die Kinderbetreung das BVerfG und der Entwurf eines Gesetzes zur Familienförderung”, DStR, 1999, S. 1677ff.; Sacksofsky, a.a.O. (s. Anm. 143), S. 1899; Dieter Birk/Rainer Wernsmann, “Der Schutz von Ehe und Familie im Einkommensteuerrecht”, JZ, 2001, S. 221ff. など。

(159) BVerfGE 82, 60.

(160) Seer/Wendt, a.a.O. (s. Anm. 110), S. 1905.

(161) Paul Kirchhof, “Ehe-und Familiengerechte Gestaltung der Einkommensteuer”, NJW, 2000, Heft 38, S. 2794.

(162) Seer/Wendt, a.a.O. (s. Anm. 110), S. 1905.

(163) Seer/Wendt, a.a.O. (s. Anm. 110), S. 1905.

(164) Seer/Wendt, a.a.O. (s. Anm. 110), S. 1906.

(165) Felix, a.a.O. (s. Anm. 63), S. 1522.

(166) Kirchhof, a.a.O. (s. Anm. 161), S. 2794.

(167) Seer/Wendt, a.a.O. (s. Anm. 110), S. 1905ff.

(168) Seer/Wendt, a.a.O. (s. Anm. 110), S. 1906.

(169) BVerfGE 99, 216.

(170) Tipke/Lang, a.a.O. (s. Anm. 20), S. 236ff.

(171) Kirchhof, a.a.O. (s. Anm. 161), S. 2795.

(172) Seer/Wendt, a.a.O. (s. Anm. 110), S. 1907.

(173) Monika Jachman, “Steuerrechtfertigung aus der Gemeinwohlverantwortung”, DStZ, 2001, S. 225.

(174) Birk/Wernsmann, a.a.O. (s. Anm. 158), S. 221.

(175) Tipke/Lang, a.a.O. (s. Anm. 20), S. 245.

(176) Tipke/Lang, a.a.O. (s. Anm. 20), S. 245; Seer/Wendt, a.a.O. (s. Anm. 110), S. 1907.

# 第五章　わが国への示唆

# 第一節　本書の概要

本書は、わが国の重要な政策課題と目される少子化問題について、「家族」という単位を視野に入れることで具体的解決策の手がかりを得ようとするものである。すでに述べたように、本書では、その方法としてドイツとの比較法研究(比較制度研究ではない)を用いた。なぜならドイツでは、税法や年金保険法といった個別実定法のみならず、それらに通底する法規範の存在が非常に強く意識されており、この基本的な法規範を抽出することがわが国の同種問題における示唆を導けると考えたからである。以下では、本書の行った比較法研究の成果を振り返り、そこから日本の子育て支援政策にかかる示唆について言及することにしたい。

まず、第一章においては、家族がなぜ規範的保護を受けるのかを明らかにすることを目的に「家族」問題の根本規範と目される基本法六条一項の制定過程を歴史的に検証し、あわせて、家族の機能に基づいて保護の根拠を明らかにすることを試みた。わが国の憲法は、周知のように、「婚姻」のみを規律する。これに対し、ドイツのボン基本法は、その六条一項において明確に「家族」を基本法上の規律対象するため、同条の前身とされるワイマール憲法一一九条の制定史にまで遡って検討した。形成史によると、ワイマール憲法の制定過程では、法律婚の優遇につながりかねないような価値決定を憲法上に規定することの相当性が、未婚の母あるいは非嫡出子の保護の問題とも関連させて盛んに議論されたことが明らかになった。このような議論の存在は、基本法六条一項の解釈に決定的な影響を与え、ここでいう「家族」を、法律婚に限定されない「子育て共同体」とする結果を生むに至った[1]。このことが、後に基本法六条一項の「保護」を、法律婚という形態の「家族」の優遇ではなく、第一義的には「子育て」に起因する不利益の是正であるとの解釈を可能にしたといえる。さらに、家族の機能に焦点をあて、保護の理由を検証した結果、家族が規範的な保護を受ける理由にとって、家族機能の独自性、ならびに、公益性が重要な要素であることが確認できた。

つぎに、第二章では、基本法六条一項に関する「保護」の解釈を連邦憲法裁判所の具体的な裁判例から考察した。ここでは、古典的な基本権解釈である制度保障および防御権のほかに、「拘束的価値決定規範[2]」と称される保護の作用が具体的な法政策の中で重要な役割を果たしてきたことを明らかにした。

より具体的にいえば、ある実定法制度の存在によって、「子どもを養育する者」というカテゴリーと、「子どもを養育しない者」というカテゴリーとの間に取り扱いの差違が生まれ、前者が後者に比して不利な状態にあるとの評価が可能になる場合がある。その際、連邦憲法裁判所は、防衛権によってはカバーし切れない[3]、このような相対的不利益の発生に対し、特定の保護法益を保護せよという規範の客観的価値決定を六条一項の作用として独立的に明示することにより、婚姻および家族という対象にかかる、法の下における不利益取り扱いを禁じるという国家の義務を導出してきたといえる。ドイツの連邦憲法裁判所は、このような手法を通じて、個別具体的な実定法に基づく家族に不公正な立法の是正を促してきた[4]。これにとどまらず裁判所はさらに「促進の命令」という、より積極的な保護の作用が六条一項にあるとの理解に立ち、「子育て」の社会的効用を承認する政策的措置の導入の推進を規範的レベルで推進した[5]。

引き続き、第三章および第四章では、基本法六条一項から連邦憲法裁判所が導き出した法理の効果がより具体的に現れる問題を取り出し、実定法制度の変遷を含めて詳細に検討した。ここでは、この問題の検討に最適と考えられる、公的年金保険制度(第三章)と、所得税法上に一元化された児童手当と児童扶養控除による子育ての考慮(第四章)に焦点をあてた。その結果を以下で述べる。

## 第二節　所得税法における「子育て」の考慮

所得税法上の個人課税における児童養育の考慮に関しては、以下の点がわが国とドイツの相違として指摘できよう。すなわち、納税義務者の子育てによる租税負担能力の低下を緩和する措置として、ドイツでは第四章で紹介したように、所得税法上で一元化された児童手当もしくは、児童扶養控除による考慮が行われている。これに対し、わが国では、「児童」の扶養のみを対象とした人的控除は存在しない。しかし、同様の機能を果たすものとして、納税義務者の被扶養者一般を対象とする扶養控除と、一六歳以上二三歳未満の扶養親族(特定扶養親族)に対する、一般の扶養控除の割増措置としての特定扶養控除がある。(6)

後者の特定扶養控除は、「平成元年の消費税導入に伴う所得減税の一環として、働き盛りで収入は比較的多いものの、教育費等の支出がかさみ生活にゆとりのない世代の一層の負担軽減を図る観点から設けられたものである」(7)と説明されている。これは、一般に教育費負担が重くなると考えられる特定年齢の児童のみを対象とする考慮であり、消費税導入に伴う家計負担の上昇に対する代償的配慮という意味合いも有する。他方、扶養控除および特定扶養控除はいずれも所得控除であり、それゆえ、子供に特化した控除であるかそうでないかという点を除けば、子育てによる租税負担能力の低減に対する考慮措置としては、日本ドイツともにほぼ同様の手法が講じられていることになる。また、現在わが国では少子・高齢化に対応した租税制度のあり方が政府税制調査会で論じられている最中であり、児童の扶養を税制の中でどのように取り扱うべきかが重要な検討課題とされている。例えば政府の調査会では、所得控除から累進税率の影響を受けない税額控除への修正や、(8)個人単位課税から世帯単位課税を基礎とするN分N乗方式の採用が俎上に載っている。(9)ドイツでも、N分N乗方式への移行については議論のあるところであり、(10)両国は、租税法上での育児支援を積極的に推進する政策を視野に入れた検討が行われている、という点でも共通点を有する。

その一方で、両国の最も大きな違いを挙げるとすれば、それは、控除制度に対する裁判所の規範的裁量統制のあり方にある。一般に、所得控除という仕組みは、租税の賦課は納税義務者の可処分所得に対してのみ可能であるという理解のもと、納税義務者の生活経費や費用のうち、最低限度の生活に必要不可欠なものは控除として課税対象所得から除くべきであるという考え方に基づいている。(11)わが国では、最低限度の生活費額が基準として、一義的に明白でないと理解されており、その設定には立法者の広範な裁量が認められてきた。(12)これに対して、ドイツの憲法裁判所は、所得税の対象から控除すべき最低生活費額を、公的扶助法により保障される最低生活費額に一致させねばならないと判示し、この点にかかる立法裁量を制約する。(13)さらに納税義務者のみならず、納税義務者によって扶養される家族構成員の最低生活費額をも控除の対象とし、その額が控除されない場合には憲法規範に適合するような「子育て」への考慮が行われていないと判断する。(14)このような立法裁量の制約は、子供のいる納税義務者と、子供のいない納税義務者間との間での「水平的」公平を実現するという論理によって正当化されている。そしてこの理論は、さらに、教育および保育にかかる費用の中の一定額を、子供のいる納税義務者の担税力を低下させる費用とみなして控除するという仕組みを導き出す。(15)このうち、保育費に関しては裁判所が保育の実情とは関わりなく、親が自宅で子供の面倒を見ていて、実際には経済的な損失が生じていない場合でも控除の対象と認めたことにより、この部分の保育費の考慮は、租税負担能力の低下に対する公平の構築という観点からの考慮ではなく、むしろ、子育ての社会的な効用を承認する政策的配慮とみなすべきではないか[16]、あるいは、子育てによる機会費用についても、租税法上の応能負担原則の中で考慮して然るべきではないか[17]といった議論を巻き起こしている。このような裁判所の判断の結果、ドイツの現行法では、子供の最低生活費額のみならず、子供の保育費・教育費までが控除の対象となっている。これらを合計すると一八歳未満の子供を育てる納税義務者世帯は、年間で子供一人につき五八〇八ユーロ(日本円でおよそ九三万円)の控除を受けることになる[18]。この額は、わが国の扶養控除額(三八万円)、特定扶養親族(六三万円)と比較すると、相当に高い水準であるといえる。

わが国とドイツの相違に関しては、控除額の水準のみならず、結果的にそのような差を生み出した立法裁量のあり方が重要である。つまり、子育て費用による納税義務者の担税力低下を、立法裁量の入り込む余地のない確定的な要素として捉えることは、立法者に「子育て」への考慮を義務づけるだけでなく、他の納税義務者、とりわけ子供のいない納税義務者との関係において、ある種の公平を実現させようとする積極的な立法措置を促す[19]。所得税法をめぐるこのような立法裁量の理解は、税法固有の応能負担原則と所得税法上での「子育て」支援とを調和させるものであり、この点は子育て支援の視点を税法に含めるかどうかを検討しているわが国にとり非常に示唆的なものである。また最低生活費を超えた育児支出を対象とした控除を設け、これを通じて親の担税力の低下をどの程度まで調整するか、もしくは、税制度に子育ての社会的効用を評価する機能を持たせるかどうかは、立法者の裁量に委ねられることになろうが、ドイツでの議論を参考にすれば、その場合、税法の応能負担原則における「負担」概念を「子育て」との関係でどのように捉えるか、というドイツ法の視点はわが国の政策決定にあたっても参考すべきものと考えられる。

わが国の所得税法では納税義務者の扶養親族一般を対象とした人的控除があるものの、ドイツのように子供に特化したものではない。それゆえわが国では、「子育て」による納税義務者の租税負担能力の低下を、いかに考慮すべきかという政策関心が十分に育ってこなかった。しかし、少子化問題がわが国の緊急の政策課題である以上、家族の家計に直接的な影響力をもたらす所得税法においても、何らかの解決策が講じられるべきである。現在税制調査会では、所得控除か税額控除かといった政策手法の選択をめぐる議論が盛んであるが、これとは別に、親の租税負担能力との関係で子育てをどのように評価するのかという基礎的な認識についてもさらに議論を深めるべきであり、このことの重要性は少子高齢化に直面したわが国にとって、もはや避けられないほどの重さを持っている。

## 第三節　年金保険法における「子育て」の考慮

社会保険としての年金保険制度に関しては、わが国とドイツの間には大きな違いがある。ドイツには、わが国の国民年金に相当するような、満二〇歳以上の全国民を対象とする基礎年金制度が存在しない。それゆえ、本書で検討した年金保険法における「子育て」への考慮はわが国の被用者年金、具体的には厚生年金と共済組合に相当する制度で行われる。とはいえ、ドイツの被用者年金制度においては一般被用者のみならず、自営業者や芸術家、あるいは専業主婦の任意加入が認められており、さらに、パートタイム労働等に従事する非典型就業者の加入義務もわが国よりも低い基準で課されている。[20] したがってわが国の被用者年金制度に比べると、その対象となる被保険者の範囲が広く、より開放的な制度であると理解できる。

つぎに、保険料納付という点から見ると、ドイツの年金保険制度においては、わが国の国民年金保険法にいう第三号被保険者に該当する仕組みがない。この点と年金保険制度上における「子育て」の考慮という論点とを絡めて考えてみると、わが国では専業主婦とほぼ同義である第三号被保険者が、「子育て」への従事とは無関係に基礎年金の受給権を取得する可能性があるのに対し、ドイツの場合は専業主婦であっても家事全般への従事ではなく、「子育て」や「介護」といった社会的に評価されるべき事柄への従事のみが年金受給権を基礎づけることを意味する。ドイツの現行法では子供一人の養育につき三年間が保険料納付済み期間として扱われる。つまり、ドイツでは、わが国の基礎年金および第三号被保険者に相当する制度が存在しないがゆえに、年金保険における「子育て」への配慮が女性の年金受給権保障をめぐる中心的な論点となったと考えられる。このことは同時に三年という期間がドイツの年金受給要件にとっては、大きなウェイトを占めるという点からも論証できる。すなわちわが国の場合、老齢基礎年金を受給するためには原則として最低でも二五年の保険料納付済み期間または保険料免除期間が要件である（満額受給の場合は四〇年）。[21] これに対してドイツの場合は、年金受給要件となる待機期間および受給開始年齢は年金の種類で異なるが、[22] 老齢に起因する年金のうち女性年金受給権者の約七割が受給する通常老齢年金（Regelaltersrente）の場合、その待機期間は五年であり、ついで受給割合の多い女性のための年金（Altersrenten für Frauen）においても満四〇歳以降一〇年以上の強制保険料納付期間を有し、一五年の待機期間を満たせば年金受給権が認められる。[23] このようにドイツの年金保険では比較的短い待機期間によって受給資格が認められるがゆえに、三年間の児童養育期間の考慮は老後の生活保障にとって非常に大きな効果を持ち、広く社会的な関心を集めることになる。

さらに、女性、とりわけ専業主婦の年金権保障という観点から、年金分割の可否についてもわが国の公的年金制度とドイツの公的年金制度を比較してみよう。ドイツの場合、離婚の際の夫婦間での年金分割がすでに一九七七年より導入されており[24]、二〇〇一年には二五年以上の婚姻期間があれば離婚に関わりなく年金分割することも可能となった[25]。さらに二〇〇二年一月一日の遺族年金法における新しい規律により、一定の要件を満たす夫婦について婚姻中に獲得した年金期待権を配偶者と二分できるようになった。それまで寡婦(夫)年金受給者である配偶者が再婚した場合、死亡した被保険者にかかる寡婦(夫)年金の受給は廃止されていたが、この立法措置によって、再婚後も自己の年金期待権に基づく給付分として受給できるようになった[26]。一方わが国の夫婦間年金分割を見てみると、一九八五年改正により、専業主婦であっても自らの基礎年金を確保することができるようになり、二〇〇四年の年金制度改正により、二〇〇七年四月以降の離婚については、当事者間の合意に基づき厚生年金の分割が可能となった。さらに二〇〇八年四月以降の第三号被保険者期間については、一方当事者の申請のみにより厚生年金の分割が可能となる。このようにわが国でも、熟年離婚の増加を踏まえ、女性の老後の生活保障に目配りした制度が構築されつつあるが、現時点でははじまったばかりということもあり、その是非を評価することは難しい。これらの点から見ると、男性と比較すると一般的に稼得活動に従事して自らの年金権を獲得する機会の少ない女性の自己年金権の確立、とりわけシャドーワークによる女性の年金期待権の獲得への貢献を、年金制度上で評価するための仕組の整備に関しては、わが国がドイツに追随している状況であるといえよう。

つぎに、これらの法制度をとりまく社会的状況に目を向けてみる。まずドイツの既婚女性の就労割合を見てみると、満二五歳から満三〇歳までで六五%、三〇歳から四〇歳にかけても約七割が就労を続けており、五〇歳に至るまで既婚女性の就労割合は伸び続ける。[27]一方日本の既婚者女性の就労割合は二五歳から二九歳までは四五％、三〇歳から三九歳にかけては五七％、四〇歳から四九歳にかけてようやく七〇％となる。[28]この数字から日本の既婚女性と比較した場合、ドイツの既婚女性の方が就労率が高いことが窺える。

このような違いが生じる一因として国民年金保険法での第三号被保険者制度の存在が考えられる。この制度が専業主婦を優遇するだけでなく、その適用基準を通じて主婦パートの就労を抑制することは、多くの研究者によって指摘されてきた。[29]これとは逆に、ドイツでは原則として就労を継続し続ける以外に女性の年金額を増額させる手段がないため、結婚後も就労を継続する女性が多く、年金保険もパート労働に対しても中立的な適用基準を採用していることが就労率の差異につながったと考えられる。また、いまひとつの要因として、わが国では満二五歳から満四〇歳にかけての既婚女性がもっぱら「子育て」に携わるケースが多いという点も重要である。すなわちドイツはわが国と比較すると三歳未満児を就労時間帯にあわせて保育する施設がいまだ不十分である代わりに、当該期間中は家庭で児童の養育に従事し、その後復職できるような政策がわが国よりも整っている。[30]それゆえ、わが国のように婚姻後子供の出産を契機に就業活動から、完全に離脱する女性が少なくなると考えられる。

以上のように、わが国とドイツとの間にはさまざまな制度構造の相違および社会的な背景の違いが存在する。それにもかかわらず、両国は先進国の中でも少子高齢化が急速に進行したことにより、現行の社会保障システムの維持に困難が生じつつあるという共通の問題を抱えている。[31]この問題をどのように解決していくべきかに関しては、どちらの国においても盛んに議論されているところであるが、ドイツではこの問題に対応するための年金保険法における「子育て」の考慮についても基本法六条一項を通じた立法裁量の統制という議論が用いられており、この点こそわが国の政策決定にとって最も示唆的であると考える。

社会保障制度は、賦課方式を採用する年金保険制度に見られるように、その財政的な負担がひとつの世代で完結しないという本質を持つ。それゆえ、少子高齢化の進展による世代間の人口格差と、これに起因する社会保障制度上のアンバランス、つまり、負担と受給にかかる世代間格差は、これをそのまま肯定するにせよ、是正するにせよ、社会構成員間でどのような合意をみいだすことができるのか、という政策課題を生じさせる。このような課題の解決において重要であるのは、結果的に負担をより多く担うことになる社会構成員が受容できるような制度構成、およびその制度を根拠づける理論をいかに形成できるかであり、後者の問題に関しては、ドイツの憲法規範を通じた立法裁量の統制が大きな示唆を与えることになる。

本書で検討してきたようにドイツでは、年金保険制度において、他者よりもより多くの負担を負っている構成員として「児童の養育者」に着目し、彼らが次世代、すなわち将来の保険料負担者を養育することで得られる社会全体の利益を制度上で承認し、給付レベルで評価することによって、年金保険制度を維持するための社会意思を形成しようとしてきたものと考えることができる。そして、ここでも所得税法の場合と同様に、基本法六条一項の「家族」「保護」規範が、個別具体の立法措置を正当化するための根拠として用いられている。ひるがえってわが国の現状を鑑みた場合、つぎのように論じることができる。例えば、わが国では専業主婦が、「子育て」の主な担い手として理解されていたがゆえに、専業主婦を念頭においた国民年金制度の三号被保険者制度を「子育て」支援政策とみなす傾向を生み、立法者も暗黙のうちにこれらの政策が子育て支援機能を担うことを前提としていたものといえる。しかしながら、専業主婦であることと「子育て」とが必ずしも結びつかないという実態が増加したことにより、このような政策の正当性が問われるようになってきた。それゆえ、負担の公平という観点からこのような政策の廃止論が盛んに論じられている。

ここで懸念されるのは、廃止論が、専業主婦に対する一律の廃止に傾きがちだということであり、これが実現すれば、専業主婦の中でも「子育て」をしている者について、ドイツ法理論でいうところの著しい不利益状況を生じさせることにつながる。というのは、現行の年金保険政策上では、もともと労働市場において経済的評価に値する稼得活動に従事していた者のみを対象にしていることから、これらの者が「子育て」により活動を中断あるいは一次的に停止することに対する報償としての意味合いしか有していないからである(例えば被用者である女性に対する育児・介護休業法に基づく厚生年金保険料の免除は、専業主婦には何の利益ももたらしていない)。つまり、わが国の年金保険法は、ドイツ法のように「子育て」という活動一般を評価するものとはいえない。このような違いを生み出す要因は、「子育て」一般に経済的な評価を与えることを、「優遇」であるとするのか「不利益の是正」であるとするのかという理論の組み立て方の違いに求めることができる。

わが国の場合、先の厚生年金被保険者である女性の例をとると、育児期間中の保険料免除は稼得活動を中断することに対する補償であると考えるため、そもそもはじめから稼得活動を行わずに育児をする場合、中断が生じず、したがって補償措置も必要ないということになる。このような理論構成に基づくと、被用者であり育児にも携わる者と比較して専業主婦を年金保険制度上で別々に取り扱ったとしても、それは補償の必要性の有無から生じる当然の帰結であることになり、「不利益」という観点から論じることが難しいといえる。他方でドイツ法におけるように、「子育て」にかかる社会的評価を前提に金銭的利益を付与することになれば、わが国の現状からすると「優遇策」であるという批判につながる。これと同時に、従来の流れからするとジェンダー法学の観点からも批判を受ける可能性が高い(32)。しかし、「子育て」に対する積極的な評価は、従来主に女性が担ってきたシャドーワークとしての育児を、市場における就労と同等に扱おうとするものであり、その政策的脈絡によってはジェンダー論と矛盾するものではない。むしろ、ドイツ法的な「不利益の是正」という視点を取り入れることは、ジェンダー的な家事分業によって不利益を被っている女性すなわち専業主婦の年金保険法上の地位を向上させる。ただし、政策がこのような経済的な支援でとどまるのであれば、それは性的役割分担の固定化として機能することは否定できない。しかし、ドイツでは、わが国よりも高い水準の経済的支援策を背景に、近年、大胆な保育施設の拡充策を打ち出しており、時間的な優先順位の違いがあるとはいえ、このような政策との組み合わせであれば十分にジェンダー論からの批判にも耐えうるものと考えられる。さらに留意しなければならないのは、わが国で「不利益の是正」という観点から「子育て」支援政策を論じようとするのであれば、個々の社会システム上で児童の養育から生じる不利益の存在を実証的かつ論理的に論証し、社会システム全体についてそのような視点を一般的な価値規範として構築する必要性があるかないかを慎重に検証しなければならないという点であり、この点で関連領域との連携がいま以上に重要となる。

## 第四節　不利益の是正から「子育て」の社会的評価の肯定へ

わが国での「子育て」に対する経済的支援策は、これまで、所得保障ニーズの観点(これには「子育て」による稼得活動の中断も含まれる)から展開されてきた(33)。そこでは、「子育て」が養育者の所得保障ニーズに影響を与える外的な要因とみなされており、純粋に「子育て」そのものを給付の主体的な要件と見る観点が育たなかった。それゆえ、「子育て」とは別の事情、すなわち、親の所得や、就労の有無といった要件が経済的支援にとっても重要な役割を果たすと考えられてきた。しかし、「子育て」そのものの重要性にかかる社会的認識が深まる中で、さらなる経済的支援策を具体化するためには、本書で述べてきたような視点、すなわち「子育て」それ自体をどう評価し、政策の中に位置づけるのかというアプローチが不可欠である。

例えば、「子育て」の経済的な負担を直接的に軽減しようとするわが国の児童手当は、他国と比較しても非常に貧弱な制度であるとされ、所得制限の撤廃などによる拡充が求められている。(34) しかし、仮に、所得制限を撤廃し、児童手当をより普遍的な制度へと修正するのであれば、従来の制度目的、すなわち児童養育者の所得保障のニーズへの対応という観点以外の正当化が必要となる。(35) 本書はドイツ法の議論を参考に、「子育て」に従事していることそのものが給付を正当化するという考え方を展開してきた。このような考え方は、児童手当の拡充のみならず、国民年金法の第三号被保険者制度の問題の解消や所得税法上での控除制度の再編といった問題を検討するうえでも有益な指針を導くことになるであろう。「子育て」にかかる社会的な有用性にかかる合意を形成していく前提として、「子育て」従事者とそれ以外の者との間に生じる不均衡(これには、実定法化された既存の社会システムに起因するものが含まれる)に着目することは、検討の出発点を「優遇」ではなく、「不利益取り扱いの是正」とすることを意味する。少なくとも、現代の「子育て」は、それに従事する者にある種の不公平感をもたらす要素があまりにも大きすぎるのであり、このような事情も本書の示した考え方を支持させることになる。わが国で、不利益の是正からスタートした議論がドイツ法のように、積極的な支援に発展するかどうかは予測できない。しかし、とりあえず不利益の是正という視点に立つことの緊急性や重要性は、否定されえないように思われる。

本書で一貫して述べてきたように、ドイツでは、基本法六条一項の家族の保護が非常に重要な役割を果たしてきた。それゆえ、本書で提示した考え方に対しては、日本国憲法に基本法六条一項類似の根拠規範が欠如しているという批判が予想される。しかし、このような批判に対しては、つぎのような反論が可能である。すなわち、本質的な内容を持たない基本法六条一項は必ずしも固い規範的要請を内包するものではなく、個々の法政策の中で「家族」一般に該当するような不利益状況が生じた場合に、当該法政策に内在する法原理の内容に即した不利益是正を志向するものである。このような是正措置は不利益是正の一般法理である基本法三条の平等原則の延長線上に位置づけられる。それゆえ、政策課題が個々の実定法制度を通じて生み出される内在的な不利益の是正を図ることにある限りは、日本国憲法一四条の平等原則を介したアプローチがまったく不可能とはいえない。また、具体的な法政策のレベルでいえば、堀木訴訟の最高裁判決を挙げるまでもなく、わが国では憲法規範が直接何らかの政策決定を導き出す可能性は低い。しかし、ドイツで展開された「子育て」への考慮をめぐる憲法論は、わが国での立法政策論としても十分に参照に値する内容をもつものであり、法学研究としても実定法を超えた『「子育て」支援法学』ともいうべき体系的法分野を確立する契機ともなりうる。したがって、ドイツ法と同じ内容の実定憲法上の規定がないからといって、わが国で「不利益の是正」という観点から合意点を探ることができないということにはならないのである。また、わが国でも近時、平成一六年に自民党が提出した「憲法改正プロジェクトチーム『論点整理(案)』」[36]に見られるように、公共の責務として家族を扶助する義務を設けるべきである、もしくは、国家の責務として家族を保護する規定を設けるべきであるという見解がある。このような見解の出現が、わが国でのドイツ類似の規範形成と直ちに結びつくわけではないが、少なくとも、国や個人といった従来の法主体に加えて、家族を法政策の中でどう位置づけるかという議論をする機運が、わが国でも醸成されていることは明らかである。[37]

「子育て」支援に限らず、政策にかかる比較法研究の重要性は、現時点での実定法制度を単純に比較するというところにあるのではない。比較対象国の実定法制度を超える次元で形成される、規範的な考え方の抽出こそが最も重要であり、そこから得られた示唆こそがわが国の政策にとって真に有用である。この点からいえば、本書で詳細に検討してきたように、ドイツでは法政策の中での子育てにより生じる固有の「不利益」に関する議論の蓄積があり、この点こそがまさにわが国が現在ドイツから得ることのできる示唆であるといえよう。ここから得られる示唆に基づいて、わが国の法政策上で生じている不利益の具体性を論証し、それを是正するための法政策を提言することを今後の課題として、本書の結びにかえたい。



（1） すなわちこのような視点は、子供との共同生活や世話・教育が家族の私的、あるいは社会的機能にとって決定的に重要であるとの前提のもと、「子供」の存在が、規範的な保護を受ける「家族」とそうでない社会集団を対比する際の基準となるとされている。vgl. Margit Tünnemenn, “Der verfassungsrechtliche Schutz der Familie und die Förderung der Kindererziehung im Rahmen des staatlichen Kinderleistungsausgleichs” (Duncker&Humblot, 2002), S. 115.

（2） 拘束的価値決定とは六条一項に基づき「婚姻・家族の結びつきに配慮することを要求する」という決定であると理解されている。ボード・ピエトーロ、ベルンハルト・シュリンク（永田秀樹・松本和彦・倉田原志訳）『現代ドイツ基本権』（法律文化社、一九九九年）二三六頁。BVerfGE 76, 1(41f.).

（3） なぜなら、防衛権が国による私的領域への介入に対する阻止であり、国と介入される個人との二当事者間の関係を対象とするものであるのに対し、不利益取り扱いの禁止は法により不利益を被る者と利益を得る者とが発生した場合に、二当事者間に生じている利益と不利益とを直接的に対立させ何らかの解決を図るのではなく、二当事者の間に国が入って双方の立場を調整することで解決を図るという、三当事者間での不利益調整であるという違いがあるからである。

（4） Hans D. Jarass, “Grundrechte als Wertentscheidungen bzw. objektivrechtlicheprinzipen in der Rechtsprechung des Bundesverfassungsgerichts”, AöR 110(1985), S. 374ff.

（5）ただし、六条一項には家族形成に対する消極的自由権すなわち子供を産まない自由や家族を形成しない自由も含まれると解することが可能であるため（Yvonne Renner, "Familienlasten-oder Familienleistungsausgleich?" (Duncker&Humblot, 2000), S. 71)、家族の促進はこの限りで制約を受けることになる。さらに、促進の命令は不利益の是正がなされた後の、いわば優遇的な性質を有する措置であると理解されていることから、その具体化に際しては立法者の形成裁量が比較的緩やかに承認されている（このことを示す判例として BVerfGE 11, 105(126); 21, 1(6); 39, 316(326); 43, 108, (123f.); 48, 346(366); 55, 114(127); 59, 231(263); 82, 60(81); 87, 1(36)）。

（6）このような理解を示すものとして、内閣府「平成一八年版　少子化社会白書」（ぎょうせい、二〇〇六年）一六二頁。

（7）平成一七年六月二一日税制調査会基礎問題小委員会「個人所得課税に関する論点整理」。ただし同委員会では特定扶養控除は「累次の税制改正における累進構造の緩和などを通じ、導入当時と比べて相当の負担軽減が進む中、（中略）同控除の存立趣旨は失われつつある」としている（一〇頁）。しかしながら特定扶養控除が対象とする一六歳以上二三歳未満の者が高校入学から大学卒業までに要する教育費は平均で一人あたり九四四万円とされている（国民生活金融公庫総合研究所「家計における教育費負担の実態調査」（二〇〇四年）三頁以下）。この額は一般的なサラリーマン世帯にとって決して少ないとはいえない額であろう。それゆえこの年代に特化した控除の必要性が、調査会が述べるような一般的な租税負担軽減策によって失われるかどうかについては、さらに慎重な検討を要するといえよう。

（8）平成一五年六月税制調査会「少子・高齢化における税制のありかた」。

（9）N分N乗方式の下では、世帯単位課税の考え方に基づき、まず夫婦および扶養子女の所得を合算する。つぎにこの合計所得を、家族の人数に応じた家族除数（N）で除した金額を算出し、ここから税率不適用所得（いわゆる「ゼロ税率」適用所得）を控除する。最後に、この金額に税率を適用して得られる税額にNを乗じ、世帯全体で納めるべき税額を算出する。平成一七年六月二一日税制調査会基礎問題小委員会「個人所得課税に関する論点整理」九頁。

（10）Joachim Lang, "Berucksichtigung von Unterhaltleistungen; Reform der Familienbesteuerung", in: Klaus Tipke/Joachim Lang, Steuerrecht 18. völlig überarbeitete Auflage (Dr. Otto Schmidt, 2005), S. 248.

（11）金子宏「所得税における所得控除の研究」『所得控除の研究』（日本税務研究センター、二〇〇三年）五頁以下。

（12）東京地判昭和五五年三月二六日判時九六二号二七頁。金子宏「所得税制の構造改革――少子・高齢化社会と各種控除の見直し」ジュリスト一二六九号（二〇〇四年）二四〇頁。

(13) BVerfGE 99, 246.

(14) 納税義務者の最低生活費額にとどまらず、家族構成員の最低生活費額も控除し、子育てによる担税力の低下に配慮するという手法は、一九九〇年五月の連邦憲法裁判所決定(BVerfGE 82, 60)をきっかけに行われるようになった。

(15) BVerfGE 99, 216.

(16) Roman Seer/Volker Wendet, “Die Familienbesteuerung nach dem so genannten “Gesetz zur Familienförderung” vom 22. 12. 1999”, NJW, 2000, Heft 27, S. 1905ff.

(17) Paul Kirchhof, “Ehe-und familiengerechte Gestaltung der Einkommensteuer”, NJW, 2000, Heft 38, S. 2795ff.

(18) 現行法上、夫婦合算課税の場合、原則として一八歳未満の児童に対して三六四八ユーロの最低生活を保障するための控除と、二一六〇ユーロの保育もしくは教育および職業教育費額の控除が行われている。所得税法三二条六項。

(19) この議論に関してわが国の税法学上では、子育て支援という観点ではなく、もっぱら、課税最低限と生活保護水準の統一という観点から議論が行われている。すなわち控除の目的から、所得税法上での最低生活費保障と、生活保護基準は一致することが望ましいとされており、この限りで立法者の形成裁量に対する制約も可能であるとされる。北野弘久『税法学原論(第四版)』(青林書院、一九九八年)一二九頁以下参照。

(20) すなわちドイツでは、週労働時間が一五時間を下回りかつ月収が六二〇DM(およそ三八四七〇円以下、二〇〇〇年時点)以下のいわゆる「僅少時間就労」(geringfügig beschäftigt)の場合、および短時間労働、すなわち雇用の性質上就労開始から一年以内に二ヶ月ないし五〇労働日以下しか就労しない場合を除いて、パートタイム労働者も社会保険への加入が義務づけられる。これに対してわが国のパートタイム労働者の場合、健康保険および厚生年金保険制度上の適用基準が年間所得が一三〇万円以上、かつ所定労働時間および日数が通常の労働者の概ね四分の三以上の者となっているため、ドイツと比較すると基準が高く、パートタイム労働者の女性のうち、健康保険および厚生年金に加入している者は三五%にすぎない(平成七年度)。http://www.mhlw.go.jp/shingi/0112/s1214-4b13.html. なお、ドイツパートタイム労働者に関する法政策の詳細に関しては水町勇一郎『パートタイム労働の法律政策』(有斐閣、一九九七年)一〇六頁以下ならびに和田肇「ドイツにおけるパートタイム労働対策」日本労働研究機構『諸外国のパートタイム労働の実態と対策』(日本労働研究機構、一九九四年)五七頁以下参照のこと。

(21) 国年二六条・昭六〇年附一二条・厚年四二条・附一五条

(22) これに関して詳しくは下和田功「年金制度」古瀬徹・塩野谷祐一編『先進国の社会保障四 ドイツ』(東京大学出版会、一九九九年)一二二頁以下参照のこと。

(23) 数値は二〇〇一年現在の旧西ドイツ地区のものである。Verband Deutscher Rentenversicherungsträger (hrsg.), “Rentenversicherung in Zahlen 2002” (Frankfurt a. M, 2002), S. 32ff.

(24) 詳しくは本沢巳代子「西ドイツにおける女性の年金」季刊労働法一四〇号(一九八六年)一四三頁以下参照。

(25) 厚生労働省年金局「諸外国における離婚時等の年金の取り扱い(年金分割等)」『女性のライフスタイルの変化等に対応した年金の在り方に関する検討会報告書資料編』http://www.mhlw.go.jp/shingi/0112/s1214-4e5.html 参照。

(26) すなわちここで一定の要件を満たす夫婦とは、婚姻締結が二〇〇一年一二月三一日より後で行われている夫婦、あるいはそれ以前に婚姻締結をした夫婦であっても夫婦双方が一九六二年一月一日以降に出生している場合を指す。詳しくは年金分割に関する社会保険事務所のホームページにある「Rentensplitting」に関する記事を参照のこと。http://www.sozialversicherungs-office.de.

(27) Statistisches Bundesamt (hrsg.), “Statistisches Jahrbuch 2003” (Wiesbaden, 2003), S. 102.

(28) 厚生労働省年金局「資料II-八 女性の配偶関係、年齢階級別労働力率の推移」『女性のライフスタイルの変化等に対応した年金の在り方に関する検討会報告書資料編』http://www.mhlw.go.jp/shingi/0112/s1214-4.html 参照。

(29) 「女性と年金問題とは?」厚生労働省年金局『女性のライフスタイルの変化等に対応した年金の在り方に関する検討会 報告書』(平成一三年一二月)六頁参照。

(30) すなわちドイツでは三歳未満児の保育施設の利用率は一割未満にすぎない。vgl. Bundesministerium für Familie, Senioren, Frauen und Jugend, “Perspektiven zur Weiterentwicklung des Systems der Tageseinrichtungen für Kinder in Deutschland” S. 8. また、三歳以上児の保育に関しても、旧西ドイツ地区では午前中のみで昼食なしの施設が約六割を占めている(ただし旧東ドイツ地区では一日中子供を保育する施設が子供の数を上回る割合で存在する)。vgl. Statistisches Bundesamt (hrsg.), “Statistik der Kinder- und Jugendhilfe, Fachserie 13, Reihe 6. 3. 1” (Wiesbaden, 2001). このような施設の不十分さとは対照的に育児手当(Erziehungsgeld)および育児休暇(Elternzeit)は充実している。例えば育児手当は二〇〇一年以降に出生した児童については母親あるいは父親が自ら児童を養育し、三〇週以上労働していない場合に支給される。その額は所得に応じて異なるが、両親は生後二年まで最高月額三〇七ユーロの育児手当あるいは、生後一年までの最高四六〇ユーロの育児手当を選択することができる。育児休暇に関しては児童を自分で養育する母親あるいは父親に児童が三歳を過ぎるまで取得する請求権が認められている。この休暇は父母が同時に取得することも可能で、使用者との合意があれば一年間の育児休暇を児童が三歳から八歳になるまでの間に取ることも可能である。また親が育児休暇を取得中の解雇は原則として認められない。vgl. Bundesministrium für Familie, Senioren, Frauen und Jugend, "Staatliche Hilfe für Familien", http://www.bmfsfj.de/RedaktionBMFSFJ/Abteilung 2/Pdf-Anlagen/PRM-18034-Staatliche-Hilfen-für-Familien.property=pdf.pdf. S.2.

(31) 厚生労働省の二〇〇二年人口動態統計の年間推計によると、人口一〇〇〇人あたりにつきわが国の出生率は九・二(二〇〇二年)死亡率は七・八(二〇〇二年)、一方ドイツでは出生率が九・二(二〇〇〇年)死亡率が一〇・一(二〇〇〇年)となっている。数値からは、わが国の方が死亡率が低いことから少子高齢化の進展が早いことが予測されるが、いずれにしても両国の出生率は一・三と他の先進諸国と比較すると低く、深刻な少子高齢化社会を迎えつつあるといえる。

(32) すなわち女性を母や妻としてではなく、独立した人格として社会の中に位置づけることを目指すジェンダー法学の観点からすると、児童の養育一般を経済的に評価するような政策の導入は、それを受ける対象がもっぱら女性であることにより性別分業の維持・固定化を図るものであり、同時に女性に社会保障代替機能を負わせるものであるという批判につながることが考えられる。社会政策とジェンダーとを関連させて論じる邦語文献は多数あるがさしあたり、金城清子『ジェンダーの法律学』(有斐閣、二〇〇二年)、岩村正彦他編『岩波講座 現代の法一一 ジェンダーと法』(岩波書店、一九九七年)、大本喜美子・深沢和子編著『現代日本の女性労働とジェンダー』(ミネルヴァ書房、二〇〇〇年)、浅倉むつ子『労働とジェンダーの法律学』(有斐閣、二〇〇〇年)、古橋エツ子「子育て・介護の社会化とジェンダー」法律時報七四巻九号(二〇〇二年)五二頁以下を参照のこと。なお、このうち古橋によれば、わが国においても、育児支援政策イコール女性を対象とする政策にならないような取り組みがなされているが、実態としては、これらを利用して育児に積極的に関わろうとする父親の数はなかなか増えていないとされる。

(33) このことは上述の厚生年金保険制度における、被用者のみを対象とする育児休業中の保険料免除では明確に現れている。また児童手当については、その立法目的として所得保障のみならず、児童の健全な育成や、資質の高い労働力の確保も同時に目的とされている。現行法上での制度設計を見ると、支給対象児童の拡大、事業者拠出により、これらの目的を複合的に組み合わせたものとなっている。とはいえ所得制限もあり、三子以降に給付額が手厚い制度設計になっていることから、依然として多子による貧困への救済という従来の所得保障的な制度目的が相対的に強いと考えられる。島崎謙治「児童手当および児童扶養手当の理念・沿革・課題」国立社会保障・人口問題研究所編『子育て世帯の社会保障』(二〇〇五年、東京大学出版会)八七頁。

(34)　このような見解を示すものとして宇野裕「児童手当はいかに改革されるべきか」社会保険旬報二〇九八号(二〇〇一年)一六頁。都村敦子「家族政策の国際比較」国立社会保障・人口問題研究所編『少子化社会の子育て支援』(東京大学出版会、二〇〇二年)三三頁、山田晋「児童扶養と社会保障法」季刊社会保障研究二九巻四号(一九九四年)三九三頁、菊池馨実「育児支援と社会保障」清家篤・岩村正彦編『子育て支援策の論点』(社会経済生産性本部生産性労働情報センター、二〇〇二年)五七頁などがある。

(35)　この点については拙稿「社会保障給付体系における児童手当の位置づけ」社会保障法二一号(二〇〇六年)一九八頁以下。なおこの視点は、児童の健全育成を指向するといった児童福祉的な観点とも異なるものであり、それゆえ従来のわが国の児童手当をめぐる議論においては、明確に論じられてこなかった。ただし、島崎(前掲注(33)九五頁)は、本書で論じているのとほぼ同様に、「公正」の観点から子育て支援政策を構築することを提言する。しかしながら、この論文においては家族の育児負担に対する経済的支援を、なぜ「公正」と解することが可能になるのかは明らかではない。

(36)　この「論点整理」に対しては、家族の捉え方が「家族の権利や自由を考えるものでなく、国家や社会を支えるものとしての家族しか考えられて」おらず、「多様な家族形態の尊重」がない旨の批判がある(植野妙実子「憲法二四条と憲法「改正」・教育基本法「改正」」法律時報七八巻一一号(二〇〇六年)一五頁)。このような批判の存在は、わが国においても婚姻と家族の関係や家族概念の明確化が求められていることを示すものであり、この点からも本書で見てきたドイツ法上での類似の議論がわが国にとって大きな意義を有するといえる。

(37)　例えば本書と類似の問題関心に立ち、主にイギリスの育児支援政策について言及するものとして、平部康子「社会保険における育児期間の評価」週刊社会保障二三三六号(二〇〇五年)四六頁以下がある。

# 事項索引

## サ 行

## タ　行



## ナ　行



## ハ　行

## マ　行



## ヤ　行



## ラ　行



## ワ　行

# 判例索引

《連邦社会裁判所》
BSG v. 7. 3. 1957.　133

《連邦憲法裁判所》
BVG v. 17. 1. 1957.　54, 55, 57, 87
BVG v. 24. 7. 1963.　134, 149
BVG v. 12. 3. 1975.　134, 139, 150, 170
BVG v. 23. 11. 1976.　211
BVG v. 24. 5. 1981.　57
BVG v. 3. 11. 1982.　217
BVG v. 14. 4. 1987.　57
BVG v. 29. 5. 1990.　96, 205, 209, 212, 220
BVG v. 7. 7. 1992.　154, 155, 172
BVG v. 25. 9. 1992.　213
BVG v. 12. 3. 1996.　157
BVG v. 10. 11. 1998.　207, 216, 218, 222
BVG v. 3. 4. 2001.　161, 163

倉田　賀世（くらた かよ）

1970年　長野県松本市に生まれる
2003年　北海道大学大学院法学研究科博士課程修了　法学博士
2003〜2006年　日本学術振興会特別研究員（この間，2004〜2005年までドイツ・マックスプランク国際社会法研究所客員研究員）
2006〜2008年　北海道大学大学院法学研究科助教
現　在　関西外国語大学外国語学部講師
主要論文
「社会保障給付体系における児童手当の位置づけ―要保障事故としての子育て」（日本社会保障法学会誌21号，2006年），「ドイツの育児支援政策にみる低出生率からの脱却の試み」（週刊社会保障2443号，2007年）など
主要著作
『はじめての社会保障論』（共著，古橋エツ子編，法律文化社，2007年）

子育て支援の理念と方法――ドイツ法からの視点

2008年4月25日　第1刷発行

著　者　倉　田　賀　世
発行者　吉　田　克　己

発行所　北海道大学出版会
札幌市北区北9条西8丁目 北海道大学構内（〒060-0809）
Tel. 011（747）2308・Fax. 011（736）8605・http://www.hup.gr.jp

アイワード／石田製本


ISBN978-4-8329-6694-9